LE SIEGE
DE LA VILLE
DE DOLE,

CAPITALE DE LA FRANCHE-COMTE'
DE BOVRGONGNE:

ET SON HEVREVSE DELIVRANCE.

Racontés par M. IEAN BOYVIN *Conseiller de*
SA MAIESTE' *en son Souuerain Parlement
audit Dole.*

A DOLE,

Par ANTOINE BINART, Imprimeur juré de la
Cour, & de l'Vniuersité.

M. DC. XXXVII.
Auec Priuilege.

AV LECTEVR.

E presente ce petit ouurage à qui voudra la peine de le lire, comme ie ferois vn enfant nouueau né à quelque amy discret, pour en estre le parrain, & l'honorer d'vn nom bien auenant à sa cōdition. Si ie n'y eusse consideré que le merite des genereuses actions que i'entreprens de raconter pour exemple à la posterité, ie le pouuois appeller sans flatterie, *Le Tableau de l'Inuincible Fidelité* : mais le regardant comme vn trauail de mon esprit & de mon style, ie me sens obligé d'en attendre le iugement des plus sages. Ie ne luy promets pas le nom d'Histoire; car outre que le sujet de la piece est reserré trop à l'estroit; elle ne paroit pas auec les embellissemens du langage, l'espluchement des conseils, & la censure des actions & des paroles, que l'on exige d'vn genre d'escrire si releué : on n'y voit pas esclater les enseignemens moraux & politiques, ny cette pompeuse majesté qui en fait meriter le titre specieux. Qu'on le nomme Iournal, Commentaires, Memoires, ou Recit; ie ne le desauoüeray nullement, quelque nom qu'on luy attribuë, pourueu qu'il soit honneste. En effet il tient quelque chose de chacune de ces manieres : la verité de l'Histoire, l'ordre du Iournal, la simplicité des Commentaires, la curiosité de Memoires, & la naïfueté d'vne Narration. Qu'on le qualifie si l'on veut Apologie, ie ny contrediray point ; parce que nos ennemis ayans aussi bien aiguisé les pointes de leurs langues & de leurs plumes, que celles de leurs piques pour nous percer à iour, il a esté besoin de s'armer encor à l'espreuue contre celles là. Les hommes haïssent d'ordinaire ceux qu'ils ont offensés, & pour n'estre preuenus d'iniustice taschent de flétrir les outragés de la marque de criminels : mais c'est à ceux cy de mettre leur innocēce en son lustre, & la rehausser par des loüanges veritables ; qui ne messient pas en la bouche de ceux qui se prisent eux mesmes, quād ils le font pour se purger des blasmes que d'autres leur jettent dessus. Si ma patrie à scelé de son sang la fidelité qu'elle a voüée

AV LECTEVR.

à ſon Prince legitime; ie ne veux pas foüiller de mon encre celle que l'on doit aux eſcrits qui ſe conſacrent au public. Ie n'ay ambition ny amour que pour cette belle & chaſte Fille du Temps, qui déuoilant ſon beau viſage force les eſprits les plus farouches de l'aimer auec veneration. Sa Pudeur ne luy deffend pas de prendre vne honneſte liberté, & vne modeſte aſſeurance. Ainſi m'obligeant de me contenir dans les bornes de la bien-ſeance, pour ce qui touche nos aduerſaires; elle ma permis de ſonder leurs penſées, éuenter leurs ruſes, & blaſonner par rencontre le champ, les metaux, les couleurs, & les pannes de leurs armes & de leurs entrepriſes. Il a touſiours eſté auſſi loiſible d'en vſer de la ſorte, & d'appeller les choſes par leur nom, comm'il eſt naturel de deffendre ſa vie, ſa liberté, ſes biens, & ſon honneur. Ie ne ſuis pas de ceux qui recommandent d'aimer comme ſi l'on deuoit vn iour haïr: c'eſt vn precepte qui me ſent la brutalité : mais i'agrée le reuers de la medaille, qui enſeigne d'vne bouche plus humaine, qu'il faut haïr comme ſi l'on deuoit vn iour aimer. Ie ſouſpire auec tous les gens de bien pour impetrer du ciel vne bonne & ferme paix, qu'il rallie les cœurs des Rois & des Princes Chreſtiens. Quoy qu'il en arriue, leurs perſonnes ſont touſiours ſacrées & venerables, voires à ceux meſmes dont ils ſe declarent ennemis: hors de cela il eſt licite de s'en garder & de s'en plaindre aux occurrences, mais non pas de les mépriſer. Si ie me ſuis élargy ſur quelques eloges, ie penſe les auoir moderés au deſſous du merite des perſonnes & de leurs belles actions, pluſtoſt que de les auoir déméſurément encheris : ie crains plus d'en auoir oublié pluſieurs à qui la meſme reconnoiſſance eſtoit deüe, & qui auront raiſon de ſe chercher, & meſcontentement de ne ſe pas treuuer ſur mon role. Il eſt autant impoſſible de tout dire que de tout ſçauoir. Ie rapporte ce que ie me ſuis ſouuenu d'auoir veu, ou qui m'a eſté ſuggeré par gens de creance qui l'auoient veu & remarqué, & par les iournaux & les notes qu'aucuns de mes amis en auoient tenus durant le ſiege : car pour moy qui n'auois ny deſir ny deſſein d'eſcrire, ie n'en ay rien gardé que dans les cellules de ma memoire, qui n'eſt pas des plus heureuſes à conſeruer ſes acquiſitions. Ce que i'ay dit de la conduite des noſtres au dehors, ie le tiens de ceux meſmes qui eſtoient entremis aux plus grandes affaires, que i'ay conferé auec les rapports qui nous en eſtoient faits dans la ville par nos enuoyés, pendant que tout

autre

AV LECTEVR.

autre commerce nous eſtoit interdit. Les particularités des ennemis m'ont eſté fournies par leurs lettres ſurpriſes, par le dire de leurs priſonniers, & par leurs gazettes; dont ie me ſuis ſeru comme de teſmoins croiables contre les produiſans; quoy que ie les aye reprochés comme corrompus en ce qu'ils ont aduancé peu fidellement en faueur de leur partie. Ie ne me ſuis point trauaillé pour compoſer de ces formes de lettres & de harangues, qui ne repreſentent pas ce qui a eſté dit ou eſcrit, mais ce que l'Auteur s'eſt perſuadé qu'on pouuoit mieux dire à ſon gouſt, plus propre à craionner l'eſprit de l'eſcriuain que la verité des choſes : i'ay pris les meſmes mots des originaux, que i'ay preſque touſiours abregés ſans intereſt du ſens, & non alterés ny eſtendus. La licence que ie me ſuis donnée de parler auec toute la Prouince, & auec ceux qui la gouuernoient, comme ſi i'auois touſjours eſté de la partie, demande pardon à qui la voudroit cōdamner. Ie me ſuis engagé par mégarde en cette façon de ſtyle, où ie me fais parler, pour mieux expliquer les paroles & les mouuemens des autres, à euiter les ennuyeuſes redites des noms & des qualités : & quand ie me ſuis aperceu de mon erreur, i'eſtois deſia ſi fort aduancé dans ce ſentier, que i'ay pluſtoſt choiſy de le ſuiure iuſques au bout que de retourner ſur mes pas afin de reprendre le grand chemin. Et puis ie ne mentiray point quand ie repartiray à qui conteſtera plus auant ſur cette reproche; qu'ayant l'honneur d'eſtre l'vn des quatre plus anciens du Parlement de la Franche-Comté, i'ay eſté participant de tout ce qui s'eſt traitté aux plus importantes affaires de l'Eſtat du Pays; que i'ay eſté appellé au Conſeil de guerre; & que i'ay eu la meilleure part à la ſurintendance des fortifications, & à la meſnagerie & diſpenſation des deniers publics; & auec tout cela qu'il ne s'eſt point paſſé d'occaſion durant le ſiege, où ie ne me ſois preſenté ſur les rangs les armes à la main. Ce n'eſt pas que ie veüille paſſer pour grand homme d'eſtat, de guerre, ou de finances, non plus que pour grand eſcriuain : le peu que ie ſuis en cette derniere qualité ſeruira d'eſchantillon pour iuger de ce que ie puis en tout le reſte qui eſt moins de ma profeſſion : toute mon ambition ſe termine à vouloir eſtre tenu pour naïf & veritable franc-Comtois. Quand i'ay narré des accidēs eſtranges, & les ay rapportés à la Premiere Cauſe, ie ne les ay pas voulu dōner pour vrais miracles, mais pour veritables merueilles.

AV LECTEVR.

Si les impies & irreligieux (au cas que ce liure tombe és mains de quelqu'vn de si noire humeur) les veüillent releuer du Rencontre & de la Fortune, ie n'ay pas entrepris de conuaincre leur obstination : mais comme ie suis autant eslongné de la superstition & de la legere creance, que fermement attaché à la foy Catholique que i'ay aprise de mes Ayeuls; ie proteste que i'y reconnois vne speciale Prouidence du Dieu des armées; & crois que tant que la Religion & la Iustice seront en vigueur dans la ville de Dole, elle sera tousiours inuincible; selon la sainte pensée de celuy qui fit inscrire sur la nouuelle porte de Saint André ces mots dorés dedans & dehors. RELIGIO ET IVSTITIA ÆTERNA VRBIS FATA. Ie déteste cette Fatalité ou plustost fatuïte payenne qui veut lier les mains à Dieu : mais i'adore la liaison infaillible des causes dans leur Premiere Idée, & dans les irreprochables desseins de cette Souueraine Volonté, qui est depuis l'eternité aussi libre en ses resolutions que puissante en ses effets. Ie m'arreste auec cet humble hommage, & dans vne ferme esperance que le mal-heur pourra bien roder autour de nous : mais qu'il n'y trouuera point d'accès tant que nous serons à couuert d'vne deffense qui ne peut estre forcée

Domine vt scuto bonæ voluntatis tuæ coronasti nos.

A SON ALTESSE ROIALE
FERDINANDE
PAR LA GRACE DE DIEV
INFANT DES ESPAGNES,
CARDINAL.

MONSEIGNEVR,

La ville de DOLE fait icy trophée des manotes & des ceps, dont elle fut l'an passé aussi rudement garrotée, que desengagée glorieusement. Elle les presente maintenant, en rendant les vœux de sa deliurance, aux pieds de VOSTRE ALTESSE ROIALE, qu'elle reclamoit en ses trauaux, & où ses yeux estoient fichés durant la tempeste, comme à l'estoile la plus prochaine du Pole, sur lequel rouloient toutes ses esperances & ses affections. C'est à l'aspect de cet Astre d'heureuse influence qu'elle vit poindre les premiers & les plus clairs raïons de son salut, & du puissant secours que la sage pouruaïance de VOSTRE ALTESSE SERENISSIME luy pro-

EPISTRE.

cura en son plus grand besoin. C'est de là qu'elle descouurit les effets de la vigoureuse diuersion, qui fit décamper les assiegeans de la Capitale de Bourgongne, pour acourir à l'aide de celle de France qui trembloit aux aproches de Vos armes, les sentant foudroïer en ses frontieres. Sans doute les genereux bourgeois de Dole auoient apris de VOSTRE ALTESSE ROIALE à soustenir & rembarrer valeureusemēt les efforts d'vn ennemy soudain & violent à merueilles, pour luy faire en fin lascher prise. Ils auoient emprunté de Vostre courage imploiable le mespris des canonades, & des mines volantes & souterraines; se souuenans de cette bale poussée par l'artillerie Suedoise au camp de Nordlingue, qui effleura les flancs de la Majesté du Roy d'Hongrie, & de V. A. R. sans les endommager, & mit en pieces vn caualier qui se tenoit vn peu plus arriere: comme si d'vn mesme coup ce boulet eust voulu donner des preuues de son respect & de sa fureur. Ce fut lors que l'on admira la fermeté inébranlable de ces Ames Heroïques, qui se sentirent touchées de cōpassion pour le pauure infortuné, sans émotion pour elles mesmes, pour qui seulement les assistans transsissoient de crainte. L'on reconnut alors que les hommes pointent les canons, mais que Dieu en guide & détourne les atteintes ou bon luy semble : & que ceux qu'il couure de sa protection sont hors de la portée des machines ennemies, quand bien ils seroient placés tout contre la bouche de leurs pieces. Je viens, MONSEIGNEVR, au nom de tous mes concitoiens mendier du lustre pour ce qu'ils ont temoigné de fidelité, de deuotion, & de valeur, à la splendeur de l'escarlate nomparille dont V. A. R. est reuestuë. Je dis de cette pourpre brillante d'vne teinture ; de la Roiale en sa Naissance, de l'Ecclesiastique en sa Dignité, & de la Guerriere en ses Victoires : la premiere toute d'Amour, la seconde

EPISTRE.

toute de Pieté, la troisieme toute de Proüesse : la premiere teinte au tres-illustre sang d'Austriche second à produire des Rois, des Empereurs, & des Monarques ; la seconde au sang precieux du Sauuer espandu pour le salut des hommes ; & la troisieme au sang boüillant des ennemis conjurés contre son Eglise, ou jaloux de la prosperité de Vostre tres-auguste Maison, dont vous aués fait rougir les campagnes en leurs honteuses déroutes. Je me prosterne auec veneration deuant la Majesté de la premiere, la Diuinité de la seconde, & la Gloire de la derniere. Si j'ose leuer les yeux, c'est pour contempler auec rauissement cette face d'vne parfaite candeur, toute argentine & toute pure, en vn champ tout sanglant & tout belliqueux, que V. A. R. fait mieux resplandir en la grace naturelle de son port & de ses mœurs, qu'au blason de l'escu qu'elle a herité de ses Ayeuls immortels. Je découure en la polissure d'vne si belle glace les rayons de la Majesté du Roy, qui fait tourner l'œil tousiours veillant de son sceptre en la compagnie du Soleil, pour faire la reueüe iournaliere des Royaumes & des Prouinces qu'elle possede sous tous les Meridiës de la terre. Le ciel n'a qu'vn soleil, le seul œil du monde : mais luy qui ne peut auoir son pareil, prend plaisir aucunefois à nous faire esclairer par refleschissement vn autre luy mesme, & comme vn sien frere, qui n'estant que son image se fait admirer dans vne nuée comme le principal, & presage tousiours quelque chose d'extraordinaire & de merueilleux. C'est ainsi que SA MAIESTE' nous a voulut faire luire dans les nuages de tant de rebellions, de conspirations, & de troubles, le fauorable esclat des tres-augustes regards de V. A. R. son vif crayon, pour nous augurer de nouuelles conquestes, & des redoublemens de grandeurs & de prosperités à la confusion de ses haineux. Agréez, MONSEIGNEVR, ces petites

EPISTRE.

mais sinceres offrandes, & ces vœux humbles mais feruens, non de la ville de Dole seulement, mais de toute la Franche-Comté; & en particulier de leur Cour de Parlement, qui sont tous à S. M. par sujetion & par obeïssance, & à V. A. R. par seconde obligation: & qui parmy les embrasemens, les carnages, & les desolations que la rage des ennemis leur fait souffrir, s'estiment neantmoins bien-heureux puisqu'ils sont à S. M. à laquelle & à sa tres-glorieuse famille ils veüillent estre à iamais, ou n'estre plus. C'est la protestation solemnelle qu'en fait au nom de tous, & specialement au sien, celuy qui ayant l'honneur de seruir à S. M. dans son Parlement la vint-neusieme année, est par vn surcroit de deuoirs, & de bien-faits infinis qu'il a receus.

MONSEIGNEVR,

DE VOSTRE ALTESSE ROIALE

Tres-humble, tres-obeïssant, & tres-fidele
seruiteur IEAN BOYVIN.

PRIVILEGE.

LA Cour fouueraine de Parlement à Dole ayant entendu ce que luy a efté reprefenté par MESSIRE IEAN BOYVIN Confeiller audit Parlement, qu'il a d'efcrit bien particulierement *le Siege de la ville de Dole & fon heureufe deliurance*, & qu'il defireroit mettre le tout au iour & le faire imprimer au pluftoft, fi ladite Cour auoit agreable de luy en donner la licence qu'il demandoit, auec les priuileges acouftumés en tel cas : & ouyr furce les fifcaux de S. M. en ladite Cour, qui ont veu tout au long & exactement ledit liure, & en ont fait fommaire rapport : A permis & permet audit Confeiller BOYVIN de le faire imprimer, par tel que bon luy femblera, & publier tiere cette Prouince. Interdifant à tous Imprimeurs, Libraires, marchands, ou autres de quelque qualité & condition qu'ils foient, de dans le temps & terme de fix ans, à compter dez que ledit liure fera acheué d'imprimer, le faire imprimer de nouueau, & contrefaire, abreger, ou augmenter, & d'en aporter, vendre & debiter les exemplaires dans cette Franche-Comté de Bourgongne, fans l'expres congé & licence dudit Confeiller BOYVIN ou de celuy auquel il en aura cedé le Priuilege ; à peine de confifcation des exemplaires, adplicable la moitié au proffit de S. M. & l'autre au proffit dudit Confeiller BOYVIN ou du Libraire qui l'aura imprimé par fa permiffion, & de leur refarcir tous defpens, dommages, & interefts ; & en outre de l'amender arbitrairement enuers S. M. à l'effet de quoy la prefente fera imprimée au commencement ou à la fin du liure, afin que perfonne n'en pretende caufe d'ignorance. Fait au Confeil de ladite Cour, le feptieme Septembre, Mil fix cens trente-fept.

I. RICHARD.

Et depuis i'ay cedé ledit Priuilege à ANTOINE BINART *Imprimeur, pour joüir du contenu y porté.* Fait à Dole ce 23. Octobre, 1637.

I. BOYVIN

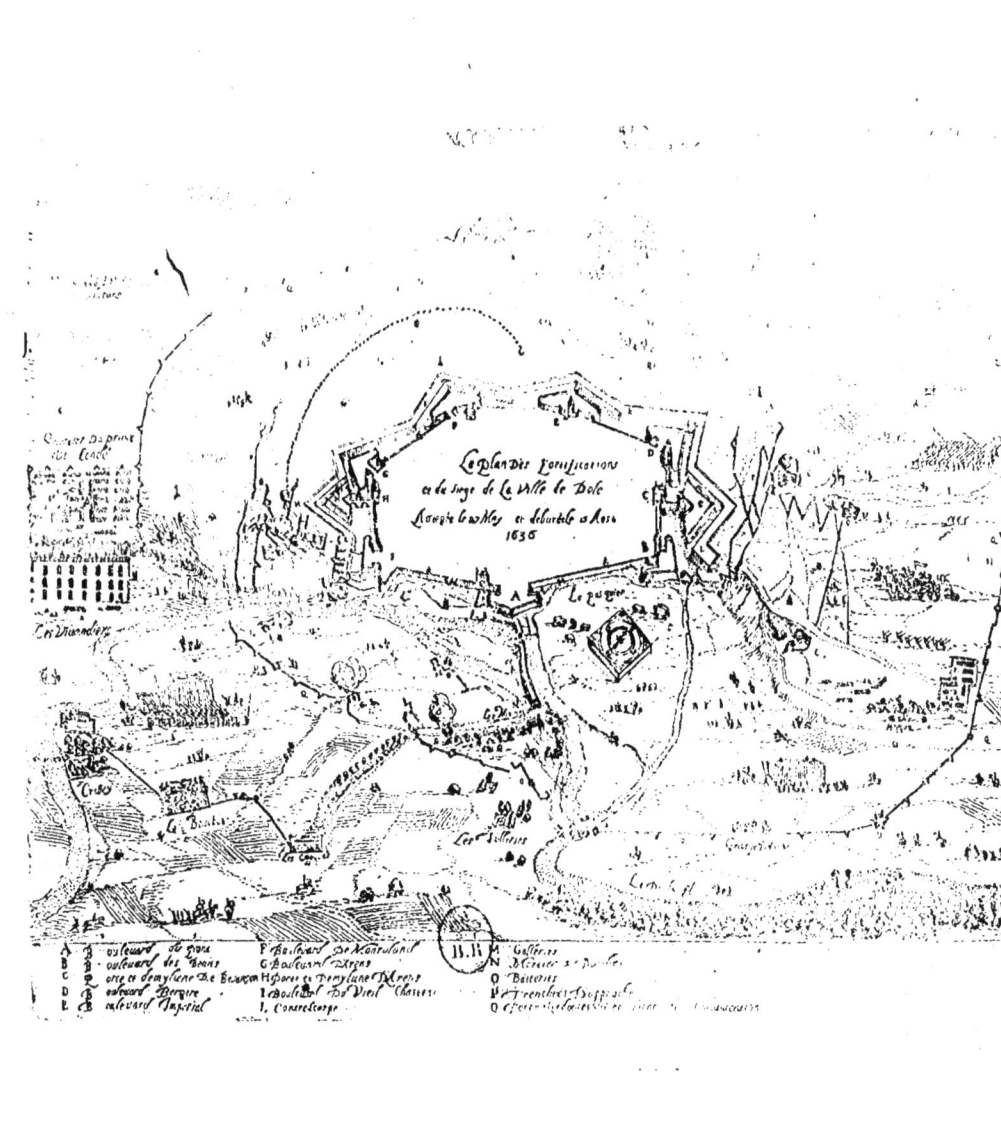

LE SIEGE DE LA VILLE DE DOLE

CAPITALE DE LA FRANCHE-COMTÉ DE BOVRGONGNE.

L A Franche-Comté de Bour- | La fráche-
gongue, que les anciens appel- | Comté de
loient le pays des Sequanois, | Bourgon-
est vne Prouince plus gránde en | gne.
sa reputation qu'en son estenduë. Sa figure qui aproche de
l'ouale ne porte en sa lógueur
que trente-six à quarante heures de chemin, & dix-
huit ou vint en sa largeur. Elle a pour confins du
costé du Soleil leuant le mont Iura duquel elle | Ses con-
embrasse la moitie & iusques à ses plus hautes | fins.
crestes qui la separent de la Suysse & de la Sauoye:
deuers le Soleil couchant elle n'a point de limite
plus remarquable, pour la distinguer de la Duché
de Bourgongne & du pays de Bassigny, que les en-

A

uirons de la riuiere de Saone, qu'elle outrepasse neantmoins en quelques endrois de trois à quatre lieües, & en d'autres ne l'atteint pas d'vne ou deux lieües prés: au midy elle a les Bressans autrefois Sebusians pour voisins, & au Septentrion le mont de Voges, qui par ses sommités borne la Lorraine & l'Alsace, & les entrées de l'Allemagne. Elle n'a rien de commun auec la France que le langage, & l'habit que le voisinage & le commerce luy rédent plus familier par l'eslongnement des obiets de celuy des autres peuples de l'obeïssance de son Souuerain.

n'a rien de commun auec la France.

Il y a six cens ans passés que ce petit pays a esté tenu par des Comtes qui ne l'ont voulu releuer que de Dieu & de leur espée, & qui auec vne sage & heureuse conduite l'ont transmis par succession legitime à leurs descendans. Vn Otho Guillaume qui n'a rien d'obscur en sa naissance que l'ancienneté, & que plusieurs historiens font fils d'Aldebert Duc de Lombardie, & disent auoir esté tiré d'Italie par Gerberge sa mere, & adopté par Henry Duc de Bourgongne son Beaupere, dressa le plan de cette souueraineté enuiron l'an mille de nostre salut, auec tant de bon-heur & de dexterité, que ses neueux l'ont tousiours maintenuë & affermie contre les efforts de ses plus puissans voisins Il est vray que cette Comté est souuét tombée en quenoüille, mais ell' a esté autant de fois glorieusemét releuée

Son ancienneté.

Ses Princes Souuerains.

par de tres-hautes alliances ; comme de Federic Empereur premier de ce nom surnommé barberousse ; de Philippe Comte de Poitiers depuis Roy de France appellé le long ; d'Eudes Duc de Bourgongne ; de Louys Comte de Flandre ; de Philippe le hardy Enfant de France Duc de Bourgongne ; & enfin apres la mort de Charles le guerrier, par le mariage de Maximilien Archiduc d'Austriche, qui fut bien tost Empereur, auec Marie fille & heritiere vnique de Charles: où l'on vit refleurir dans le genereux sang d'Austriche la gloire qui sembloit flétrie de la tant renommée & redoutée maison de Bourgongne, & cette greffe heureusement entée dans vn tronc vigoureux espandre les branches de sa tige fortunée par tous les coins de l'vniuers. De là vient que la franche-Comté est aujourd'huy tenüe par le Roy Philippe quatrieme Monarque des Espagnes & des Indes, à titre de trente generations de suitte, & de la durée de plus de six siecles. C'est ce qui la luy fait cherir & caresser comme l'vne des plus anciennes pieces du patrimoine de ses Ayeuls. Et à bon droit, parce qu'elle ne fit iamais faux bon à sa loyauté ; & qu'autant de fois que les Princes voisins s'auantageans de sa foiblesse ou de la disgrace de ses seigneurs legitimes s'en sont emparés par force, elle en a bié tost secoüé le joug, pour se sousmettre à celuy de ses vrais maistres. Cette fidelité inuiolable tire sa source de

Appartiét au Roy d'Espagne

Sa fidelité enuers ses Princes.

Sa côstance en la foy Catholique.

plus haut, car dez que la franche-Comté de Bourgongne à receu dans son sein la semence de la foy Chrestienne, comme elle a fait la premiere entre toutes les Prouinces des Gaules, elle la cultiuée auec tant de soin & de pureté, qu'elle a continuellement sarclé & arraché les pernicieuses herbes des heresies & des sectes qui la pouuoient estouffer, & à exterminé les nouateurs & leurs partisans auec vne rigueur imploiable, qu'on pourroit nommer cruauté, si ce n'estoit vne pieté sainte & salutaire d'estre cruel en ce point d'estat diuin & humain. En côtreschange Dieu Protecteur des fideles semble l'auoir fauorisée d'vne Prouidence speciale, l'aiant souuent garantie des embûches de ses ennemis par des coups du ciel du tout inesperés: ainsi que la bonté & iustice de ses Princes luy ont conserué sans atteinte l'ancienne immunité de toutes tailles, gabelles, & subsides dont elle joüit, & qui luy a imposé le nom de frâche duquel ell'est signalée entre toutes les Prouinces de l'Europe.

Le soin qu'en a eu l'Empereur Charles V.

L'Empereur Charles cinquieme, qui par la prudence des conseils qui ont guidé ses actions durant sa vie, & qu'il a dictés à ses successeurs, à fait voir qu'il ne deuoit rien à la fortune des fauorables succes de ses hautes entreprises, auoit bié reconneu que la France mugueteroit tousiours vn heritage si aduenant à sa bien-seance, & s'efforceroit d'enrichir son manteau royal de cette bordure, de quoy l'on auroit assez de peine de se démesler si l'on n'y opposoit de puissantes barrieres. Ce courage inuincible le fleau & la terreur des François, semble s'en estre mis en soucy plus que de tous ses autres Estats. Par les enseignemens qu'il enuoya dez Ausbourg en Espagne à Philippe le prudent son fils, lors que se sentant pressé de frequentes infirmités il meditoit l'entrée d'vne nouuelle vie ou eternelle au ciel, ou spirituelle dans vn cloître, pour se décharger de tát de Royaumes & de Principautés que Dieu luy auoit mis entre les mains, & les remettre à ce digne successeur de sa pieté, de sa grandeur, & de son bon-heur: apres auoir discouru de chacun de ses Estats & des moiens de les posseder saintement & conseruer auec Iustice, il adjouste aux instructions qu'il donne pour le gouuernement des Pays bas, l'arraisonnement qui depuis à seruy de loy fondamentale pour la conseruation de nostre Bourgongne.

Il y a seulement en ces quartiers là (dit-il) *la Comté de Bourgongne, qui est tant eslongnée & escartée de nos autres Estats, qu'il seroit trop mal-aisé & de trop grande despense de la secourir dez iceux. C'est pourquoy i'ay tousiours treuué bon pendant les guerres passées qu'elle traittast & s'entretinst en Neutralité auec les François, & que l'on fauorisast la ligue hereditaire de la maison d'Austriche auec les Suysses, en laquelle ce Pays est compris, c'est ainsi qu'il conuiendra en vser en cas de rupture.*

Le conseil qu'il a donné pour la coseruer.

Mais comm'il ny a pas de quoy se fier aux François, ny à ceux qui taschent de leur complaire, i'ay commandé de fortifier la ville de Dole Capitale du Pays, & ay fait emploïer à cela les aides que l'on m'y a outroyées. Et vous deurez tenir la main que cette forteresse s'acheue, & celle de Gray aussi ; & que le chasteau de Ioux soit reparé & autres places fortifiées ; & tout ce que vous tirerez de la Prouince soit destiné à cet vsage, & pareillement pour les fournir de prouisions, d'artilleries, de munitions, & autres choses necessaires, afin d'en aider au besoin. D'autant que cette Comté est le plus ancien patrimoine de la maison de Bourgongne, & en assiete fort auantageuse pour endommager les François selon les occurrences : de tant plus que les vassaux & sujets de ce pays ont tousiours gardé & gardent vne grande loyauté, & qu'ils se sont signalés par leurs seruices à nos deuanciers & à nous : & vous pareillement en pourrez estre bien seruiy. Ainsi ie vous recommande la fortification, defense, & conseruation de cet Estat. Voilà le sentiment naïf de ce Prince incomparable en ses aduis & en ses exploits.

Que c'est que la Neutralité.

Plusieurs qui no'nt pas sçeu l'origine & les circonstances de la Neutralité dont il parle, en ont quelquefois iugé sinistrement, ne pouuans gouster qu'vne Prouince qui est sous la Monarchie absoluë de son Souuerain ait eu la hardiesse de se tenir neutre entre luy & ses ennemis declarés. Surquoy i'estime qu'il est necessaire de détropmer & esclaircir ceux qui n'en sçauent pas les tenans & les aboutiſſans, & de iuſtifier les deportemens d'vne nation autant fidele & zelée au ſeruice de ſes Princes qu'aucune autre qui ſoit ſur la terre.

En l'an quinze céſ vint-deux lors que la franche Comté eſtoit tenüe en apanage par Dame Marguerite d'Auſtriche fille de l'Empereur Maximilien & de Dame Marie de Bourgongne ſous charge de retour à l'Empereur Charles fils de ſon frere : Les Seigneurs des treize Cantons aprehendans que les François qui eſtoient lors en guerre ouuerte auec l'Empereur ne s'emparaſſent de ce Pays, qui à touſiours ſeruy de barricade aux Suyſſes contre des peuples ſi hardis en leurs entrepriſes & ſi ſoudains en leurs executions, & de qui le voiſinage a eſté redouté de tout temps par les autres nations, moyennerent l'aſſemblée de quelques ambaſſadeurs du Roy de France & de la Comteſſe, qui par leur entremiſe traitterent vne Neutralité pour les Pays de Champagne & Duché de Bourgongne & terres y enclauées d'vne part, & la Comté de Bourgongne, Cité de Beſançon & terres y enfermées d'autre-part. La ſubſtance de l'accord fut. *Quand elle a eſté premierement traittée.*

Que ces Prouinces Neutraliſées demeureroient amies & auroient le commerce libre entre elles pour toutes danrées, ſauf que chacune d'elles pourroit interdire la traitte de celles des danrées dont elle ſeroit diſetteuſe Qu'elles ne machineroient rien l'vne alencontre de l'autre, ny fourniroient armes, artilleries, viures, ny paſſages pour Articles de la Neutralité.

guerroier les Pays y compris. *Que ceux de la Comté de Bourgongne qui fuiuroient le party de l'Empereur, & ceux de la Duché & autres terres cy deuant nommées qui embrasseroient celuy du Roy de France leur Souuerain, ne pourroient à ce sujet estre recherchés ou molestés en leurs personnes ou biens dans le pays l'vn de l'autre reciproquement specifiés au traité. Que les coulpables qui se retireroient pour crimes dez l'vne des obeïssances à l'autre, & les voleurs estrangers seroient rendus à la premiere demande.* Ces pactions dont la durée auoit esté limitée à trois ans, furent reuouuellées pour autres trois en l'an quinze cens vint-sept, & ratifiées par l'Empereur sous la reserue de ses drois dans la Duché de Bourgongne ; & par le Roy de France sous des protestations contraires. Apres la mort de Dame Marguerite, la Comté demeurant pleinement acquise à l'Empereur, les mesmes Seigneurs des ligues procurerent de temps à autre des renouuellemens, & prolongemens de cette Neutralité aux années quinze cens quarante deux, quarante quatre, cinquante deux, & cinquante cinq ; sans aucun changement des conuentions, sinon en ce point, qu'aux premieres paches le pays de Bassigny n'y fut pas nommé, comm'il fut aux dernieres auec exclusion formelle de ce qui depend de la Champagne. Encor depuis le trespas de l'Empereur sous le regne de Philippe second Roy des Espagnes son fils, les treize Cantons solliciterent en l'an en l'an mil cinq cens soixante deux le redressement du mesme traité pour vint années ; & en l'an mil cinq cens quatre vint pour vint-neuf ans. Et alors fut accordé en termes plus clairs qu'auparauant. *Que nonobstant que pendant le temps couenu il arriueroit quelque rupture de paix entre les deux Roys ou leurs successeurs, ce neantmoins la Duché de Bourgongne, la Vicomté d'Auxonne & le pays de Bassigny demeureroient en paix & neutralité auec la Comté de Bourgongne & la Cité de Besançon & les terres respectiuement y encloses: & que le Roy Catholique ne pourroit directement ou indirectement enuahir les Duché, Vicomté, & Bassigny, ny le Roy Tres-Chrestien, les Comté, Cité de Besançon, & terres enfermées en icelles, ny exercer alencontre aucune sorte d'hostilité: & que les infractions de ces promesses seroient rigoureusement chastiées.*

Le Roy Henry quatrieme estant paruenu à la Corone de France ne laissa pas pourtant d'entrer à main armée dans la Comté de Bourgongne en l'an quinze cent quatre vint quinze: mais y ayant rencontré plus de resistance & moins d'auantages qu'on ne luy auoit fait croire, il s'en partit bien tost pour courir au secours de la Picardie. Passant à Lyon il fut couié par les Ambassadeurs des treize Cantons de ressouder la tranquillité des deux Bourgongnes, en sorte qu'il signa auec les deputés du Parlement de Dole euuoyés par la permission du grand Connestable de Castille general de l'ar- {Rupture de la Neutralité.}

B

mée Royale en la Comté, des atricles qui portent.

Renouuellement de la neutralité.

Que la Neutralité iurée par son deuancier en l'an quatre-vint seroit restablie & sinceremét obseruée pour le temps qui en restoit. Qu'en cas de contrauention par les particuliers, leurs excés ne pourroiēt estre interpretés à rupture, bien auroit-on recours aux Gouuerneurs & Parlemens des Prouinces qui en procureroient la reparation. Que les armes, poudres, & autres marchandises prohibées estans achetées ailleurs pourroient estre conduites par les pays neutralisés sans aduertir & sans passeport, en quantité de la charge de deux chariots seulement ; que si la quantité estoit plus grande, ceux qui auroient soin de la conduite seroient obligés d'aduertir le Gouuerneur du pays, qui moyennant ce deuoir en permettroit le transmarchement.

Dernier traitté auec le Roy de France Louys XIII.

En fin l'an seize cens & dix au commencement du regne de Louys treizieme à present regnant en France, & sous la regence de la Royne sa mere, les Archiducs Albert & Isabelle lors Souuerains de la Franche-Comté, aggréerent que par leur Ambassadeur estant lors à Paris, cette mesme Neutralité fut de nouueau accordée pour vint-neuf ans, à commencer dez le vint-neufiesme de Iuillet de l'an seize cens & neuf ou la derniere auoit pris fin. Là furent repetées toutes les conuentions de la precedente sans aucun changement ou retranchement : & y fut seulement adjoutée la liberté de tirer les fruits des heritages possedés par ceux de l'vn des pays en l'autre, sans en payer dâches, gabelles, ny impositions. Ce traitté iuré par les Souuerains pour eux & leurs successeurs fut consenty & appreuué par le Roy Catholique auquel la Comté deuoit retourner ; & fut le tout publié & verifié aux Parlemens de Paris, de Dijon, & de Dole.

L'acomplissement de ces promesses roiales ne paroissoit pas mal-aisé pendant que la paix estoit en vigueur entre les deux Roys, parce que le plus important fruit de la Neutralité deuoit prendre naissance dans le tombeau de la paix. Il est conuenable neantmoins d'estaler aux yeux des Princes & peuples estrangers, par vn recit veritable, la conduite de ceux qui se trouuoient obligés à l'obseruation, & leurs deportemens aux occurences qui s'en sont presentées. *Neutralité n'a son effect qu'en cas de rupture de paix.*

Dez que la France medita la rupture de la paix de Veruins, ceux qui en penetroient les causes, lisoient dans le cœur, dans les paroles, & dans les escrits des François le projet d'affoiblir la maison d'Austriche, dont le dessein à couué si long temps, & n'a pû treuuer chaleur suffisante pour l'esclorre que par l'embrasemét de l'Allemagne. Ilz iugeoiét bien que cette Neutralité estoit vn sable mouuant sur lequel on ne fonderoit iamais solidement le repos & l'asseurance de la franche-Comté : que les liens de la Neutralité n'estoient pas plus fermes & plus serrez que ceux de la paix : que l'espée qui *Dessein de la France d'affoiblir la maison d'Austriche.*

trancheroit l'vn des nœuds diſſoudroit aiſement l'autre : & que les François donneroient où ils treuueroient leur à point, & peut-eſtre commenceroient par l'endroit le plus foible. Ceux de la Comté qui n'en pouuoient pas detourner les conſeils ſe reſolurent d'en retrancher les occaſions & les pretextes, & d'obſeruer les articles de la Neutralité ſi religieuſemét, que les autres ne la pûſſent enfraindre, ſans violer ouuertement la Iuſtice.

Archeueſque de Beſançon & Parlement de Dole gouuernent la franche-Comté.

L'Archeueſque de Beſançon & le Parlement de Dole qui furent commis au gouuernemét du pays ſur la fin de l'an mil ſix cens trente apres le deces du Comte de Champlite, receurent auec cette commiſſion vn commandement de la tres-ſage & tres-ſainte Infante Iſabelle lors gouuernante generale des Pays bas, & de Bourgongne, de maintenir en paix la Prouince dont elle leur confioit la garde, par l'entretien de la Neutralité auec la France, & de la ligue hereditaire auec les Suiſſes.

Retraitte du Duc d'Orleans en la franche Côté.

L'Année apres Monſieur le Duc d'Orleans frere vnique du Roy de France piqué de quelques meſcontentemens quitta la Cour & ſe retira dans la Duché de Bourgongne, auec ſa maiſon & peu de Princes & de Seigneurs qui ſe treuuoient attachés à ſon ſeruice & à ſa fortune : & s'y ſentant pourſuiuy à main armée par le Roy ſon frere ſe reſolut de chercher ſon aſſeurance hors du Royaume. Il enuoia diſpoſer les Gouuerneurs de la Cité Impe-

LE SIEGE DE DOLE.

riale de Besançon, qui est enclose côme au centre de la franche-Comté & sous la protection du Comte, de luy donner retraitte dans leur ville. Ils firẽt passer leurs deputés auprés de l'Archeuesque pour luy donner part du dessein qu'ilz auoient de recueillir courtoisement ce Prince qui ne leur demandoit que le couuert. En mesme temps arriuerent des gentils-hommes qu'il auoit despeschez aupres de l'Archeuesque & du Parlement pour les prier d'agréer son passage par leur Gouuernement, & son entrée dans les villes s'il en auoit besoin pour la seureté de sa presonne. Cette ambassade non attenduë les mit en perplexité : ils iugeoient bien qu'il ne touchoit pas à eux de sonder le fond du mal-entendu des freres, & que l'hospitalité ne pouuoit estre refusée à vn si grand Prince, heritier prochain de la corone de France, & beaufrere du Roy leur Souuerain : mais le voians poussé à force d'armes, ils aprehendoient que la colere du frere ou de ses ministres ne les animast de le suiure iusques dans le Pays de son refuge, & d'y entrer par cette bresche que peut-estre on figureroit auoir esté faite à la Neutralité. Ils essaierent d'abord de persuader à ceux de Besançon de s'exuser de ce logement auec des termes de respect & de bienseance ; mais la parole estoit donnée & ne se pouuoit retirer. Ils tascherent par apres d'en detourner ou retarder la venuë ; mais le Duc pressoit estat

La conduitte des Gouuerneurs en cette occasion.

pressé, & redoubloit ses instances par lettres & deputations qui reiettoient tout dilayement. Pour fin ils le supplierent tres-humblement de leur accorder du téps pour aduertir la Sereníssime Infante par courrier expres qu'ils feroiét passer à Bruxelles pour en receuoir ses commádemens ; ils adiousterent, *Que si la necessité de ses affaires ou autres considerations le portoient à la resolution d'entrer dans la Prouince auant cela, pourueu que ce fut sans armes, comm'ils n'auoient point d'ordre de luy outroier, aussi n'en auoient ils point de luy serrer ou trauerser le passage : seulement luy demandoient-ils pardon, s'ils ne luy pouuoient sans licence du Roy ou de l'Infante ouurir les villes qui estoient commises à leur garde.* Le Duc ne perdit pas vn moment, & enuoia le mesme iour marquer ses logis aux villages tous voisins de la ville de Dole, & en donner aduis au Parlement le priant de n'en prendre point d'ombrage. Ce fut lors que le Parlement estima que ce seroit discourtoisie, & parauanture imprudence de laisser coucher aux champs vn Prince de cette condition qui estoit aux portes de leur ville. Le Baron de Mont-fort & le Sieur de Traues freres, gentils-hommes d'ancienne marque furent choisis pour luy aller au rencontre offrir le logement dans la place, ou il pourroit dormir auec plus d'asseurance pour sa personne royale & pour sa maison. Il en agréa la semonce & vint aussi tost dás la ville auec quelques Princes & Seigneurs,

Entrée du Duc d'Orleás à Dole

LE SIEGE DE DOLE. 15

sans autre suitte que de cent cheuaux. Le Marquis de Saint Martin Gouuerneur de la place l'alla receuoir hors des portes Il fut acueilly de tous auec témoignages d'alegresse. Les corps du Parlement, du Clergé, de l'Vniuersité, de la Chambre des comptes, du Conseil de ville, & autres luy allerent faire la reuerence par leurs deputés en la plus belle maison de la ville, où il fut logé, defraié, & honoré cóme la grandeur de sa naissance le demandoit, & la soudaineté de son arriuée non preueuë le pût souffrir. Le lendemain matin apres auoir veu & adoré l'hostie miraculeuse & victorieuse des flammes qui est en depost dás la principale Eglise, il prit congé de ses hostes, batit aux champs & passa d'vne traite à Besançon guidé par quelques cauualiers du pays. Il y seiourna quinze iours tout au plus viuant auec la franchise qui luy est naturelle, & puis se retira dans la Lorraine. *Sa rettraite à Besançon, & puis en Lorraine.*

Quatre mois apres il retourne à Besançon, & donnant aduertissement de son arriuée aux Cómis Gouuerneurs du pays, les asseure qu'ils n'auront point de sujet de s'en ombrager, parce qu'il n'y veut demeurer qu'auec sa maison. Cependant on leur rapporte qu'il assemble des gens de guerre en la Comté de Monbeliard, ce qui les oblige de dépescher vn gentil-hóme à la Serenissime Infante pour la supplier de détourner ce coup, qui fourniroit de pretexte au Roy de France pour dire que la *Só retour à Besáçon.* *Son armement.*

Prouince fauorisoit & fomentoit ses ennemis, & peut-estre pour attenter quelque chose à sa ruine. En l'attente des ordres du Pays bas, ils publient des Edits qui deffendent aux vassaux & sujets de porter les armes pour autre que le Roy sans son expresse licence par escrit à peine de la vie. Monsieur d'Orleans se plaint de cette rigueur, que l'on excuse sur l'obligation de demeurer neutres ; & neantmois, pour ne rien oublier de ce que l'on deuoit à sa grandeur, on commande à toutes les villes de receuoir, honorer, & caresser sa personne & son train ordinaire passant & repassant ; mais d'empescher par tous moiens possibles les leuées, assemblées, & passages des gens de guerre ; à quoy tous se portent d'affection.

Empesché par ceux de la Côté

Le Prince de Condé Gouuerneur de la Duché de Bourgongne & de la Bresse estant informé de toutes ces particularitez escrit au Sieur de Fay Conseillier du Parlement de Dole qu'il auoit veu en quelque voyage ; & par sa lettre haut loüant la prudente conduite des Cômis au Gouuernement, dit, *Que le Roy son maistre a vne tres-grande satisfaction, & les exhorte d'y continuer & de munir leurs frontieres du costé de la Saone & de la Bresse, offrant de fournir luy mesme les troupes necessaires pour cela si les forces de la Comté n'y pouuoient suffire pour lors, afin que rien ne pûst entreuenir qui troublast le repos des deux Prouinces.* On luy fait respondre, *Que c'est bien l'intention*

Le Prince de Condé loüe le Gouuerdemét des franc Cótois.

LE SIEGE DE DOLE.

tion de ceux du pays de ne souffrir ny passage ny entreprise qui puisse donner tant soit peu d'ateinte à la paix ou à la Neutralité, mais qu'ilz ne peuuent receuoir à la garde de leurs frontieres autre gendarmerie que celle du Roy leur Souuerain.

Peu apres le Duc d'Orleans retourne à Remiremont, & jette sept à huit cens cheuaux & autant de fantassins dans la terre de Saint Loup, litigieuse entre la Bourgongne & la Lorraine, presupposant que ce fust vne terre de surceance. Les Gouuerneurs luy enuoyent aussi tost le Baron de Vaugrenans, & le Conseiller de Beauchemin pour le prier instamment de retirer ses troupes de cette terre, & luy faire entendre que de tout temps les Comtes de Bourgongne s'en estoiét maintenus souuerains, si bien les Seigneurs du lieu s'estoient efforcés de la tenir en surseance afin d'en ioüir absolument comme d'vn roial depost, pendant la querelle des Princes qui en debattent la supreme authorité. Il se resout en fin auec assez de repugnance d'en déloger, & de faire repasser ses troupes sur la Comté de Montbeliard terre d'Empire. Au passage elles demandent logement pour vn soir en la ville de Luxeu : les bourgeois se souuenans des deffences des Gouuerneurs le refusent, & les contraignent de prendre quartiers aux villages prochains, d'où elles se partent le lendemain, & estans paruenües par Lure à Montbeliard, elles sont receües par vn

Nouuel armemēt du Duc d'Orleans.

Eslongné de la Côté par les Gouuerneurs.

Cómiſſaire de l'Empereur au ſeruice de ſa Majeſté Imperiale. Les Gouuerneurs arment promptemét leurs frontieres de ce coſté-là, de ſorte que cette gédarmerie perdant l'eſpoir de tirer aucune commodité de la franche-Comté ſe rejette dans la Lorraine.

Otho Ringraue s'épare de l'Alſace pour les François.

En l'an ſeize cens trente-trois le Comte Otho Ringraue ſous le nom des Suedois vint conquerir l'Alſace & la Ferrette, pour la remettre aux mains des François dont il n'eſtoit que l'inſtrument, il fit ſçauoir aux Gouuerneurs de la franche-Comté qu'il n'y entreprendroit rien, pourueu qu'ils ne s'intereſſaſſent point dans ſes affaires. Il ne laiſſa pas pourtant apres auoir affermy le pied dans l'Alſace de courir bien auant ſur la Comté ſous ombre de ſe venir emparer de Lure comme de place Imperiale, & de cómuniquer auec Montbeliard que les François auoient occupé ſous le voile ſpecieux de protection. Les Gouuerneurs mirent en cam-

Franc Cótois armét pour ſe couurir.

pagne le Marquis de Conflans choiſy Mareſchal de Camp de Bourgongne, aſſiſté du Conſeiller de Beauchemin auec la milice du pays & quelque caualerie, qui obligerent le Ringraue de ſe reſerrer dans les bornes de l'Allemagne; pendant que les François & par artifices & par armes engageoient la Lorraine dans leurs filets, pour ſerrer le paſſage aux Pays bas, & s'ouurir celuy du Rhin & des terres de l'Empire. Le Roy auoit commandé dans

LE SIEGE DE DOLE.

la franche-Comté les recreües des trois Regimens Bourguignons entretenus en Flandre sous le Marquis de Varambon, le Sieur de Montcley, & le Sieur de Maisieres, le passage leur auoit esté accordé par la Lorraine, mais l'on sçeut que la France leur y auoit dressé des pieges, & nonobstant qu'ils fussent desarmés auoit resolu de les surprendre, & de les tailler en pieces. On vit presque en mesme temps l'armée Françoise conduite par le Duc de Rohan s'aduancer dans la Lorraine iusques aux confins de la terre de Ionuelle qui est de la frâche-Comté. Batilly qui commandoit partie de la caualerie embrassant l'occasion du detroussement d'vn sien carrosse que quelques coureurs Lorrains luy auoiēt enleué, & feignant que cette prise auoit esté faite par des caualiers logés dans la ville de Ionuelle, où ses gens frequentoient comme amis auec toute liberté, se resolut de donner curée aux siens du sac de cette petite ville, & enuoya cinq cens cheuaux, dont les auant-coureurs receus à l'entrée sans soubçon, se saisirent de la porte & introduisirent tout le reste, qui tuerent plusieurs soldats & habitans, pillerent les maisons, & n'oublierent rien de ce que peut la violence armée. Apres leur retraitte Batilly escrit au Parlement qu'il auoit enuoyé ses gens pour chastier des voleurs, & non pour se tesmoigner ennemy. On se plaint de cette hostilité masquée d'vn faux visage,

Recreües en la franche-Côté.

Empesches par les Frãçois de passer Lorraine en Flādre.

Batilly François surprēt & saccage Ionuelle.

C 2

Plaintes des franc Comtois sans satisfaction.

on luy leue le masque, on luy oppose l'euidence de la verité. Le Prince de Condé, le Duc de Rohan, le Parlement de Dijon blasment l'action, pendant que l'ouurier est accreu de reputation & aduancé aux honneurs militaires parmy les siens. Ils protestent par lettres que l'intention du Roy leur Maistre est de maintenir la paix & la Neutralité, & de reprimer ces outrecuidances, & par effect la pauure ville demeure saccagée sans ressource.

Autres entreprises des troupes Françoises en Bourgongne.

Le Sieur de Chalancey vint en suitte raffraichir vn regiment entier de l'armée Françoise dans le vilage de Villers Saint Mazelin, auec licéce de piller & rançonner les pauures habitans, qu'il tient en cette gehenne par plusieurs iours, & monte à vn si haut degré d'outrecuidance que treuuant les armes du Roy affichées en place publique, il les arrache auec des braueries outrageuses, en mesme temps que les Chefs des troupes asseuroient que les deux Roys estoient en sincere paix & tres-bonne intelligence. Le marquis de Bourbonne qui commandoit à Montbeliard pour la France, n'escriuoit à l'Archeuesque & au Parlement qu'auec des caracteres de menaces & de mespris; Il fit emprisonner l'Aduocat Malboüan de Vesou, parce que le zele au seruice de son Souuerain & de sa patrie l'auoit porté d'en parler honorablement dans Montbeliard. Les Commis au Gouuernemét qui ne treuuoient pas la saison propre pour émouuoir les humeurs qui ne pouuoient estre purgées que par des remedes puissans & perilleux, se contentoient des lenitifs. Ainsi furent aualées les amertumes des quotisations que le Colonel Gassion pratiqua sur les Communautés de la terre de Ionuelle, les courses & rauages de l'armée du Sieur de Bellefont, les exactions de celle du Marquis de Sourdis, les passages des troupes du Duc de Rohan pour s'emparer de Lure, & mille autres semblables violences. Il n'y auoit autre allegement que celuy des plaintes, que les Commis au Gouuernement redoubloient pour faire connoître qu'ils sentoient bien les iniures, qu'ils ne pouuoient pour lors autrement venger; & ne cessoient d'en donner aduis à la Serenissime Infante, & à ceux qui luy succederent au Gouuernement des Pays bas, pour en receuoir leurs ordres, & les moiens d'en tirer quelque reparation.

Plaintes redoublées sans fruit.

Le Roy de France qui auoit treuué iour dans la Lorraine & deliberé de s'y faire large pour ioüir à coudées franches des auenües de l'Allemagne, s'ombrageant des troupes leuées en Bourgongne, qu'il creut luy pouuoir causer du destourbier, enuoya dez son camp prés de Nancy le Sieur de Câpremy, auec lettres addressés aux Gouuerneurs, Gentils-hommes, & autres de la franche-Comté. C'estoit, disoit-il, *pour leur faire entendre quelques raisons importantes, qui les conuieroient de se comporter dans*

Câpremy enuoyé auec lettres du Roy de Fräce aux Gouuer-

neurs de la Comté.

l'affaire dont il leur feroit parlé, conuenablement à l'affection qu'ils portoient, ainsi qu'il l'eſtimoit, à ſa Coronne, comme ſes plus proches & bons voiſins ; les priant de donner entiere creance à ce gentil-homme, & aux aſſeurances qu'il leur porteroit de ſa bienveuillance. Campremy

Ses menées.

fit quelques tours par la Prouince, & viſita comme par rencontre aucuns Seigneurs en leurs maiſons, laiſſant eſchapper pluſieurs diſcours de la grandeur de ſon Maiſtre, du bon-heur de ſes armes, de ſes bonnes inclinations à l'endroit de ceux du Pays, & du comble de felicité ou feroit môtée la Prouince ſi elle eſtoit jointe à ce puiſſant Royaume qui la protegeroit & deliureroit des fraïeurs continuelles ou elle eſtoit plongée par la domination d'vn Roy & d'vne nation d'autres meurs, d'autres humeurs, & d'autre langage, & par maniere de dire d'vn autre monde. Ces cajoleries furent rebutées de tous auec de l'indignation & du meſpris, comme feroient par vne chaſte eſpouſe les piperies hôteuſes d'vn infame ſeducteur.

Le ſujet de ſa legatió.

Quand il fut à Dole, deployant deuant l'Archeueſque & le Parlement le ſujet de ſa commiſſion, il s'eſpancha ſur les motifs qui auoient pouſſé les armes de la France dans la Lorraine, qui n'eſtoient autres en effet, ſinon *que le Duc s'eſtoit hoſtilement côporté enuers les Proteſtans d'Allemagne, alliez de Sa Majeſté Tres-Chreſtienne, & contre la Coronne de Suede : que cet affaire eſtoit tant à cœur à ſon Roy qu'il tiendroit pour* ses ennemis declarés tous ceux qui se diroient amis du Duc: que cela nous deuoit detourner de nous interesser dans les disgraces de ce Prince, & de luy prester assistance de gens tirez du Pays, & plustot nous obliger à l'estroite obseruance de la Neutralité sous l'ombre de laquelle nous auions si longuement & si soüéfuement dormy. On luy fit response, Que la franche-Comté ne s'estoit iamais embroüillée dans les troubles des autres Prouinces; que tous s'y estudioient encor de viure tranquillement auec les voisins, & sur tout auec les vassaux & sujets de l'obeïssance de France. Que veritablement le Roy nostre Souuerain auoit commandé dez plusieurs mois la leuée de quelques gens de guerre dans le Pays, pour remplir comme aux années precedentes les trois Regimens de la nation entretenus d'ordinaire aux Pays bas, où ils seroient déja, si la difficulté des passages ne les auoit retenus dans la Prouince, auec quelques autres leuées que S. M. y auoit ordonnées pour son seruice. Que ne nous estant pas loisible de penetrer dans les conseils de nostre Souuerain, nous contentans de la gloire d'vne tres-humble obeïssance & de la fidelité inuiolable que nous luy deuions, nous ne sçauions pas à quoy il destinoit ces troupes qui estoient entretenuës à ses frais & logées dans des garnisons en l'attente de ses ordres. Que nous l'aduertirions promptement & la Serenissime Infante aussi de ce qui nous auoit esté dit & escrit à cette occasion, quoy que dez maintenant nous pouuions respondre de leur intention pour le maintien de la Neutralité que nous auions tousiours sincerement &

Promesse du Roy de France de garder la Neutralité

Response des Gouuerneurs de Bourgongne.

religieusement gardée, & garderions à l'auenir, s'il luy plaisoit ordonner à ses vassaux & sujets de reciproquer. Ce fut la substance de la rescription. On ne cela pas au gentil-homme que l'on auoit trouué nouueau le stile de la lettre du Roy son Maistre qui traitoit ceux de la franche Comté de *Chers & bien-aimés:* car encor que ces termes fussent pleins de courtoisie & d'affection, ils n'auoient pas esté pratiqués par les Roys de France escriuans aux Gouuerneurs des Prouinces d'autre Souueraineté, ainsi que nous pouuions faire voir par des lettres du Roy Henry quatrieme & autres ses deuanciers, par lesquelles les Gouuerneurs & le Parlement de la franche-Comté estoient qualifiés *Messieurs*. Il excusa cette nouueauté sur le deffaut d'experience d'vn ieune Secretaire. Et au fond de sa negociation on luy dit franchement, *Que le traitté de la Neutralité ne nous lioit pas les mains si serrément qu'il sembloit s'estre persuadé: qu'elle nous permettoit de seruir nostre Souuerain Prince par tout & contre tous, voire contre le Roy de France mesme en cas de rupture, & contre tous ses confederés: pourueu que ce ne fut point au preiudice des Prouinces neutres. Que la Majesté du Roy nostre Maistre ne se piquoit pas à l'égal, si bien il voioit les sujets de la Duché & du Bassigny porter les armes contre elle dans ses Estats d'Italie & des Pays bas, & suiure les estendars de ses ennemis & rebelles.* Il repartit & soustint auec beaucoup d'ardeur *que le Roy de France portoit*

Neutralité permet aux sujets de seruir leur Roy hors des Prouinces neutres.

portoit par tout sa qualité du Duc de Bourgongne, & qu'il seroit sensiblement offensé & croiroit la Neutralité violée, si dez la Comté l'on donnoit secours au Duc de Lorraine pour s'opposer à la puissance de ses armes qu'il vouloit conduire en personne. La replique fut bien aisée que la qualité de Comte de Bourgongne n'estoit pas moins inseparable de la personne du Roy Catholique, mais ce bon caualier ne pouuoit aduoüer que son Maistre fust soumis aux loix qu'il imposoit aux autres. Nous eusmes vne pareille ambassade & lettres trois sepmaines apres par vn autre enuoyé nommé Du Bois, qui nous donnoit part de l'heureux & prompt succes des armes Françoises en la Lorraine, auec les mesmes semonces & asseurances. La responſe n'en fut pas differente. Presque en mesme temps le Roy de France nous aduertit *que le Marquis de Bourbonne faisoit passer par son commandement quelque caualerie & infanterie tirée du Pays de Bassigny pour les conduire en lieu où ils ne se pourroient rendre qu'en passant par la Comté, se promettant (disoit-il) que selon la Neutralité & la bonne correspondance qui deuoit estre entre Princes si proches & si estroitement alliés, nous laisserions passer le Marquis & ses gens en toute seureté.* Nous le suppliâmes d'agréer *que nous en peussions attendre les ordres de la Sereniſsime Infante, que nous aduertirions par courrier exprés*, mais Bourbonne ne laissa pas de passer auec sa gendarmerie & s'asseurer de Lure & de Pourentru sous ce grãd manteau de protection qui couure

Cõfirmations redoublées de la Neutralité.

D

toutes les vsurpations de la France. Nous commençâmes dez lors à reconnoître qu'on nous donnoit de l'endormie pendant qu'on nous cernoit de tous costés pour nous faire entrer dans le filé. Campremy retourna pour vne seconde fois chargé de complimens, afin d'effacer nos soubçons & rasseurer nos desfiances par des promesses royales d'amitié & d'vne bienveuillance sincere.

Arriuée du Cardinal Infant d'Espagne en Italie.

Entretemps le Cardinal Infant d'Espagne frere vnique du Roy estoit heureusement debarqué en Italie & arriué à Milan. C'est ce Prince qu'on peut à bondroit sur nommer les Amours du monde ; ce brillant de toutes Royales vertus. Ce nouuel Astre de bon augure qui montant d'vn mouuemét sans violence de l'occident à l'orient deuoit bien tost porter la gloire de la tres-auguste maison d'Austriche iusques à son apogée. Cette pourpre semblable à celle qu'on voioit au temple de Iupiter Capitolin qui ternissoit par sa diuine splendeur toutes les autres pourpres, & en effaçoit l'esclat en telle sorte, qu'elles ne paroissoient plus que teintures de cendre en sa presence. Le Duc de Feria auec vne puissante armée auoit obligé les Suedois de quitter le Siege de Constance & l'espoir d'entrer en Italie : il estoit passé dans l'Alsace d'où il alloit denicher tous les vsurpateurs, si les genereux dessseins n'eussent esté trauersés & réuersés par l'enuie & les malicieux artifices de Valstein ce monstre

Duc de Feria fait leuer le Siege de Constâce.

LE SIEGE DE DOLE.

de trahison, qu'on a veu depuis esteindre son ambition & son horrible ingratitude dans son sang, par vn coup de la main vengeresse du Tout-puissant. Les troupes de Bourgongne auoient esté iointes à celles du Duc de Feria, & souffrirent auec luy les incommoditez ou les plongea la malice noire de ce desnaturé, dont le venin estoit lors d'autant plus dangereux qu'il estoit plus artistement deguisé. *Troupes de Bourgongne iointes à luy.*

Mais l'heur & la valeur de l'Infant Cardinal surmonta toutes difficultez. La jalousie & la haine se vantoient de luy opposer de si puissantes barrieres qu'il n'arriueroit iamais en Flandre; mais s'estant ioint au Roy de Hongrie & au Duc de Lorraine il se fit bien tost voye par le trenchant de l'espée, & passant sur le ventre de ses ennemis en la glorieuse bataille de Nortlingue, poussa sa carriere iusques dans les Pays bas, où il entra par la porte du triomphe. On vit à son arriuée, comme au leuer d'vn nouueau Soleil dissiper ou faire resoudre en vne douce pluye tous les nuages & broüillars que la mort de la tres-pieuse Infante Isabelle, la rebellion de quelques Seigneurs ingrats & infortunés, & les sinistres pratiques des Ministres de la France auoient fait éleuer. Les prises de Philipsbourg & de Treues furent les auant-jeux de ses heureuses conquestes, qui firent si bien monter la fumée en teste à la France qu'elle se resolut d'éclater & rompre *Arriuée glorieuse du Cardinal Infant d'Espagne en Flâdre.*

Les heureux effets de sa venuë.

D 2

ouuertement la paix, qu'elle auoit tant de fois couuertement violée & plus auantageufement pour le bien de fes affaires.

Peu auant la declaration de cette pernicieufe rupture, le Duc de Lorraine trauerfant l'Alface auec vne armée Imperiale fe vint loger fur les terres de Montbeliard aux frontieres de la franche-Comté. Quelques nations libertines qui n'auoiét autre folde que la licence de piller, firent de fi grands rauages dans le Pays, que l'on fut contraint d'oppofer la digue des armes pour arrefter ce torrent de picoreurs. Les Gouuerneurs ne fe mirent pas moins en peine pour l'intereft des terres Neutralifées; ils coniurerent fi puiffamment le Duc de ne point emprunter le paffage ny les commodités de la Bourgongne, pour les endommager, qu'ils en tirerent fa parole. Les deffenfes de feruir autre que le Roy fans fon expreffe licence à peine de côfifcation de corps & de biens, & d'acheter les beftiaux & meubles butinés par les foldats fur les Prouinces voifines à peine de les perdre, & de chaftiment exemplaire, furent renouuellées & proclamées par tout: & ne fut rien mis en arriere de ce que pouuoit fuggerer le defir de demeurer neutres.

Le Marefchal de la Force d'autre part commádant l'armée Françoife fe iette dans le Pays par diuers endrois du Bailliage d'Amont fans en prendre licence ny donner aduis: il fe campe en la plaine de

Marginalia:
Duc de Lorraine conduit l'armée Imperiale par l'Alface fur la terre de Montbeliard.

Ce que firent les Franc Côtois.

Marefchal de la Force entre en la Franche-Comté, &

LE SIEGE DE DOLE.

Baudoncour prés de Luxeul, y arbore les drapeaux de France, contraint ceux de la ville & de toute la terre de luy fournir viures, & à cette fin establit ses gardes aux portes, loge ses Officiers & Commissaires des viures au dedans, & commande par tout ou il passe autant absolument que s'il estoit au fond de la France, & aussi rigoureusement que s'il estoit en Pays de conqueste. Les sujets se plaignent & crainte de pis contribuent tout ce qu'ils ne peuuent denier à violence que les Gouuerneurs mesmes dissimulét pour n'aigrir le mal: Mais pour tenir à l'abry le reste de la Prouince, ils mettent la milice du Pays & quelque caualerie en campagne. Les Sieurs de Melisey pere & fils qui passoient en leurs maisons pour la leuée d'vne cõpagnie d'Esleus que le Pere commandoit, tomberent aux mains du Mareschal de la Force auec le Sieur de Melincour Enseigne, ils sont tous trois arrestés comme prisonniers de guerre, & ne sont rendus qu'apres plusieurs pressantes poursuites de l'Archeuesque & du Parlement, qui les tirent en fin de cette prison, mais non de la perte de la pluspart de leurs cheuaux, armes, & equipage. Le Roy auoit fait leuer au Pays vn nouueau regiment de quinze compagnies de gens de pied chacune de deux cens sous le Colonnel de la Verne, que l'on auoit tenües longuement en quartiers dans les villes attendant l'opportunité de les faire passer en Flandre pour

se campe pres de Luxeul.

Ses entreprises sur la Comté.

Regiment de la Verne joint aux troupes Imperiales.

D 3

grossir l'armée du Prince Thomas de Sauoye auquel elles estoient destinées. L'Infant Cardinal aduerty que les passages leur sont barrés de toutes part, & supplié d'en descharger la Prouince, commande qu'on les joingne aux troupes du Duc de Lorraine, qui les conduit en Alsace, & apres auoir chassé les François de la ville de Pourentru y laisse ce regiment pour garder la place à l'Empereur son legitime Seigneur.

Laissé à Pourentru.

En mesme temps le Roy de France estant à Peronne enuoye l'Abbé de Courlan en la franche-Comté auec lettres au Parlement datées du cinquieme de May de l'an seize cens trente-cinq qui portent. *Qu'aiant eu aduis que nous auions donné retraite au Duc Charles & à ses troupes dans la Comté, d'où il faisoit des courses sur les terres de sa Coronne & y prenoit des prisonniers, ce qui estoit contraire à la Neutralité dés long-téps obseruée à l'égard des Estats de la France & de la Comté, il nous dépeschoit l'Abbé de Courlan pour nous faire entendre ses sentimens sur ce sujet, & sçauoir de nous quelles asseurances nous luy pourrions donner d'empescher à l'aduenir ses ennemis quels qu'ils fussent d'entrer en la mesme Comté pour de là entreprendre contre les terres de son obeïssance.* Ce bon Abbé qui selon l'vsage du siecle se mesloit d'autre mestier que de dire son Breuiaire, alloit ourdissant des toiles pour y enuelopper s'il pouuoit cette Prouince à l'auantage de son Maistre, fut par ruses ou par force. Il

Ambassade de l'Abbé de Courlan à Dole.

Sa negotiation.

passa premierement à Gray, puis à Besançon, & en fin à Dole. L'on voioit par tout accourir à luy les François, qui sous feinte de disgraces ou de negoces estoient entretenus dans le Pays pour espies ou pour corrupteurs. Il visitoit les fortifications & en marquoit les defauts, ainsi qu'il entreprit à Dole, se faisant conduire à toutes les portes & sur les dehors par vn gentil-homme François aposté, sur lequel il reietta la faute quand il se vit suiuy & surpris par le Sergent Majeur qui le diuertit dextrement de ces promenades. J'eus charge auec le Conseiller & Procureur General Brun de l'entendre & de l'entretenir sur les points de sa legation : Nous nous apperceûmes que cet esprit vif & boüillant feignoit de se rendre à toutes nos raisons ; il nous sembloit descouurir l'ameçon sous l'amorce de ses caresses ; il poussoit des sous-ris qui naissoient dans ses yeux & dans sa bouche comme des champignons sans racine : il ne parloit que d'vnion & de paix, & nous promettoit que nous n'entendrions plus les nouuelles de la guerre que par la lecture des gazettes. Nous le pressames fort selon le commandement que nous en auions, de s'ouurir sur la demande que le Roy son Maistre nous faisoit de quelques asseurances pour empescher ses ennemis d'entrer en la franche-Comté ; luy disant, *Que nous ne conceuions pas ce qu'on pourroit pretendre en ce particulier de ceux qui estans sujets tres-*

Artifices de Courtisan.

fideles & tres-obeïssans de leur Souuerain n'auoiët autres gages à presenter que la parole royale de leur Maistre. L'Abbé gauchissant là dessus & releuant la debonnaireté & iustice du sien pour ne rien exiger qui ne fut iuste, nous laissa auec cette responsc, qu'il estoit fort satis-fait de la nostre & de la franchise de nostre procedé. Par les lettres que nous luy donnâmes pour le Roy Tres-Chrestien nous disions, apres les complimens & remerciemens que la bien-seance nous auoit dictés. *Que nostre plus grand soing auoit tousiours esté de maintenir sincerement la Neutralité, & que nous n'estimions pas qu'il voulut interpreter au contraire, le refuge que le Duc de Lorraine auoit choisy quelque fois dans aucunes villes & places de ce Pays, pour sa personne seulement sans armes & à fort petit train; puisque ç'auoit esté par le droit de l'hospitalité qui ne pouuoit estre refusée à vn Prince grād de naissance parent & allié du Roy nostre Souuerain de qui nous en auoins le commandement. Que nous n'auions souffert ny dissimulé aucunes leuées de gendarmerie pour le seruice du Duc dans l'estenduë de nostre Gouuernement, ains les auions empeschées par Edits rigoureux, recherchées par Justice, & dissipées de viue force. Qu'aux derniers occasions ayans sçeu les aproches de l'armée Jmperiale sous sa conduite, nous luy auions enuoyé au rencontre, pour luy faire entendre ce à quoy nous obligeoit le traitté de la Neutralité, les ordres que nous auions du Roy nostre Souuerain Seigneur de la garder punctuellement, & le desir de la Pro-*

marginalia: Responſe des Gouuerneurs de la Côté au Roy de France.

la Prouince de contribuer tout son petit pouuoir afin de la maintenir entiere ; & pource l'auions efficacement supplié de n'emprunter les passages du Pays pour enuahir les Estats Neutralisés, ny se preualoir à cet vsage des troupes que le Roy nostre Maistre auoit faites par deçà de ses propres deniers pour en assister les armées Imperiales ; de quoy nous luy auions redoublé des instances si pressantes qu'il nous en auoit engagé sa parole, & n'auoit pris aucun quartier en ce Pays ny fait entreprise qui nous fut cogneuë sur ceux de l'obeïssance de France comprises en la Neutralité. Que si quelques courses y auoient esté faites par des troupes Hongroises, Croates, & autres libertines, elles auoient en mesme temps couru, saccagé, & embrasé vn grand quartier de cette Comté auec des violences auparauant inoüyes, qui nous auoiët obligés de mettre les armes aux mains de nostre peuple pour parer à leurs coups. Et sur ce qu'il luy plaisoit nous demander quelles asseurances nous luy pourrions donner de barrer le passage de cette Prouince à ses ennemis quelconques, pour dés icelle entreprendre sur ses Estats, nous osions esperer, que comme nous n'auions iamais desiré autre asseurance de ses bonnes intentions que sa parole Royale, aussi se contenteroit-il de celle que nous luy affermions en toute sincerité, que la Majesté du Roy nostre Souuerain nous auoit commandé seriéusemét de nous tenir reserrés dans les bornes de la Neutralié : & que ces commandemens nous auoient esté souuent redoublés par la Screnissime Infante Isabelle de glorieuse memoire, & par l'Altesse du Prince Cardinal. Que nos inclinations

E

particulieres estans ainsi estayées & authorisées nous en faisoient saintement & curieusement obseruer toutes les conuentions, comme nous ferions à l'aduenir, & empescherions par toutes voyes possibles qu'il n'y fut point contreuenu, & y employerions encore nos tres-humbles supplications aupres du Serenissime Infant Cardinal, à ce qu'il luy pleust nous en renoueller les ordres & parfournir les moyens. Ainsi, que nous estimions que quand Sa Majesté Tres-Chrestienne seroit veritablement informée de nostre conduite, elle iugeroit que nous auions de point en point accomply tout ce à quoy l'obeïssance à nostre Souuerain & les traittés nous obligeoient : Mais que nous prendrions la hardiesse de luy dire, que ceux qu'elle auoit Commis à la garde des places & direction de ses armées qui nous auoisinoient, ne s'estoient pas contenus dans les mesmes limites ; puis que par saisie des biens des sujets de cette Prouince, saccagement de la ville de Ionuelle, passages & logemens de gendarmeries sans licence des Gouuerneurs & sans aduis, par courses, pilleries, violemens, & embrasemens des villages, par efforts de surprendre quelques Chasteaux, & par saisie & detention de prisonniers pris dans le Pays mesme sans legitime pretexte, ils nous auoient donné occasion d'aprehender qu'ilz ne nous voulussent traitter comme ennemis, de quoy nous auions plus particulieremét instruit l'Abbé de Coursan pour en resseruir Sa Majesté Tres-Chrestienne, & des prieres tres-humbles que nous luy faisions de commander, que le passé fut reparé, & que pareilles hostilités qui contrequarroient ses droites intentions cessas-

sent pour l'aduenir. L'Abbé s'en retourna chargé de cette respôse & d'amples memoriaux des outrages faits par les armées & garnisons Françoises aux franc-Comtois contre les articles de la Neutralité. Il fut accompagné par honneur iusques dans la Duché, par quelques caualiers de la ville, qui s'apperceurent qu'il estoit agité de quelque frayeur, & que parauenture se figurant des desseins en l'esprit des autres sur le modelle des siens, & craignât d'estre surpris par ceux qu'il meditoit d'attraper, il portoit son chastiment en croupe. Il ne se pouuoit contenir de s'enquerir souuent s'il estoit jà sur la France, & s'il se treuuoit en seureté. L'Archeuesque & le Parlement voulurent aussi tost rendre compte au Sereniſſime Infant des singularités de cette ambaſſade, & choisirent le Sieur de Bermont gentil-homme prompt & adroit pour luy en aller faire rapport. Celuy-cy apres auoir sondé le gué pour paſſer par la Lorraine ou par l'Allemagne n'y rencontra point de fonds Nous nous aduisâmes de le faire paſſer à pacquet ouuert par la France mesme, par la faueur du Président de la Berchere qui luy promettoit sauf-conduit; & de fait il penetra iusques à Chasteau Thierry, d'où le Secretaire d'Eſtat auquel il eſtoit adreſſé le renuoya auec ce mot, *qu'il ne paroiſſoit pas vn simple porteur de lettres, & n'eſtoit jà beſoin que l'on ſçeut aux Pays bas ce qui ſe paſſoit en Bourgongne.*

Terreur panique d l'Abbé de Courſan.

Marchandises & dettes des sujets d'Espagne confisqués en Fance.

Toutes choses se disposoient en France à la rupture auec l'Espagne : les danrées & bons effects des marchands sujets du Roy Catholique y auoiét esté declarés de bonne prise : on vouloit prattiquer la mesme rigueur sur les Bourguignons Comtois, mais sur les considerations de la Neutralité, & de la liberté de commerce qui estoit conseruée à tous les marchands François dans la Comté, il y eut

Les Comtois exceptés.

arrest du Parlement de Dijon que les Comtois ne seroient point enueloppés dans les mesmes rets que les autres. Ce nonobstant Laurenceot d'Arbois archer en la compagnie des gardes bourguignones du corps du Roy Catholique, s'en retournant de la Comté en Espagne fut arresté prisonnier

Archer Comtois des gardes du corps du Roy d'Espagne fait prisonnier de guerre à Lyon.

de guerre à Lyon par ordre du Sieur d'Alincourt. Il est repeté & refusé sous couleur qu'on ne l'auoit pas pris comme Bourguignon, mais comme domestique du Roy d'Espagne : on repart que la guerre n'estoit pas encor declarée, & que hors de cela il porte tousiours quant & soy le priuilege de sa naissance : en fin il est renuoié à nud, depoüillé de ses armes, liurées & habits, demonté, & dessaisy de trois cens pistoles qu'il portoit pour les frais de son voiage.

Declaration de la guerre par la Fráce à l'Espagne.

La declaration publique de la guerre par la France à l'Espagne suiuit bien tost apres au mois de Iuin de la mesme année seize cens trente-cinq. Le Parlement de Dijon en ayant receu l'Edit pour

LE SIEGE DE DOLE. 37

le publier, deputa les Conseillers Aluiset & Saumaisé Sieur de Chasan vers le Parlement de Dole. Ces Commissaires arriués demandent audience dans la Chambre du conseil, où ils sont receus auec les honneurs & deferances acoustumées. Ils exagerent à l'entrée de leur discours les soins que ceux de leur Compagnie auoient tousiours portés, afin de tenir la Neutralité en vigueur, & les deux Bourgongnes en paix & en amitié; & poursuiuent. *Qu'en l'occasion fâcheuse de la rupture entre les deux Roys & de la declaration de guerre que Sa Majesté Tres-Chrestienne leur auoit enjoint de publier, ils s'estoient treuués en garnde perplexité, pour n'y auoir rencontré aucune reserue de nostre Neutralité, qu'ilz croyoient neantmoins en deuoir estre exceptée; & que sur cette doubte ils s'estoiët proposés d'en escrire au Roy leur Maistre, pour en aprendre ses intentions, qu'ils esperoient conformes à leurs souhaits qui seroient tousiours portés à la tranquillité; mais qu'auant que s'y engager ils auoient desiré par cette deputation solemnelles s'enquerir si nos sentimes y correspondroient, & s'esclaircir sur quelques ombrages, que l'on pourroit prendre de nos nouuelle fortifications, des assistances qui auoient esté données au Duc de Lorraine dez ce Pays, & des gendarmeries que nous auions mises & mettions iournellement en pied, qui sembloient tesmoigner du dessein ou de la deffiance.* Cette delegation nous fut d'abord assés suspecte, d'autant que le Parlement de Dijon en toutes rencontres auec le nostre

Ambassade du Parlement de Dijon à celuy de Dole.

Leurs propositions.

Le soubçon que l'on en prit.

auoit rousiours ambitionné le haut bout, & sembloit se sousmettre en cette recherche; & puis nous sçauions fort bien qu'en ces derniers temps leur authorité auoit esté bien fort restrecie & estroittement reserrée dans le parquet de la Iustice & des plaidoieries ; & qu'on l'auoit tout à fait sevrée des intrigues de l'Estat & mouuemens de la guerre, de sorte que nous auions peine de croire qu'ils eussent entrepris cette prattique sans ordre de plus haut & sans mistere. I'eus commission auec le Conseiller Gollut de traitter particulierement auec eux en leur logis, ou parmy leurs paroles enmiellées nous *presentimes* assés le fiel caché. Comme nous leur parlions aussi franchement de nos deportemens & de nos pensées comme elles ont esté de tout temps nettes & candides, apres leur auoir donné tous les esclaircissemens qu'ils pouuoient requerir de nous ; i'adioustay à dessein. *Que nous ne doubtiõs pas que Dieu ne nous fit la grace de voir la tempeste dez le port, parce que les treize Cantons qui auoient esté auteurs de la Neutralité s'en rendroient les fauteurs & les garants, ainsi que nous les en auions priés & qu'ils le nous auoient fait esperer.* Sur cela Chasan qui sans doubte trempoit dans les conseils concertés pour nostre ruine, & qui portant le rameau d'oliues en la main & en la bouche, tenoit le pistolet caché sous la sotane, ne se pût contenir qu'il ne partit de la main, disant. *Que nous n'auions point deû recourir*

Les argumens du soubçon.

aux Suisses, que cette entremise offenseroit le Roy son Maistre & gasteroit nos affaires, parce que nous témoignions en cela ne porter pas la creance que l'on deuoit à ses paroles Royales. Ie luy repliquay que si l'intention de viure en Neutralité estoit sincere comme nous la voulions croire, & que nous la professions plus de cœur que des leures, il n'y auoit pas sujet de rejetter & aprehender l'affermissement que nous en esperions par l'interuention de nos amys & alliés communs, qui prenoient interest dans nostre repos ; que si au contraire on couuoit quelque projet de violer les pactions pour nous assaillir, il ne falloit pas treuuer estrange si nous cherchions nos asseurăces, que nous mendierions là & par tout le reste du monde où nous le iugerions honneste, loisible, & vtile pour nous maintenir sous la iuste & legitime domination de nostre Souuerain ; qui d'ailleurs auoit les mains assés longues pour nous couurir. Tout cela ne le contentoit pas, il retôboit tousiours sur le discours de l'assistance des Suisses, il nous pressoit de nous en departir, & donner cette satis-faction à son Maistre. Quand nous fusmes leur dire Adieu, & faire voir la responce qu'on leur confioit, il fit de rechef de grandes instances pour nous induire à promettre que nous ne meslerions point l'interest des Suisses parmy le nostre. Il fit de petites feintes assés fades en rendant les visites aux particuliers du Parlement ; il dit à quelques vns comme en secret, qu'il estoit en grandes detresses pour sa patrie, craignant qu'elle ne fut

Artifices du Conseiller de Chasan mis au iour.

bien toſt & puiſſamment attaquée ; & demandoit ſi en ce cas il treuueroit pas quelque coin de maiſon à Dole pour le refuge de ſa famille ; & ſemblables galanteries qui apreſtérent à rire aux vns & à ſonger aux autres. Par la reſponce qui leur fut donnée pour leur Compagnie apres leur auoit remercié les effets de la bonne volonté qu'ils contribuoient au repos des deux Prouinces nous diſions. *Qu'il eſtoit aiſé de croire, que la declaration de guerre bien que conceüe en termes generaux ne pouuoit porter coup aux cõuentions particulieres qui regloient comme les deux Bourgongnes auoient à viure enſemble en cas de guerre entre les Roys. D'autant plus que S. M. Tres-Chreſtienne nous en auoit donné ſes ſeurtés par quatre lettres dont elle nous auoit daigné honorer, trois par les Sieurs de Campremy & du Bois, & la derniere par l'Abbé de Courſan. Surquoy nous auions mis au iour la candeur de nos intentions & de nos procedures, par les reſponſes que nous y auions faites, & que leur Roy meſme auoit jà preiugé declarant que ceux de la franche-Comté n'eſtoiẽt pas compris aux mandemens generaux ſortis de ſon authorité, pour mettre ſous ſa main les danrées, deniers, & aEtions des marchands ſujets de S. M. Catholique ; ainſi que le contenoit l'equitable Arreſt qu'eux meſmes auoient prononcé pour ce regard. Que nous ne penſions auoir fourny pretexte d'enfraindre les paEtions de la Neutralité, que nous auions inuiolablement obſeruées, ſelon les commandemens de S. M. voſtre Maiſtre & du Sereniſſime Prince Cardinal*

Reſponſe des Gouuerneurs de Bourgongne au Parlemẽt de Dijon.

LE SIEGE DE DÔLE.

Cardinal son frere, sur lesquels nos desirs & nos desseins s'estoient tousiours mouës, & par deuoir & par inclination. Que si nous auions auancé quelques ouurages aux forteresses & places principales de la Prouince, c'estoit sur des projets fort anciens, & en mesme temps que nous auiös veu trauailler à des fortifications plus importantes dans la Duché de Bourgongne, de quoy faire la liberté n'estoit pas retranchée par le texte de la Neutralité. Que le Regiment du Colonnel de la Verne que le Roy nostre Souuerain auoit fait leuer & joindre aux armées de d'Empereur son parent & confederé n'auoit ny entrepris ny seruy contre les Prouinces Neutralisées ; & que nous n'auions rien laissé en arriere pour empescher ainsi que nous auions fait qu'il ne fust employé en expedition qui pust donner soubçon d'y auoir attenté. Que cette verité estant cogneuë au Mareschal de la Force, lors qu'il l'auoit fait sortir auec composition fort honnorable de la ville de Pourentru, il auoit plustot choisy de le renuoier dans cette Prouince auec ce que luy restoit de soldats, que de luy permettre de se rejoindre comm'il pretendoit aux armées Imperiales. Que depuis nous l'auions retiré & soudoyé dans le Pays, & engagé de faire ferme aux places principales auec son Regiment pour leur deffense necessaire. Que tous nos autres armemens n'auoient esté que de la Noblesse & de la milice ordinaire, ou d'autres subrogées en leurs places des deniers destinés à leur entretien. Que nous n'estimions pas que personne se pust raisonnablement ombrager de nostre procedé, si ayant veu partie de nostre Pays rauagé, plus de

F

deux cens villages reduis en cendres, & le reste menacé de pareil traittement, & si voians encor de puissantes gendarmeries estrangeres en pied sur nos marches, nous taschions ainsi que faisoient tous les autres en semblable rencontre de nous mettre en estat de n'estre point pris au despourueu. Que nous n'entrions pas portant en mesfiance de la sincerité de leurs intentions, & sçauions bien l'asseurance qu'on pouuit asseoir sur des traittés si solemnellemēt iurés : mais que la licence de la soldadesque, & l'experiēce du passé nous suggeroient les conseils de nous tenir sur nos gardes. Qu'encor que nous eussions eu de grands motifs de nous plaindre des armées mesmes de Sa Majesté Tres-Chrestienne qui auoient passé & campé sur nos frontieres & aux enuirons ; nous nous estions retenus d'en témoigner autre ressentiment, que par les doleances que nous luy en auions faites par memoriaux confiés à l'Abbé de Coursan, qui s'en estoit voulu charger, pour nous en procurer redressement pour le passé, & remede pour l'aduenir. Pour conclusion que nous auions ordre de nostre Sauuerain d'observer sainement & saintement la Neutralité, & resolution ferme de nous y conformer, & de ne souffrir qu'il y fust contreuenu, & moins qu'assistance fust donnée directement ou indirectment à quiconque entreprendroit d'attaquer les Estats du Roy Tres-Chrestien compris en ce traitté. Que nous esperions aussi qu'ils procureroient de leur part vne determination reciproque, & nous feroient l'honneur de nous en aduertir. Et que cependant nous reposerions les vns & les autres sous le couuert de la foy des *anciennes cōuentions*. Peu de iours apres nous eûmes lettres du Premier President qui nous donnoit aduis des aproches de quelques troupes, & nous asseuroit que nous n'auions pas occasion de nous en alarmer. Ces asseurances furent redoublées par rescriptions du Parlement & du mesme President, qui toutes affermoient les bonnes volontés de leur Roy à laisser les deux Bourgongnes en tranquillité.

Pendant qu'on nous repaist de belles paroles nous faisons naistre les bons effets de nos droites intentions. Nous trauaillons ardemment auprès du Duc de Lorraine pour le detourner d'entreprédre au preiudice de ce que nous auions promis: & comme l'on entend que quelques gentils-hommes arment sourdement dans le Pays pour son seruice : on enuoye le Procueur General, le Substitué, les Fiscaux des Bailliages, & autres Officiers qui d'vn costé qui d'autre pour se saisir des Chefs & des soldats & les faire passer par la rigueur des Edits. Le Cheualier de Trailly François de nation abusant de la genereuse confiance du Duc auoit touché argent & receu les armes de luy pour mettre quatre cens cuirasses en pied. Il en auoit assemblé vne brigade dans la terre de Seueux aparténāt au Sieur de Gasté qui luy donnoit retraitte come à son parent, & auoit referré deux cens cinquante paires d'armes pour cheuaux legers dans le Cha-

Les Gouuerneus de la Côté destournét le Duc de Lorraine d'entreprédre sur la Fráce.

Cheualier de Trailly arme pour le Duc de Lorraine.

Ses leuées dissipées par ordre des Gouuerneurs.

steau. Le Procureur General en personne suiuy du grand Preuost & de ses archers se porte sur le lieu, saisit quelques soldats, donne la chasse au Chef & à tout le reste, emmene les cheuaux, & met les armes sous la main du Roy à la garde des Officiers de la Seigneurie. On pratique le mesme en d'autres endrois, on poursuit en Iustice, on emprisonne, on bannit, on contumace les coulpables, iusques à donner des mescontentemens à ce Prince, que l'on s'efforce d'appaiser & adoucir par la representation des obligations de garder la foy de la Neutralité, & prieres continuelles de ne rien attenter au contraire, moyennant quoy on s'offre de luy rendre ses armes & tout ce qui luy appartient.

Trailly quitte le party du Duc & reprend celuy de France.

Trailly cependant, soit que dés le commencemēt il eust desseigné de tromper ce Prince, soit qu'il chāgeast d'aduis par apres, tourne casaque, & desbauche le Seigneur de Gasté pour l'engager au party de France contre le Roy son Souuerain & contre sa patrie. Ce caualier Bourguignon d'vn esprit prompt & de gentil courage, en memoire des seruices de ses deuanciers & en consideration des hautes alliances dont il estoit honoré, auoit

Corrompt le Sieur de Gasté.

esté esleué par l'Archiduc Albert au rang des bons Personnages du Pays qui ont tousiours esté tirés & triés des plus Illustres & anciennes maisons pour auec le Gouuerneur & le Parlement traitter des affaires d'Estat d'extraordinaire consequence. Il ne restoit plus que luy qui porta cette qualité, parce qu'aux années dernieres la mort nous auoit rauy plusieurs Seigneurs de marque, mesme trois Cheualiers de l'Ordre de la Toison, des Baillis, & Gouuerneurs de places, & des Prelats signalés, qui tous auoient esté appellés par le Souuerain à cette Illustre entremise. Il auoit eu part de toutes les resolutions prises par l'Archeuesque & le Parlement pour la seureté & deffense du Pays ; il en sçauoit la foiblesse & la force, il auoit visité les forteresses par expresses commissions & recogneu leurs defauts. Il se forgea des mescontentemens sur ce qu'il n'auoit pas esté choisy Mareschal de Camp ou du moins General de la Caualerie, & qu'on auoit preferé d'autres que sa vanité luy faisoit mesestimer. Il auoit offert de leuer quatre cens cheuaux, mais il les vouloit detachés & sous le commandemét immediat des Gouuerneurs. On auoit accepté l'offre, mais la códition auoit esté rejettée pour le desordre & la confusion qu'elle pourroit entrainer, & pour la deffiance que l'on prenoit desia de ses menées auec Trilly dont il pretendoit se seruir, & que l'on sçauoit prattiquer secrettemét en France & remplir ses compagnies de Francois. Il se plaignoit qu'vn Cóseiller du Parlement auoit eu charge de reconnoître la fortification de Gray, au mespris de l'employ qu'il y auoit eu auparauát. Ces vapeurs d'ambition luy estás montées en teste

Pretextes de mescótentemés de Gasté.

46 *LE SIEGE DE DOLE.*

Amorces qui le fiĉt prendre party en France contre son Roy & sa patrie.

luy esblouïrent tellement la veuë, que perdant la connoissance de son deuoir, il engagea premierement son fils à prendre vne Cōpagnie de caualerie en France, & apres quelques voyages faits à Paris, ou il fut apatté du leurre d'vn Regimét entretenu d'vne qualité de Marquis & d'autres vaines amorces, il franchit le saut, & sous couleur de la terre de Talemey qu'il tenoit en France, & dās laquelle il auoit fait son ordinaire residence dés quelques années il fit banqueroute à sa foy & à son hōneur.

Trailly veut enleuer des armes du Duc de Lorraine pour les mener en France.

Luy & Trailly voulurent s'armer aux despens du Duc de Lorraine, & firent charger les deux cens cinquante paires d'armes que le Procureur General auoit arrestées à Seueux pour les conduire à Talemey qui n'en est pas eslongné. Le grand Preuost qui en fut aduerty surprit les charretiers & les conducteurs tout sur le bord du Pays prests d'entrer en France à deux heures apres minuit, & recon

Elles sont arrestées en la Cōté & confisquées.

duit le tout à Gray, d'où il enuoya ses verbaux au Parlement qui selon les loix receuës par tout, & le prescrit de la Neutralité mesme en declara la confiscation. Trailly aduoüe que les armes sont au Duc & consent qu'elles luy soient renduës.

Gasté s'en pique.

Gasté s'en pique plus viuement & par lettres qu'il escrit dez Talemey braue & menace le Preuost qui auoit fait la saisie, le Lieutenant au Gouuernemét de Gray qui en auoit donné les ordres, & le Magistrat qui les auoit fauorisés On treuue de là couleur à leurs plaintes chés les Ministres de France; en mesme temps qu'on y arreste sur les marchands de la franche-Comté comme marchádises de contrebande, des quinquailleries, des baudriers, des pennaches, & autres menuës danrées qui ne furent iamais comptées entre les armes. On condamne aux Comtois la prohibition de distraire des grains dont ils ont disette & cherté, pendant que la France qui en regorge interdit d'en mener en la Comté à peine de la vie ; & que l'on estend cette defense iusques aux espiceries, aux oranges, aux huiles, à la marée, & à toutes autres choses qui peuuent seruir à la necessité ou à la commodité de la table. Les Marchands & traffiqueurs de France, & mesme des Prouinces plus reculées, qui n'ont point de part à la Neutralité, continuét leur commerce dans la Comté auec plus de franchise & de liberté que iamais, & y sont receus comme amys, par vne fauorable interpretation qu'on ne doit pas tenir pour ennemis dans le Pays ceux qui n'y peuuent pas faire la guerre; & au rebours les Marchands Comtois sont arrestés & rançonnés dans les terres neutres apres y auoir fait leurs emplettes publiquement & de bonne foy. On dissimule dans la Comté les passades & les boutades des gens de guerres François : & les simples voiageurs Comtois sont emprisonnés & deualises dans la France. Le Sieur de Tyanges Lieutenant au

Inegalitez des traittemens & iugemens des François enuers les Comtois.

Gouuernement de la Bresse ordonne par affiches que l'on arreste tous ceux de la franche-Comté qui passeront en Italie, ou qui en retourneront; & par cette embûche le Sieur d'Epercy Gentil-homme de la terre de Saint Claude venát deloger vn sien fils aux estudes à Chambery, est surpris & rendu prisonnier à la Cluse, d'où il eschappe auec peine dessaisy de sa monture & de son argent. Ces traittemens nous faisoient bien sentir que la Neutralité n'estoit plus qu'vn piege tendu pour nous attraper, & vn sauf-conduit aux François pour jetter sans peril leurs espies & leurs seducteurs dans nos villes, afin d'y tramer des trahisons & preparer par quelque surprise l'étrée à la guerre ouuerte.

neutralité sert aux François pour piper les Côtois.

Les Commis au Gouuernement pressentoient bien cet orage, & dez l'an seize cens trente deux auoient pris à cœur les fortifications de la ville de Dole. La surintendance m'en auoir esté donnée & au Conseiller Bereur, & dez lors à l'aide du General des monnoies Vernier fort versé en Geometrie & iudicieux aux desseins, nous auions fait rehausser les deux courtines du costé de la riuiere, & esleué des parapets royaux sur to⁹ les bouleuards auec des embrasures aux faces & aux orillons pour y pointer le canon, au lieu qu'au parauant ces superbes bastions auoient esté tellement negligez, qu'ils n'estoient bons qu'à couurir la place, & non pour offenser l'ennemy, puisqu'il n'y auoit moyen d'y ren-

Fortifications nouuelles de Dole.

d'y rendre combat soit auec l'artillerie, soit auec les arquebufes & moufquets. Nous dreſſâmes au deuant des deux portes d'Arans & de Beſançon des demies lunes d'ouurage royal de bône & forte terre bien battuë & faſcinée, capables de loger, chacune cinq cens combatans rangés en bataille, ayans les faces de quatre vint à cent pas de longueur, la porte auec ſes ponts leuis & giſant au milieu de l'vne des faces, la pointe à angle droit, les parapets de ſix pas deſpaiſſeur aſſortis de doubles banquetes, les foſſez de quinze pas de large & de cinq de profond, le chemin couuert de huit à neuf pas ſuiuy de ſon parapet à banquete double, & de l'explanade ſe perdant dans la campagne, & le tout bien flanqué du dedans de la forterefſe, de la moitié de la face d'vn baſtion & autant de la courtine voiſine, tant par le canon que par la mouſqueterie: aux deux extremités de ces rauelins & au ioingnant du grand foſſé de la place ſont des iſſuës ſeruans de flancs enterrés pour eſſuyer de plus prés les faces & le fond du foſſé de ces demies lunes. Le grád foſſé de la ville n'auoit que quinze pas de largeur deuant les fronts des baſtions, & eſtoit couuert au dehors de certaines leueés de terre, ſans corridor & ſans explanade, plus fauorables aux approches des aſſiegeans qu'auantageuſes à la deffenſe. Nous cómençâmes d'eſlargir le foſſé iuſques à trenteſix pas par le haut & trete au fond,

G

de la profondeur de sept à huit pas au moins, & le reueſtir d'vn chemin couuert de dix pas auec deux ou trois banquetes, parapets, & explanades, & de grandes pointes auancées à l'endroit du milieu de la courtine, pour nettoier les coſtés, faire places d'armes, & eſlongner les aſſaillans. Nous allions pourſuiuans l'enceinte de ces contreſcarpes & dehors tout alentour de la ville, & en auions acheué vne partie, & eſbauché le reſte. Nos deſſeins eſtoient pris pour couurir le bas de la ville deuers la riuiere auec quelques rauelins, demyes lunes ou pieces deſtachées : la terre eſtoit à demy preparée pour en eſleuer vne deuāt la porte du pont; à quoy nous manquoit pluſtot le temps & l'argent que la reſolution de nous bien munir.

Marquis de Saint Martin Gouuerneur de Dole abſent.

Sa valeur & ſes ſernices.

Le Marquis de Saint Martin Gouuerneur de Dole & auiourd'huy de toute la Prouince, en eſtoit lors abſent & occupé aux guerres d'Allemagne, où il a paru en toutes les plus belles & plus dangereuſes occaſions à la teſte d'vn Regiment de cuiraſſes; auec la valeur & generoſité hereditaire à ſa tres-illuſtre maiſon de la Baume; meſmemét en la celebre bataille de Nordling, aux appreſts de laquelle il ſouſtint le premier choc de l'ennemy, & en rapporta les marques glorieuſes, qui auec peu d'affoibliſſemét des forces corporelles, luy ont redoublé celles du courage & l'eſtime aupres de ces trois ieunes Princes qui furent teſmoins oculaires de ſa

LE SIEGE DE DOLE.

proüesse, & directeurs de ce memorable combat, & qui l'ont releué aux grands emplois où l'on l'a veu depuis de Capitaine des gardes du corps de Son Altesse Royale, General d'artillerie, & Gouuerneur de Prouinces & d'armées. Lors que le Colonnel de la Verne retourna de Pourentru auec le reste de son Regiment qui ne comptoit plus que sept à huit cens hommes effectifs, l'Archeuesque & le Parlement se resolurent de s'en seruir. Ilz le consideroient gentil-homme de naissance qui a esté esleué dans les armes aux Pays bas, & en Allemagne, parmy lesquelles dez trente ans passez il est monté par tous les degrez iusques à celuy de Maistre de Cáp de trois mille fantassins en quinze compagnies. Sa prudence, sa valeur, sa science militaire acquises aux surprises, assauts, & deffenses de plusieurs places, sa discretion à donner, & sa punctualité à faire garder les ordres, sa vigilance & sa probité inuitoient les Gouuerneurs de se preualoir de cette occasion que la fortune sembloit leur offrir pour le salut de la place capitale, & en suitte de toute la Prouince. Ilz le firent donc entrer à Dole auec sa Colonnelle & quatre autres compagnies de son Regiment, dót le surplus fut enuoyé aux villes de Salins & de Gray.

Colonnel de la Verne & ses qualités.

Est introduit à Dole auec partie de son Regimét.

Le Sieur de Iousseau gentil-homme tout de cœur auoit esté laissé Lieutenant à Dole par le Marquis de Saint Martin; mais comm'il n'auoit point de

Sieur de Iousseau Lieutenát au Gou-

G 2

patentes du Roy, il falloit ou luy preferer le Colonnel de la Verne pour le commandement, ou se priuer du seruice & de l'asseurance que l'on se promettoit de ce Chef prattique. L'Abbé de Coursan qui se tenoit aux aguets au lieu de Dijon, & sçauoit tout par ses emissaires negociás, ou Religieux qu'il faisoit entrer à Dole sous diuers pretextes, creut que ce Caualier ne se verrois pas postposé sans vn poignant mescontentement; Il s'aduisa d'espreuuer sa fermeté en cet ébranlement, & de tenter sa loyauté. Il fit escrire au Sieur de Iousseau par le Sieur de Cheuigny gentil-homme François son parét, qu'il auoit à luy parles d'affaires importantes & de grand auancemét pour luy, & le prioit de marquer vn lieu voisin où ilz eussent moyen de s'entreuoir. Iousseau qui est estremement franc & genereux en fit à l'instant aduertir le Conseiller de Champuans son particulier amy, pour en prendre son conseil; celuy-cy le dit au Parlement, qui luy adjoingnit deux autres Conseillers du nombre desquels ie fus auec le Vice-president & le Procureur General paur traitter plus promptement & plus secrettement l'affaire. Ilz luy conseillerent & passer aupres de l'Archeuesque qui n'estoit qu'à trois lieües de la ville. L'Archeuesque treuua bon auec eux que Iousseau accepta la semonce, & qu'il prit iour & lieu pour oüir ce qu'on auoit à luy dire, sonder adroitement le fond des desseins de l'entre-

Marginalia:
uernemēt de Dole.

Sollicité de trahisõ par l'Abbé de Coursan & ses adherans.

Sage & fidelle cõduitte du Sieur de Iousseau.

preneur, faire bonne mine, & fans s'engager aucunement demander temps pour y fonger, & puis en venir faire rapport. Ils fe virent donc luy & Cheuigny dans le Chafteau de Foucherans village François enclaué dans la Comté à demye lieüe de Dole. Cheuigny l'embraffe, le careffe, exalte la grandeur du Roy fon Maiftre & le bon-heur de fes conqueftes, rauale celle d'Efpagne, & en fin fe declare, & le conuie ouuertement de cooperer à la furprife de Dole. Iouffeau monftre d'abord de l'auerfion de cette lafcheté & de l'horreur du peril, & peu apres comme fe fentât acculé par les raifons preffantes de Cheuigny s'enquiert par quel moyé il pourroit executer ce qu'on defire de luy. Cheuigny replique qu'on les attend de fon adreffe & de fa bonne refolution, & neantmoins luy fait quelques ouuertures, luy offre gens, argent, charges, & emplois pour luy & les fiens, & pour comble la faueur du Roy fon Maiftre & du Cardinal Duc. Il adioufte qu'il y a partie toute dreffée fur Gray qui joüera en mefme temps, & encor fur autres places; que l'Abbé de Courfan & le Prifident de la Berchere ont charge de conduire cette barque, & luy en feront voir lettres du Roy; mais qu'il faut empefcher que le Prince de Condé n'en aie le vent parce qu'il n'a point de part en cette negociation qu'il pourroit trauerfer. Iouffeau demande loifir pour aduifer au fait & aux moyens, & fe fepare de

G 3

Cheuigny, que luy offre quantité de pistoles & le presse d'en prendre, quand ce ne seroit que pour commencer à gagner quelque Sergent ou autre Officier; dequoy Iousseau se deffend & le prie de l'excuser pour l'heure. Tout cecy est rapporté fidellement à l'Archeuesque & aux deputés du Parlement; ausquels Iousseau fait voir peu de iours apres nouuelles lettres de Cheuigny auec celles de l'Abbé qui chante desia Ville gagnée, & conuie Iousseau de passer à Paris ou du moins à Dijon, luy marquant les quartiers & les personnes ou il s'adressera dont il sera fauorablement accueilly & comblé de bienfaits. Surquoy l'ordre est donné à Iousseau d'entrer en nouuelle cõference en quelque endroit du Pays ou il puisse aller sans soupçon, & d'escrire qu'il ne peut passer à Paris ny à Dijon sans éuenter la mine & descouurir leur jeu, & qu'il est necessaire de se voir de plus pres. L'assignation est prise en vn logis du village de Taueau, ou Coursan & Cheuigny enuoient Iannon Lieutenãt criminel d'Auxonne; & certes fort à propos: car d'vne prattique si detestable le Lieutenãt ne pouuoit estre que criminel. Il presente à Iousseau lettres du Roy de France en creance sur l'Abbé de Coursan pour affaires importantes à son seruice; auec des offres extraordinaires de bienveuillance & de faueurs, il les accõpagne de celles de l'Abbé & de Cheuigny, & bande tous les ressorts de sa

Roy de France fauorise & aduoüe les corruptiõs attentées contre le Sieur de Iousseau.

LE SIEGE DE DOLE.

Rhetorique pour peruertir ce gentil-homme & venir à chef de son entreprise; mais en fin Iousseau ainsi qu'il luy auoit esté prescrit s'en desueloppe, disant n'auoir plus le commandement de la place, ny par consequent les commodités d'executer ce projet: que les trahisons sont trop vilaines & dangereuses pour perdre en fin le traistre & de biens & d'honneur, & souuent encor de vie, autant aupres de celuy qui en a cueilly les fruits que de celuy qui en a senty le dommage. Iannon fait tant qu'il retire les lettres du Roy son Maistre & s'en va chargé de confusion. Le Sieur de Iousseau auoit entrepris de passer en Fládre par l'Allemane pour aller en personne representer à Son Altesse Royale toutes les particularités de cette Machination: mais les indispositions du corps & des passages l'arresterent tout à l'entrée de la carriere.

La mesche estoit descouuerte, & le tableau des desseins de la France sur nostre Bourgongne tout ouuert; nous faisions neantmoins bonne mine, & veillions de tous costés pour nous garder de leurs embûches. Ce que Cheuigny auoit lasché que le Prince de Condé & l'Abbé de Coursan auec ceux de sa faction faisoient quartier à part nous laissoit à deuiner. Aucuns ont discouru que le Prince de Condé auoit du commancement toutes ses inclinations portées à la tranquillité des deux Bourgongnes, & auoit desconseillé la rupture de la

Diuers iugemens si le Prince de Condé auoit part à cette prattique.

Neutralité ; mais que voiant par apres la deliberation prise au contraire, il n'en auoit pas refusé l'execution, de laquelle il se promettoit vne issuë moins desastreuse. D'autres ont creu que celuy-cy & ceux-là auoient tousiours visé à vn mesme but, mais par differentes voies. La conqueste d'vn si beau Pays par les armes, auoit plus de generosité & de conuenance à l'humeur d'vn Prince, les autres vouloiét vser des ruses plus reuenantes à leurs professions, & desiroient de preuenir le Prince, & luy rauir la gloire d'auoir à fort petits frais & sans grand peril acquis en vne nuit, ce à quoy l'autre ne pouuoit atteindre qu'auec des despéses immenses & des dangereux mouuemens. Peut estre encor que cette mes-intelligence estoit simulée ; mais quoy qu'il en fust la creance que nous en auions prise à longuement seruy pour nous piper & passer la plume par le bec. Car en mesme temps que le Prince faisoit ses aprests pour assieger Dole il nous donnoit mille asseurances de sa bonne volonté à l'entretien de la Nutralité, & trauailloit à nous destourner de toutes imaginations contraires. Oo escriuoit de Paris que la guerre estoit concluë contre la franche-Comté ; le Prince de Parme qui estoit venu en France, & auoit assisté au conseil, en auoit laissé couler quelque mot passant à Chábery, d'où il nous fut rapporté ; tous les Seigneurs François qui possedoient des biens en la Comté, ou en

Prince de Condé faisant ses apprests pour assieger Dole donne de grandes asseurãces du contraire.

donnoient

donnoient des aduertissemens secrets, ou le faisoiét connoître par l'empressemét auec lequel ils auançoient leurs affaires. Les amys couuerts ne s'en pouuoient taire. Tous ceux qui retournoient de France en comptoient quelques nouuelles & marquoient des circostances. Les troupes s'assembloiét de toutes parts. Le seul Prince de Condé les dementoit tous. Vn particulier de Saint Amour nómé de Branges ayant esté par deux fois auprés de luy auec lettres de recommendation des Commis au Gouuernement, pour fauoriser la traitte des fruits de la Bresse en Bourgongne, il le chargea luy donnant vne fauorable expedition, d'asseurer de sa part l'Archeuesque & le Parlement que tout ce grand appareil ne regardoit pas la franche-Comté, & qu'ils en pouuoient dormir à repos : & pour luy en imprimer plus fermement la creance, il fit entrer en la sale le Sieur Machaut intendant de la Iustice militaire qui en redoubla les asseurances. Il y auoit vn gentil-homme Bourguignon sollicitant vn sien proces au Parlement de Dijon, il le retint, quand on faisoit sortir tous autres estrágers, sous ombre de luy faire auoir Iustice, mais en effet pour s'en seruir d'instrument à nous amuser en l'amusant luy mesme. Il luy fit escrire au Sieur Brun Procureur General de nostre Parlement, que s'il luy enuoioit vne personne cófidente & discrete il luy descouuriroit des points de cósequence pour

Inuétions du Prince de Condé pour oster aux Comtois les apprehensions de guerre.

LE SIEGE DE DOLE.

le bien de la Prouince. Le premier Clerc du Procureur General y paſſa, & n'entendit autre choſe du gentil-homme, ſinon que ces grandes leuées & preparatifs ne ſe faiſoient pas pour endommager la franche-Comté, mais contre l'Italie où l'on les verroit tourner face au premier iour; & qu'il tenoit cette verité de la bouche du Prince : & pour preſenter ſon garand, il fit parler le Clerc au Prince qui aduoüa que ces aduis venoiét de luy, & qu'on y deuoit prendre vne entiere confiance; Le meſme fut fait pour vne ſeconde fois; en ſorte que le Procureur General qui à l'eſprit vif & le iugement clair, ne ſe pût contenir de me dire, que ſemblables faueurs démeſurées & inuſitées luy eſtoient grandemét ſuſpectes & cachoient quelque miſtere à noſtre dómage. Nous ne treuuions point eſtráge qu'il ne nous introduiſit pas dans le cabinet ſecret de ſes entrepriſes; mais nous ne pouuions comprédre que ce fut vn loüable & loiſible ſtratageme de nous enuoyer de ſon mouuement offrir des promeſſes de paix, pour nous faire la guerre plus à l'aiſe. Par la derniere lettre qu'il eſcriuit en reſponſe de ce que l'Aduocat Sordet deputé par les Gouuerneurs luy auoit repreſenté dix iours auant le Siege de Dole, il diſoit. *Que les preuues euidentes qu'il nous auoit données de ſes bonnes intentions en toutes les occaſions paſſées, nous deuoient eſtre vn aſſés ſuffiſant eſclairciſſement des volontés de ſon Roy, ſans nous en-*

Lettres du Prince de Cõdé aux Gouuerneurs de la Comté peu auant le Siege.

querir si curieusement de ses desseins sur les leuées des troupes qui se faisoient en son Royaume, & des assemblées d'icelles aux enuirons de nostre Prouince; que nous ne voyons en cela que ce que nous auions veu à diuerses fois les années dernieres, sans en auoir receu aucun desplaisir.

Il y glissa neantmoins vn trait qui commença de nous donner iour dans ses pensées, dont le sens caché nous fut à plain dechiffré par celle qu'il nous adressa peu apres auec la declaration de son Roy pour no⁹ denoncer la guerre, qu'il auoit desia entre les mains, c'estoit, *Que puis que nous luy faisions des plaintes, il croioit estre obligé d'en vser de mesme de son costé; & qu'il feroit dresser des memoires de plusieurs actions pareilles & de plus grãde consequence, qui auoient esté commises par ceux de nostre Pays contre les sujets de son Roy, & qu'il les nous enuoieroit au premier iour sous la confiance que nous luy donnions de les vouloir reparer, & de vouloir entretenir vne bonne vnion auec les terres de son Gouuernement, afin que rien ne peust alterer la continuation de cette correspondance.* En mesme temps nous vismes assembler vne puissante armée de François & d'Allemans entre Langres & Dijon, y conduire quantité de canons de batterie, en tenir d'autres prests à Auxonne tirés de diuerses places, & mesme montés de Lyon par la Saone, auec tout l'attirail necessaire, redoubler les ponts & applanir les passages, cuire & preparer des munitions de bouche en nombre prodigieux, auec autres proui-

Trait de sa lettre qui descouure ses arrieres pẽsées.

Preparatifs prochains de la guerre en la Côté

H 2

sions, qui nous firent tomber la taye des yeux, & reconnoître clairement, quoy que tard, que ce grand train n'estoit pas pour passer les Alpes & tirer en Italie.

Comtois reconoissent qu'on les veut attaquer & cômencer par vn Siege signalé.

Nous ne doubtions plus que cette nuée noire grosse de foudres & de gresles ne deust fondre sur nostre Bourgongne & esclatter par vn Siege de consequence: l'euidence de l'appareil, les aduis qui en venoient aboutir à nous de toutes parts, & la consideration des choses passées nous en imprimoient assés la creance; mais nous ne pouuions penetrer, si le premier assiegement seroit de Dole, de Gray, ou de Besançon, parce que l'armée ennemie estoit en poste d'où elle se pouuoit porter à celuy des trois qu'elle auoit en bute. Plusieurs ar-

Raisons qui faisoient iuger que Besançon seroit attaqué la premiere.

raisonnoient que la Cité de Besançon seroit attaquée auant toutes autres; parce que dez Auxonne l'armée y pouuoit passer sans obstacle de riuiere ny de place qui la pûst retarder; que l'ennemy s'en estant rendu maistre tiendroit le cœur du Pays & le passage de la riuiere du Dotx; qu'il barreroit les auenües du secours qu'on pouuoit attendre d'Allemagne, & rendroit la ionction de l'armée du Pays plus difficile; On auoit surpris des lettres de quelques particuliers demeurans à Paris au seruice des grands, qui pour penser mettre à couuert de cet orage aucuns Citoiens leurs parens & amis, en auoient donné les noms & signalé les maisons au

Prince de Condé auec tres-humbles prieres de les prendre en sa protection quand il serot arriué dás Besançon. A cela l'on adjoustoit que la Cité estant Imperiale seroit assaillie auec plus de couleur d'vne simple continuation de la guerre pour l'assistance des Protestans d'Allemagne & des Suedois alliés de la France contre l'Empereur : & que le peuple, qui peut tout dans cette Cité, quoy qu'extremement affectionné à la tres-auguste maison d'Austriche, & attaché à la protection des Comtes de Bourgongne, qui l'ont tousiours maintenu en liberté & engagé de bienfaits, ne voudroit parauenture pas souffrir les trauaux d'vn long Siege, & se resoudre à vne deffense opiniâtre ; ains plustot cederoit au temps & se laisseroit amadoüer par les offres d'vne nouuelle protection qu'on luy figureroit douce, puissante, & necessaire, en vne si pressante extremité. D'autre soustenoient que l'esclat donneroit plustot sur la ville de Gray, d'autant qu'elle tient le pas de la Saone & ouure celuy de tout le Bailliage d'Amont, qu'elle est la plus voisine de la France & plus facile à conseruer tant par la Duché que par la Champagne & le Bassigny ; qu'il y auoit lors de notables manquemens aux fortifications dont les rempars estoient denués de contrescarpes & de dehors ; que le Sieur de Gasté qui auoit plus de connoissance que nul autre de l'estat de cette forteresse qu'il auoit souuét visitée

Argumés que ce seroit plutost Gray.

H 3

& recogneuë par cõmiſſion des Gouuerneurs auāt que ſa deſbauche fut miſe au iour, en conſeilleroit vraiſemblablement l'entrepriſe & en faciliteroit l'execution pour ſe rendre recommendable dans le nouueau party qu'il auoit embraſſé; & en fin que cette place auoit touſiours eſté guettée par les François, afin de ſe rendre Seigneurs de tout le cours de la Saone, & la faire ſeruir de barriere cõtre les efforts que l'on penſeroit faire dés l'Allemagne ſur leur Royaume; & puis l'on eſtoit aduerty de pluſieurs menées ſecrettes qui viſoient à ce but; & toutes les troupes ennemies paroiſſoient la teſte tournée contre cette place. Ceux qui iugeoient que le premier effort choqueroit la Ville de Dole, outre grand nombre d'aduertiſſemens ſous main qu'on en auoit aſſemblés, faiſoient entrer en lice les raiſons que l'on aduance ordinairement aux controuerſes militaires pour preuuer qu'on doit cõmencer la conqueſte d'vne Prouince par l'attaque de la place capitale: parce que le chef eſtant pris il faut que les membres ſuiuent. On a creu que le Sieur de Gaſté, ou par haine que ſa preſomption luy auoit fait conceuoir contre l'Archeueſque & le Parlement, deſquels il ſe diſoit auoir eſté meſpriſé & poſtpoſé à d'autres de moindre conſideration, ou pour quelque tendreſſe d'affection que la nature luy ſuggeroit encor pour la Ville de Gray ſa patrie, ou il auoit pris ſa naiſ-

Cõſiderations pour cõmencer par Dole.

Sieur de Gaſté deſtourne le Siege de Gray & conſeille celuy de Dole.

fance & fon education, & où repofent les os de fes deuanciers, auoit deftourné le premier deffein qu'on auoit minuté contre Gray, & emploié tous les efforts de fon bien dire, & de la viuacité de fon efprit, qui tenoit plus du Mercure que du Sel, pour perfuader de donner droit à Dole. Ie doubte s'il eut voix en ce confeil, mais il s'eft vanté, comme l'on affeure, d'y auoir fait fonner ces raifons. Que l'Archeuefque & le Parlement Commis Gouuerneurs feroient pris auec la place dans laquelle il fe treuueroient enuelopés & le gouuernement auec eux: que ce bon Prelat eftoit vn viellard aprochát l'aâge de quatre vint ans, qui auoit toufiours chery & cherché la tranquillité: que le Parlement eftoit compofé de Confeillers de longue robe plus duits à entendre le bruit des chiquaneurs que celuy des canons, & plus capables de commander en paix qu'en guerre; qu'eftans couftumiers de dôner leurs aduis & leurs arrefts en grande grauité dez leurs fieges, ils perdroient auffi toft le iugement & la contenance dans l'effroy: qu'aux premieres mesaifes qu'ils reffentiroient fe voians bloqués, & dans les aprehenfions de perdre leurs maifons champeftres, ilz fongeroient à s'en deliurer par vne prôpte compofition; & que les articles de leur reddition feroient ceux de tout le Pays: que le Commádant & la foldadefque feroient obligés de fuiure les fentimens de ceux qui les foudoyeroient, & prendre la loy de ceux qui la donnoient au reste de la Prouince : que les Commis au Gouuernement demeurans libres pourroient moyenner du secours aux autres, mais qu'estans eux mesmes enserrés, ce qui resteroit au dehors se treuueroit sans chef, sans authorité & sans moiens; & que la Noblesse qui auoit du degoust de ce Gouuernement de gens d'Eglise & de Iustice, trauailleroit mollemét pour leur deliurance. Ces raisons ou autres de mesme poids emporterét la balance. L'Archeuesque & le Parlement prenans le plus seur dans l'incertitude se determinerent de conseruer la Ville de Dole ou perir dans elle & auec elle. Ce genereux Prelat estant sollicité de ne s'y point engager, ains plustot tenir la campagne auec quelques vns du Parlemét, & pour sa propre seurté, & pour la commodité de donner les ordres au cas que Dole fust assiegée, respondit qu'il vouloit viure & mourir auec nous; qu'il ne se vouloit point des-joindre, & qu'il choisiroit tousiours plustot vn peril hônorable & vtile au seruice du Roy, qu'vne retraitte honteuse & inutile. Et c'est merueille que tous par vne magnanime confiance, qui sembloit inspirée de plus haut, sauhaittoient que le camp ennemy se vint d'abord heurter à Dole, se promettans d'y faire teste courageusement, & donner loisir aux autres places ou moins fortes ou moins resoliies de se réforcer & rasseurer : c'estoit le plus cômun discours

Siege de Dole conclu.

L'Archeuesque de Besançon s'enferme volontairement à Dole auec le Parlement.

Ceux de Dole s'esjoüissent qu'on ait commécé à eux.

des

des gens d'honneur, qui n'en rabattirent rien lors qu'il se virent inuestis, s'éjoüissans à bon escient, que les François eussent si mal pris leurs mesures, & chopé si lourdement au premier pas.

Pour se munir contre tous euenemens les Gouuerneurs emploierent leur premiere pouruoiance à treuuer des deniers, qui sont les nerfs de la guerre, les ressorts, les contrepoids & les balanciers qui font tourner cet horloge auec mesure & reglemét. S'en treuuans entierement despourueus ils inuiterent les neuf Commis des trois Estats à la mesnagerie des biens & drois de la Prouince & les Magistrats des douze principales villes de s'assembler à Dole pour concerter les expediens plus conuenables à la necessité pressante & moins dommageables aux anciennes franchises, afin de faire vn fonds d'argent. Ceux cy conspirans tous vnanimement au dessein de pouruoir à ce besoin n'y rencontrerent rien de difficile que la maniere. Les impositions sur le peule ne pouuoient estre recueillies qu'auec vne languissante longueur: celle sur le sel fut rejettée comme odieuse: les coffres du Domaine estoient espuisés: les guerres que le Roy soustient de toutes parts pour la iuste deffense de la Religion Catholique, de ses Estats & de ses allies auec des despenses incroiables, ne laissoient point de place à l'espoir d'en auoir de sa liberalité: les boursillemens s'offroient auec franchise & largesse

Preuoiáce des Gouuerneurs de la Côté.

Pour treuuer argét.

I

en quelques vns, mais treuuoient aſſés de froideur aux autres, & puis l'aſſemblage en eſtoit lent & long: il n'y auoit point d'autoriſation pour engager les terres du domaine; il ne reſtoit que la voie de l'emprunt à rente. Les Deputés de l'Eſtat & des Villes laiſſerent procuration pour s'obliger ſolidairemēt iuſques à trois cens mille frans, remis à la diſpenſation des Gouuerneurs par forme de preſt au Roy pour la conſeruation du Pays. Ainſi la ſomme entiere fut diligemmēt recherchée & aſſemblée dans le coffre du Parlement.

Emprunt de trois cens mille frans.

Quant à la force d'hommes, le Regiment de la Verne auoit cinq compagnies à Dole auec le chef & l'eſtat maieur, cinq à Gray ſous les ordres du Lieutenant au gouuernement de la place, quatre à Salins ſous le Sergent maieur, & vne à Bletterans commandée par ſon Capitaine. On fit rejoindre cette derniere Dole, ou ſe treuuerent à ce moyen auec la Colonnelle de ce Regiment cinq autres compagnies ſous les Capitaines de Grandmont Vellecheureux, Baron de Chaſtillon, Perrin, Georget, & des-Gaudieres, tous Officiers prattiques dreſſez en l'Academie des Pays bas. L'Imminent peril fut declaré & proclamé par tout, auec la leuée de la milice ordinaire qui portoit cinq mille fantaſſins effectifs & fort bien armés, en vint-cinq compagnies reparties en trois Regimens des Bailliages d'Amont, d'Aual, & de Dole. Le premier

Force d'hommes pour la deffenſe de Dole & de toute la Comté.

Infanterie

fous le Sieur d'Andelot Cheuigney, le second fous le Seigneur de Poitiers, & le dernier fous le Sieur de Cleron Voifey. On refolut de faire quatre autres Regimens de furcroit de chacun mille hômes de pied en dix compagnies, & furent choifis pour Colonnels le Marquis de Varembon, le Baron de Scey, le Prince de Cantecroix, & le Baron de Vuiltz; aufquels on adjoingnit le Baron de l'Aubefpin pour commander autres cinq cens qu'il s'offrit de leuer & armer en diligence. L'argent fut auffi toft fourny pour aduance des leuées, & encor au Colonnel de la Verne pour la recreüe de fon Regiment, à l'effect de le rendre complet de trois mille hommes. On fit encor entrer à Dole cinq compagnies des Efleus de la Prouince commádées par les Capitaines d'Efuans, de Mont faint Ligier, de Chaffagne, & de Legnia, & par le Sieur de Goux Alfere de la Colonnelle du Regiment de Doje. Pour Caualerie par deffus les deux compagniee du Marquis de Conflans & du Sieur de Mandre qui furent acreües chacune iufques à cent cheuaux legers; on aduifa de tirer deniers des Communautés qui deuoiét fournir des Cuiraffiers & arquebufiers à cheual aues leurs Efleus, & pareillement des vaffaux eftrangers ou naturels du Pays qui voulurent fe defcharger de comparoître au Riereban; afin d'en former de nouuelles compagnies dont le feruice ne fut point limité à fix fepmaines, comme

Caualerie.

est celuy de la Milice & du Riereban par leur establissement ; ains estendu à autant de temps que le besoin de la Prouince le requerroit. De cet argent furent faires les aduances pour leuer autres sept compagnies ; trois de chacune cent cuirasses sous le cōmandement des Sieurs de Scey, de Thouraise & Marquis de Varambon, celuy cy Bailly de Dole, & les deux autres tenans la place des Baillis d'Amont & d'Aual ; & quatre de cinquante partie cheuaux legers, partie arquebusiers à cheual sous les Capitaines de Voisey ; de Beaujeu, de Moutonne, & du Prel : sans en arrester aucuns dans la Ville de Dole à raison de la disette du fourrage. Les Villes de Gray & de Salins furent munies par la ionction de quelques compagnies d'Esleus à celles du Regiment de la Verne : on en fit pareillement entrer à Bletterans : les petites villes & forteresses des vassaux furent confiées à la vigilance des bourgeois, des Seigneurs, & des villageois, qui les doiuent garder, & y prendre leur retraitte auec leurs prouisions & armes en saison de guerre ouuerte ou imminente. Tout le surplus de la gendarmerie fut destiné à tenir la campagne & courir ou les occasions le demanderoient ; & à fin que les forces fussent aussi grandes que le Pays les pourroit contribuer ; fut publié & enuoyé par tout vn Edit qui portoit. Ordonnáce à tous dés l'aâge de quinze à soixante ans qui auoient porté les armes aupara-

Ordres mis pour la garde du Pays.

Inuitatiõs à tous de

LE SIEGE DE DOLE.

uant, de les reprendre, & se munitionner & armer suffisamment pour rendre seruice ; & à tous Procureurs d'office d'en tenir notes & dresser rooles qu'il adresseroient en diligence aux Procureurs fiscaux des Ressorts plus voisins, & eux au Procureur General en cas ils peussent entrer à Dole; sinon au Conseiller de Champuans dans la Ville de Gray. De mesme estoient inuités tous ceux qui se treuueroient en estat de pouuoir monter à cheual de se rendre en qualité de volontaires au meilleur equipage qu'ils pourroient aupres du Marquis de Conflans, où ils seroient entretenus aux frais du public durant leur seruice, outre le souuenir qui seroit côserué de leur courage & valeur. On permettoit à tous ceux qui voudroient leuer à leurs frais, soit de gés de pied ou de cheual, tant de leur voisinage qu'autres, de le faire promptement & mener leurs troupes & brigades aux quartiers plus prochains des Colonnels d'Infanterie & des Capitaines de Caualerie déja establis, sans diminution des autres leuées qu'ils auoient cômencées; auec ordonnance tref-expresse aux Colonnels & Capitaines de se rendre aux endrois qui leur seroient designez par le Marquis, & fare passer à la file aupres de luy ce qu'ils auroient aduancé de leurs Regimens & compagnies. Et d'autant que pour l'entretien de grád nombre de gens de guerre on auroit besoin de grádes sommes de deniers, & de puissans magasins

prendre les armes pour la Religion, le Roy, & la patrie.

Magasins pour la prouision des bleds en campagne.

de froment & d'auoine, les villes, bourgs, & Cōmunautés, le general & particuliers d'icelles estoiēt exhortés, de faire conduire pour le Balliage d'Amont en la ville de Gray, pour le Balliage d'Aual en celle de Salins, & pour celuy de Dole à Dole le plus qui se pourroit des graines auant-dites: auec ordonnance aux Magistrats des villes d'establir des Commis pour faire loger les graines, tenir note de la quantité & qualité, & en deliurer des receus à ceux à qui elles appartiendroient; & pareillement pour receuoir les deniers, en donner acquits, & tenir compte exact qui seroit contrerolé par les Officiers de S. M. Et pour asseurance de la restitution des deniers & grains, soit en espece ou en valeur, les Commîs au Gouuernement obligeoient le domaine du Roy, concluans. *Qu'ils esperoient que chacun à ce coup feroit à qui mieux ses efforts pour se conseruer dans nostre sainte Religion Catholique, Apostolique, & Romaine, & dans l'obeïssance de son Prince naturel, sous la domination duquel nous auions ressenty toute felicité, auec la manutention inuiolable de nos priuileges, franchises, & immunités, sans alteration ny deschet.*

Deliberation sur le poste à tenir par l'armée de Bourgongne.

Il y eut diuersité d'opinions sur le poste que deuroit tenir la gendarmerie, pour attēdre l'ennemy & obseruer ses entrées & ses desmarches. Aucuns vouloient choisir Pesme qui occupe le principal passage de la riuiere de l'Ougnon entre Dole & Gray d'vne distance egale & à vne iournée prés de

Besançon; parce qu'elle est tout sur la lisiere de France & sur le chemin de l'armée ennemie, qui par cet accrochemét pourroit estre arrestée au premier pas, & la nostre cependant auoir toutes commodités de viures & de fourrages, dont l'ennemy s'auantageroit si cette place luy estoit ouuerte. D'autres iugerent que le François estant sans comparaison plus puissant que nous forceroit aisément cette barriere, & renuersant d'abord le meilleur de nos troupes dôneroit plus grand effroy à l'entrée, de l'heur ou disgrace de laquelle suiuent ordinairement les bons ou mauuais succes. Et pour ce l'opinion preualut que les nostres se camperoient à Fraisans, ou ils seroient plus reculés de la frontiere & couuerts de la riuiere du Doux, à la faueur de laquelle & de la forest de Chaux ils pourroient acourir en demy iour à Dole ou à Besançon à la veuë mesme de l'ennemy, & encor donner secours à Gray par Marnay sans grand peril d'estre coupés; de sorte que l'effect de ce poste aporteroit autant de seurté & moins de peril que l'autre, que l'on se contenta de munir d'vne compagnie de deux cens fantassins de la milice du Pays.

Raisons pour Pesme.

Raisons pour Fraisans.

Pour l'asseurance particuliere de Dole on y fit entrer quantité de grains de toutes parts, tant aux greniers particuliers qu'en vn magasin publique. Et pource que les grands moulins qui sont dans l'enclos de la Ville tournent par l'eau d'vn canal

Prouisions de grains à Dole.

qui peut estre mis à sec en rompant la chaussée qui est au dehors eslongnée des rempars de plus que la portée ordinaire des canons, & que celuy à batteau qui est pres de la porte du pont ne pouuoit estre garanty de la batterie des assiegeans, non plus que le troisieme tournant au bout du grand pont, on fit moudre en grande diligence & mettre en estat dans la ville tel nóbre de moulins à cheual & à bras qu'ils pouuoient largement suppléer au defaut des autres. On auoit fait venir des munitions de guerre à suffisance, & y fit-on encor entrer quantité de grenades propres à jetter à la main. Les trauaux des dehors furent redoublés, & mesme fut desseigné & ouuert auec vne extreme ardeur & promptitude vn retranchement sur le tertre qui commande à la ville au delà du Doux du costé des Minimes, pour enfermer le Faubourg surnommé la Bedugue & partie du village d'Asans, & par ce moien retarder les aproches ennemies de ce costé là; qui eust esté veritablement vn bel ouurage, si l'on eust eu assés de téps pour le mettre en deffence & de soldadesque pour le fournir: mais l'vn & l'autre manquant la piece estoit trop eslongnée & detachée de la Ville, pour la pouuoir maintenir sans courir fortune d'y estre forcés, & d'y perdre tout ce que l'on y logeroit.

Cóme l'on estoit sur ces ouurages, & soigneuses pouruoiances, arriua en la Ville vn gentil-homme enuoyé

De farine & de moulins.

Trauaux & retranchemens au dehors.

LE SIEGE DE DOLE. 73

ênuoyé par le Prince de Condé auec vn trompette demandans de parler & donner lettres aux Cômis Gouuerneurs. Ils sont introduits au logis de l'Archeuesque en presence des deputés du Parlement, du Colonnel de la Verne, & de plusieurs caualiers, & presentent des lettres de ce Prince datées au camp d'Auxonne le mesme iour vint-septieme de May mil six cens trente-six qui contiennent. *Que les legeres plaintes que nous luy auions souuent faites de quelques petites fautes pretenduës commises par les gens de son Roy dans leurs quartiers proche nostre Pays n'estoient que des occasions recherchées pour l'empescher d'auoir les ressentimens que son deuoir l'obligeoit des mauuais traittemens que receuoient iournellement de nous les sujets de France: qu'est ce qu'il se resoluoit de nous faire entendre, selon qu'il le nous auoit promis par sa derniere lettre. Qu'il auoit maintenant receu du Roy Tres-Chrestien son Maistre vne declaration de laquelle il enuoioit copie, dont la verité nous deuroit faire connoître auec combien de Justice S. M. desiroit que nous reparassions les torts que nous auions eu d'enfraindre tant de fois les traittés de Neutralité; fauorisans d'hommes, de viures, & d'argent ses ennemis, & refusans à ses troupes & à celles de ses alliés les assistances ausquelles ces traittez nous obligeoient. Qu'aucuns de nostre Pays prenans à contresens les desseins de son Roy, & les actions de seureté qu'il faisoit pour la conseruation des siens & pour la protection de ses alliés, auoient tenu infinis propos iniurieux contre la dignité de*

Trôpette enuoyé par le Prince de Condé à Dole.

Lettres du Prince aux Gouuerneurs.

K

son Estat ; & estoient venus iusques à vser de menaces de l'attaquer. Ce que son Roy ne pouuant souffrir ny dissimuler, il luy auoit commandé de s'aprocher de nous auec vne puissante armée qui auoit esté preparée pour renforcer celle d'Italie, afin de nous asseurer de la sincerité de ses intentions à la conseruation des priuileges & immunités de tous les Ordres, Gentils-hommes, particuliers, Villes & Communautés de nostre Pays qui voudroient viure dans l'obseruation des traittés faits & iurés entre les Duché & Comté de Bourgongne : s'asseurant que moyennant la conseruation de nos libertés & franchises, ausquelles ne seroit fait aucun tort ny attentat, nous ferions pareil traittement aux troupes de son Roy que nous auions fait à celles de ses ennemis, & qu'il ne tiendroit qu'à nous que nostre Pays ne joüit d'vne pareille voires plus grande paix & tranquillité que iamais. Remettant à son Gentil-homme de nous dire le surplus.

Gentil-homme enuoyé auec le trõpette.

Le Gentil-homme n'adjousta rien au contenu de cette lettre sinon l'offre de la Declaration du Roy son Maistre imprimée & datée à Chantilly le septieme du mesme mois, de pareil stile & substáce que la lettre, mais d'vn discours beaucoup plus estendu dont voicy l'abregé. Que les mesmes causes qui iustifioient la guerre qu'il auoit declarée au Roy d'Espagne luy en auoient fournies d'asés legitimes pour prendre ses auantages sur tous les vassaux & sujets d'iceluy. Que neantmoins il auoit religieusement obserué la Neutralité auec ceux de la franche-Comté iusqu'à ce que leurs

Declaratió du Roy de France sur l'ētrée de ses armes en la Comté.

LE SIEGEGE DE DOLE. 75

frequentes infractions l'auoient obligé d'en preuenir les mauuais effects par les armes. Mais qu'auant que faire entrer ses forces dans le Pays il en auoit voulu faire connoître les iustes mouuemens aux Ordres du Pays mesme, & à leurs voisins & alliés, afin qu'ils n'y prinssent interest, ains conuiassent à bonne heure les Comtois de s'accommoder à ses volontés pour euiter les maux de la guerre qui leur estoient ineuitables. Qu'il y auoit enuiron cinq ans qu'acuns de ses sujets s'estans soustraits de son obeïssance, les Comtois ne s'estoient pas contentés de leur donner retraitte sans l'en aduertir, mais encor les auoient aidés à pousser plus auant les pensées qu'ils auoient contre son seruice. Qu'ilz auoient recueilly & assisté d'hommes, de munitions de viures & d'argent le Duc Charles (c'est ainsi qu'il traittoit le Duc de Lorraine & de criminel d'vne insigne felonnie) & n'auoient point fait de difficulté de luy enuoier trois mille hommes de leur milice pour luy aider à garder Brissac & Pourentru. Qu'en mesme temps qu'ils alloient au deuant de ses ennemis pour leur offrir & porter des viures & des armes, ils auoient denié au Cheualier de Trailly celles qu'il auoit laissées chez eux en passant à son seruice, & auoient refusé des grains à ses munitionnaires. Qu'ilz auoient empesché le commerce des bleds & vins à ses sujets dans la franche-Comté, ou les siens auoient esté volés & rançonnés, mesmement aux villages du Fahybillot, & de Foucherans, & les coffres du Receueur de ses droits au bureau de Saint Seigne rompus & euleués. Qu'ayans apris l'amas de ses troupes destinées

K 2

au renfort de son armée d'Italie, ils auoient aussi fait des leuées de toutes parts, pris les armes muny & fortifié leurs places comme à la venuë de leurs ennemis. Que pour ces considerations il auoit fait passer dãs la Comté l'armée qu'il auoit assemblée sur les frontieres de Champagne & de Bourgongne commandée par le Prince de Condé, laquelle il ne vouloit pas estre emploiée à conquerir la franche-Comté, dont il n'auoit aucun dessein ; ains seulement faire reparer les infractions de la Neutralité, & obliger les Comtois à donner la mesme assistance à ses armes, qu'ilz auoient rẽdus à ses aduersaires. Que neantmoins il vouloit preferer la voie de douceur à toutes autres, & n'estoit en intention d'y auoir recours s'il n'y estoit contraint par le refus de reparer les iniures & offenses que ses sujets & son Estat auoient receües. Declarant qu'il n'entendoit faire la guerre ny aucune violence à ceux qui s'y porteroient volontairement, ny attoucher en aucune maniere à la liberté des Ecclesiastiques, Gentils-hommes, Officiers, Communautez, & tous autres habitans du Pays. Ains leur faire connoître & aux Princes ses amis, alliés, & confederés, que ses desseins ne tendoient qu'à garantir de trouble ses sujets & tous ceux qui estoient sous sa protectionn, en retranchant aux ennemis les auantages qu'ilz retiroient continuellement de la franche-Comté au preiudice de la cause commune. Et donnoit en mandement au Prince de Condé de faire pleinement executer cette sienne volonté.

But & cõclusion de cette declaration.

Voilà le racourcy de cette longue Declaration, à laquelle le Prince de Condé auoit adjoint la sienne, & par icelle disoit. *Qu'il prenoit en sa protection les Ecclesiastiques, Eglises, & Monasteres de la Comté, & deffendoit aux gens de guerre d'y attoucher, non plus qu'aux personnes & biens de ceux du Pays qui ne prendroient pas les armes, lesquels il vouloit estre traittés comme confederés & amis, pourueu qu'ilz donnassent à ses troupes pareil secours de viures qu'ilz auoient fait aux ennemis de l'Estat du Roy son Maistre. Et ordonnoit que les Officiers seroient responsables du moins ciuilement des desordres de leurs soldats s'ils ne liuroient les coulpables aux mains de la Justice militaire, qui les feroit aigrement chastier.* {Declaration particuliere du Prince de Condé.}

Ce gentil-homme apres la deliurance des lettrés & imprimés qu'il portoit, dressa fort d'auoir prompte responsse, disant auoir commandement de la rendre le mesme iour & la porter à la rencontre du Prince, duquel il exageroit la puissance d'vn costé, & d'autrepart ses bonnes inclinations pour l'Archeuesque & le Parlement, pour la ville, & pour le general de la Prouince. Puis tirant de sa poche plusieurs exemplaires des mesmes Declarations, il en offrit aux deputés du Parlement, aux caualiers & autres qui estoient au tour de la personne de l'Archeuesque, luy donnant audience publique en la grande sale du college saint Hierosme. Aucuns en accepterét par obligation de les faire voir {Deportemens du gentil-hôme enuoyé par le Prince de Condé} à leurs superieurs; ou par curiosité; d'autres dedaignerent de les toucher comme presens suspects venans de la main de celuy qui paroissoit en equipage d'vn porteur de parole de guerre. Il auoit meslé parmy ces cayers de petites pieces de deniers tournois taillés au moulinet, & marqués fort nettement de trois fleurs de lis, & les laissoit couler sur les quarreaux de la sale à mesure qu'il alloit presentant ses papiers. Le Sergent maieur Dusillet qui l'auoit conduit à l'audience s'en aperceuant ne pût dissimuler cette vaine brauade, & ayant recueilly ce qu'il rencontra de ces menus deniers les luy alla representer, s'enquerant si c'estoit de guet apens qu'il alloit semant des fleurs de lis sur ce paué, s'il en auoit charge, & s'il auoit consideré quel traittemét meriteroit vne telle outrecuidáce; qu'il deut remporter ses monnoyes qui auoient aussi peu de mise que de valeur, & qui ne treuueroient iamais cours dans la franche-Comté. Le gentil-hôme surpris eut recours aux excuses feintes ou vraies, & aux protestations que ces especes s'estoient glissées dans sa pochette entre les feuillets des papiers qu'il portoit, & tombées en terre par mesgarde en les tirant:& quoy que dabord il eust refusé de les reprendre, il les receut & reserra quád il vit que l'Officier estoit pour prendre ce jeu à bon escient.

Le raisonnement des letres & des manifestes

qu'il auoit apportés eſtás veus & eſpluchés en conſeil parurent d'vn aſſemblage fort artiſte ou fort groteſque: puiſque la preface & le narré eſtans tiſſus de reproches & preſuppoſitions de traittés violés, rançonnemens, voleries, iniures, & hoſtilités inſupportables, aboutiſſoient à vne cóclusion de douceur & de protection d'immunités; ou pluſtot ne concluoient à rien. Il ne falloit pas eſtre trop clair-voiant pour découurir, que comme l'entrée & la ſuitte eſtoient façonnés de continuels deſguiſemens, l'iſſuë cacheroit quelque piege : & que ce ſeroit le ſcorpion qui flatte & chatoüille, quand il veut lancer ſa piqueure mortelle de la queuë. Il fut neantmoins reſolu qu'on ſe tiendroit dans les termes de la bien-ſeance, & qu'on reſpondroit auec vne reſpectueuſe franchiſe. La reſponſe par eſcrit fut. *Que nous auions touſiours eſtimé que Sa Majeſté Tres-Chreſtienne & Son Alteſſe, eſtans informés pleinement des exces dont nous luy auions ſouuent fait plaintes, ne les iugeroient pas legers, quand ilz ſçauroient qu'ils eſtoient paſſés iuſques à des ſurpriſes & ſaccagemēs de places, à des aſſauts & ſommations de chaſteaux & foreterſſes, à des meurtres d'hommes, femmes, & petits innocens, à des violemens & profanations de lieux ſaints, à des embraſemens de villages à des priſes & rançonnemens, & à d'autres actes que l'on peut craindre d'vn ennemy declarés & le tout fait à force ouuerte par troupes des armées du Roy Tres-Chreſtien commandées par leurs*

Iugement que l'on fait des declarations & lettres du Roy de France & du Prince.

Reſponſe des Gouuerneurs de la Côté au Prince.

Officiers. Dequoy nous n'auions pû adresser nos doleances à autres qu'au Gouuerneur & au Parlement de la Duché de Bourgongne, selon qu'il nous estoit prescrit par les articles de la Neutralité. Que nous estions extremement estonnez des sentimens que le Roy son Maistre témoignoit auoir conceûs de nos deportemens, qui auoient tousiours esté retenus dans la tres-estroitte obseruation des traittés. Et ne pouuions comprẽdre sous quel pretexte on nous vouloit rendre coulpables des voleries de quelques coureurs la pluspart estrangers puisque nous auions chastié du dernier suplice ceux qui estoient tombez en nos mains, & couru, chassé, & dissipé les autres. Que si le passage que nous n'auions pas refusé par droit d'hospitalité à des Princes & Seigneurs desarmez alliés du Roy nostre Souuerain, nous estoit imputé à crime, il faudroit nous iuger criminels pour auoir esté neutres ; sçahans bien que nous n'auions fourny, gens, armes, viures, argent, ny autre chose quelquonque pour entreprendre sur les Pays neutralisés, hors desquels il nous auoit esté loisible de seruir par tout & contre tous, nostre Prince & Seigneur naturel, auec tous ses considerés. Que nous n'auions deffendu la distraction des grains hors de nostre Prouince qu'aprés qu'il nous auoit esté notoire, que par Edits rigoureux du Roy Tres-Chrestien & de luy mesme il auoit esté interdit aux Duché de Bourgongne & Bassigny de nous en amener ny d'autres prouisions, à peine de la vie ; & à nous qui en auions disette, d'en y aller acheter. Que si nous auions armé nostre peuple & asseuré nos places aux aproches des armées

estran-

LE SIEGE DE DOLE. 81

estrangeres, nous n'auions fait que ce que la prudence & la nature dictent, & que tous droits diuins & humains permettent à toutes les nations de l'vniuers. Que Dieu qui sçauoit la sincerité de nos intentions & procedures, & la iustice de nostre cause, & le Roy nostre Prince & Seigneur Souuerain nous protegeroient & conserueroient les immunités & priuileges anciës de tous les Ordres de nostre Prouince, qui ne pouuoient ny deuoient attendre ny desirer autre protection. Que si la iustice du Roy TresChrestien le portoit à maintenir les traitiés iurés entre les deux Bourgongnes & terres voisines & enclauées, sous l'adueu des deux Rois ; l'infraction ne commenceroit iamais de nostre part, puisque tel estoit le commandement du Roy nostre Maistre, & du Serenissime Infant Cardinal ; hors le seruice & obeïssance desquels, qui nous seroient à iamais inuiolables, nous honorerions cöme nous deuions la grandeur de S. M. Tres-Chrestienne, & receuions auec humble respect les offres que Son Altesse nous faisoit de la continuation de sa bien-veuillance. Ce fut ainsi que nous respondîmes en general, autant que la presse du temps & les limites d'vne lettre le peûrent souffrir. La refutation particuliere de tous les points qui nous sont objectés par les declarations du Roy de France & du Prince, se presente d'elle mesme par la simple comparaison de la verité des choses cy deuant racontées à cette fin; & se voit mieux desueloppée par le manifeste que les Cömis au Gouuernemét en firét publier peu apres leur deliuráce.

L

Feinte du gentil-hõme & adjouſtance à ſa legation.

Le Gentil-homme voiant qu'on luy remettoit la reſponſe, ſans luy faire, comm'il auoit attendu, aucune ouuerture de pourparler, fit entédre qu'expliquant ſa creáce il auoit oublié de declarer quelque point dont il eſtoit chargé. Surquoy eſtant receu a nouuelle audience, il dit. Que le Prince de Condé attendroit & entendroit volontiers des deputés de noſtre part, ſi nous voulions luy en enuoyer à Auxonne, où l'on trauailleroit pour empeſcher par quelque bon moien la rupture de la Neutralité, dont nous eſtions menacés. Nous ne doubtâmes pas que cette oubliance ne fuſt affectée, & que ce caualier accort n'euſt eu commandement de ſe ſeruir de cette feinte. Il n'eſtoit pas croiable que n'aiant que ce chef d'importance à nous dire, il l'euſt ſi toſt mis en oubly. Le Prince s'eſtoit perſuadé que ſur la lecture des lettres & des declarations, nous demanderions l'explication des enigmes dont elles eſtoient entretiſſuës & enuelopées de propos deliberé. Et que la connoiſſance des forces ennemies, de noſtre foibleſſe, & de la prochaineté du peril nous feroit rechercher les remedes, que nous ne pourrions eſperer plus prõpts que par vne conference à laquelle ces reſcriptions nous conuioïent aſſés ouuertemét. L'affaire eſtant

Deliberation ſi l'on entreroit en conſe-

miſe en conſeil les ſentimens en furent differends; quelques vns vouloient rejetter tout à fait cette ſemonce comme tres-dangereuſe. Ils diſoient que

LE SIEGEGE DE DOLE. 83

ce seroit parlementer auant qu'estre inuestis, qu'il ne falloit rien traitter auec vn ennemy puissant qui le demandoit à main armée, que l'experience nous auoit apris aux despens d'autruy que nous estions en vn siecle auquel les pourparlers auec les François estoiét autant à craindre que leurs armes. D'autres furent d'aduis qu'il ne falloit rien mespriser, qu'on ne perdroit rien en escoutant, & que pour le moins on gaigneroit du temps & quelque esclaircissement des projets des ennemis. La conclusion fut qu'on joindroit vne seconde lettre à la premiere, par laquelle on feroit sçauoir au Prince de Condé ce que son gétil-homme auoit proposé de surcroit, & en quelle maniere, *Mais que comm'il ne s'estoit pas assés clairement expliqué tant au principal que pour les dependances, nous ny auions pû prendre vne resolution absolüe sans au parauant estre asseurés sous la signature de S. A. de ce qu'elle pretendoit traitter en cette conference, où, & comment: qu'aussi tost qu'elle nous en auroit esclaircy nous y delibererions.*

réce auec le Prince.

Responce à l'inuitation de conferer.

Tandis que l'on minutoit ces responses que le caualier attendoit & pressoit auec impatience, le Prince de Condé s'aduançoit auec partie de son armée, & se vint loger premierement à Moissey deux lieües prés de Dole, ou le chasteau qui est foible & en assiette commandée de tous costés, luy fut liuré par les Paysans sans aucune resistance, sous les asseurances qui leur furent données d'vn fauq-

Le Prince aduance son armée & prend Moissey.

L 2

rable traittement. Les Commis au Gouuernement vſans de diligence de leur part, firent ſortir de Dole tout à l'inſtant le Marquis de Conflans & le Conſeiller de Beauchemin pour aller au rendés-vous à Fraiſans, & ſe mettre en campagne. On leur donna peu d'argent & beaucoup de pouuoir pour en aſſembler par tous moiens poſſibles, & pouruoir à toutes neceſſités en cas que Dole fuſt bouclée, auec chiffres & inſtructions pour correſpondre. Le reſte de l'armée Françoiſe cõduite par le Sieur de la Milleraye grãd Maiſtre de l'artillerie de France, ayant paſſé le Saone à Pontaillier ſe vint le meſme iour camper autour de Peſme, & par vn trompette demanda d'y entrer pour y prendre paſſage ſeulement. Celuy qui commandoit aux deux cens hommes de milice qu'on y auoit mis en garniſon en donna promptement aduis par vn billet aux Gouuerneurs; puis ſans prendre temps pour en attendre les ordres, ſoit par la ſuaſion des habitans effrayés, ſoit par ſon irreſolution, ou par la piperie des aſſiegeans, il quitta la place, & ſouffrit que ſes ſoldats fuſſent deſarmés & congediés pour ſe retirer à Gray. Il eſt vray que la foreteſſe & la garniſon ne promettoient pas vne longue reſiſtance; mais trois ou quatre iours d'accrochement de cette partie principale de l'armée euſſent donné beaucoup de commodité à la ville de Dole pour y faire entrer quantité de fourrage qui eſtoit tout

Marquis de Cõflans en campagne.

Reddition de Peſme au S. de la Milleraye.

LE SIEGE DE DOLE. 85

couppé dás les prairies voisines, & retirer plusieurs bestiaux & meubles qui demeurerent à la mercy de l'ennemy. Quelques villageois qui gardoient le chasteau de Cheuigney estans sommés tesmoignerent plus de resolution & soustindrent l'effort sans canon de quelques troupes destachées de l'armée du Prince iusques au quatrieme iour. Mais cette place pouuoit estre mesprisée, & laissée en arriere; de sorte que le Prince sans s'y amuser passa aux villages d'Archelanges, Authume, Montroland, Monnieres, & Saint Ylie qui sont tous lieux ouuerts à demye heure de chemin de Dole peu plus ou moins, & le mecredy de l'octaue du Saint Sacrement vint-huitieme de May entre les neuf & dix heures du matin fit paroître à la veuë de la ville sa caualerie estenduë sur vne colline entre Authume & Archelanges, & son infanterie rangée en escadron de grand front sur Montroland. La Milleraye ayant laissé cinq cés hommes de garde dans Pesme se vint saisir de Rochefort, bourgade desmantelée dez quaráte ans, où il y a vn pont asseuré pour le passage du Doux à vne lieüe au dessus de Dole.

Cheuigney resiste quatre iours.

L'armée du Prince paroit à la veuë de Dole

Le Prince arriué à Saint Ylie enuoya le lendemain matin des lettres de sa main par le mesme trompette à l'Archeuesque & à la Cour, contenás. *Que si l'on vouloit conferer auec luy l'on pourroit deputer gens à cet effect & luy en faire sçauoir la resolution: que*

Prince enuoye à Dole offrir vne cóference.

L 3

lors il leur enuoieroit paſſeport pour l'aller treuuer & pour retourner en toute ſeureté, & pouruoieroit qu'ils fuſſent receus à la ſortie de la ville auec eſcorte qui les rameneroit de meſme façon: qu'il ne reſteroit pas à luy que nous ne terminaſſions les maux qui nous eſtoient infaillibles. Que cependant il trauailloit pour empeſcher les deſordres dont il feroit ſeuere chaſtiment. Le moyen que ce Prince auoit creu le plus puiſſant pour nous obliger de recourir à luy, quand nous nous verrions ſerrés de toutes parts & inueſtis de ſa gendarmerie, fut celuy qui nous fit reſoudre à refuſer & refuir toute conference, où il n'y auoit plus de liberté. Il auoit accompagné ſa lettre d'vn Edit minuté le ſoir en ſon quartier, par lequel, *Il prenoit en la protection du Roy ſon Maiſtre & en la ſienne les perſonnes, biens & maiſons de ceux de la franche-Comté qui l'eſtoient jà venus treuuer & luy auoient ouuert les portes de leurs maiſons & chaſteaux, comme Peſme, & Moiſſey, & ceux qui en feroient le meſme à l'aduenir, & ſe rendroient prés de luy dans trois iours: qu'il feroit punir auec ſeuerité ceux qui tiendroient fort dans les chaſteaux & demeureroient dans les places & villes auec opiniaſtreté & l'obligeroient à faire la guerre au Pays: qu'il feroit raſer leurs maiſons, ſans ſouffrir qu'il fuſt fait tort aux Egliſes ny à l'honneur des femmes & filles.* Ses inuitations & promeſſes charmantes & ſes menaſſes orgueilleuſes ne firent que remplir de deſpit & de deſdain ceux qu'il penſoit alleſcher ou eſtourdir. On luy fit reſponſe ſur

Deſſein du Prince reüſſit au contraire.

Edit par luy fait pour attirer les Cótois de ſe rendre à luy.

LE SIEGE DE DOLE.

le champ. Que nous auions recogneu qu'auant que se donner la patience d'attendre ce qui auoit esté par nous respondu aux siennes enuoyées d'Auxonne, il auoit poussé ses troupes dans le Pays où elles attaquoient & forçoient les places moins tenables, si fort estoit-il pressé du desir de s'emparer de la Prouince. Que le voïans maintenant à nos portes en teste de son armée, & aprenans par les prisonniers de guerre que nous tenons, la forme & le dessein auec quoy il marchoit, nous estimions deuoir plustot penser à nous deffendre courageusement qu'à entrer en conference aucune, d'autant plus que son procedé & les declarations qu'il nous auoit adressées nous faisoient connoistre clairement, qu'il n'auoit point d'autres sentimens à nous communiquer, ny d'autres offres à nous faire, que de la protection du Roy Tres-Chrestien, que nous ne pouuions ny voulions admettre ; puisque nous en auions vne tres-legitime, tres-debonnaire, & tres-puissante du Roy nostre Prince naturel & Souuerain Seigneur, dont nous ne nous departirions iamais, & en signerions la confirmation, quand besoin seroit, de nostre propre sang; en aprehendans mille fois plus la perte, que celle de nos biens & de nos vies. Que nous ne pouuions nous imaginer qu'il y eust personne si lasche & si perduë d'honneur en la Prouince qui de son gré se treuuast jointe aux armes ennemies de nostre Roy & de nos libertés. Quand aux maux qu'il disoit nous estre infaillibles, que nous n'en craignions point d'autres que ceux d'estre separés de la douce & droituriere domination du grand Monarque nostre Maistre ; en laquelle

Responce des Gouuerneurs au Prince.

comme nous auions tousiours vescu heureusement, nous voulions mourir glorieusement aussi, & dans la iustice de nostre cause faire les derniers efforts qu'on peut attendre de gens de bien, pour repousser tous ceux qu'on voudroit prattiquer pour nous diuertir d'vne si sainte & loüable resolution. Cette repartie que l'amour du Roy & du Pays, la generosité, & l'indignation auoient dictée fut qualifiée insolente par le Prince de Condé, qui ne vouloit pas distinguer le traittemét respectueux qu'on luy auoit rendu lors qu'il paroissoit Prince amy, d'auec celuy qu'il pouuoit attendre des courages magnanimes dont il se declaroit mortel ennemy.

<small>Cette lettre fasche au Prince.</small>

<small>Il se foge à l'étour de Dole & la bloque.</small>
Il se resolut donc d'establir ses postes pour former vn Siege. Le quartier royal fut marqué à Saint Ylie à demie lieüe de la Ville sur le grand chemin qui conduit dez la porte d'Arans contre Chalon sur Saone; où il se logea auec le Sieur de la Milleraye, le Marquis de Villeroy Mareschal de camp, & le Sieur Machaut intendant de la Iustice militaire: vn autre quartier fut dressé d'autrepart de la ville tout à l'opposite & à mesme distáce aux enuirós du village de Breuans sur le chemin royal qui tire droit à la Cité de Besançon dez la porte que pour cette raison l'on appelle la porte de Besançon: vn troisieme fut desseigné entre les deux, du costé de l'Eglise de Saint Martin au chemin d'Auxonne. Les Allemands que le François nommoient

LE SIEGE DE DOLE.

moient Suedois cōmandés par le Colōnel Gaſſion paſſerent le Doux à l'endroit du village de Criſſey prez les moulins, par vn gué qu'vn gentil-homme François du voiſinage leur enſeigna aux deſpens de ſa vie, quoy quil n'y euſt autre reſiſtance que du muſnier & de ſes enfans & ſeruiteurs, qui apres quelques arquebuſades, dont ils abbattirent celuy là & d'autres plus aduācés cederent à la force & ſe retirerent à ſauueté dans la ville, pendant que Gaſſion occupoit Criſſey, la maiſon champeſtre dite le Boichot à cauſe d'vn boſquet qui l'auoiſine, le conuent des Capucins, la tuillerie, & le village d'Aſans, qui ſont tous d'autrepart de la riuiere ſur vne colline de ſable fort haut eſleuée & ſurnommée le Tertre qui regarde la ville. Elle eſt baſtie à l'oppoſite, ſur le pédāt d'vn autre coſtau ſeparé par vne vallée de la largeur de mille ou douze cés pas, qui dōne paſſage à la riuiere. C'eſt de ce coſté qu'elle fait ſa mōſtre, & eſtale ſes plus beaux baſtimés à la veüe, par deſſus les répars de la partie baſſe. Au deçà des tuilleries & du village d'Aſans eſt le faubourg de la Bedugue, ou eſt baſty le conuent des Peres Minimes, & plus bas l'hoſpital du S. Eſprit, tout au bout du grand pont de pierre, ſous lequel par huit grandes arcades ſe coule l'eau du Doux enueloppant vne petite iſle de terre & de ſable qui commence au milieu du pont, & ſe va terminer en pointe à l'endroit du bouleuard Ferdinande

M

Gaſſion paſſe le Doux à Criſſey.

Gaſſion gagne le Tertre.

Deſcriptiō de la ville & de ſon aſſiette.

ou du viel chasteau. De cette mesme riuiere se tire au pied du village d'Asans vn canal qui à l'aide d'vne puissante escluse va contournant par la prairie & formant vne plus grande isle; puis baignant le pied du bouleuard des Benis se jette dans la ville par deux arcs traillissés de doubles barreaux de fer en la courtine proche l'orillon de ce bouleuard, & roule impetueusemét entre les vieux & nouuaux rempars pour faire tourner les moulins publiques, & de là reprendre sa sortie par trois autres arcs armés de mesme sur le milieu de la courtine suiuante, pour se rejoindre au cours principal du fleuue. Les eaux de ce mesme canal réforcées par la surabondance de celles du grand bassin, arrousent encore le pied des deux courtines & du bouleuard Emanuel dit du pont qui est entre les deux, & remplissét son fossé separé du grád canal par vne leuée de terre qui luy sert de contrescarpe dez le grand pont de pierre iusques à celuy de bois par lequel on entre à la porte S. André autremét appellée du pont assés prés de l'espaule & du flanc de ce bastió vraimét royal. D'où se forme encor vne troisieme isle nómée le pré Marnoz au deuant de la courtine entre les bouleuards du pont & du viel chasteau.

Gassion vint occuper la Bedugue.

Gassion determiné de gagner ce faubourg de la Bedugue s'y vint presenter auec toute sa caualerie & les fantassins du regiment de Picardie. Nous ne pouuiós garder ce poste parce qu'il est trop escarté

LE SIEGE DE DOLE.

& détaché de la ville, & parce que les retranchemens que nous y auions desseignés au bout de la leuée des Capucins estoient à peine commencés. Ce neantmoins enuiron cent des nostres tant soldats que bourgeois, auec quelques paysans d'Asans & de la Bedugue, y escarmoucherent viuement plus de deux grádes heures à la faueur des maisons & des leuées & sablonnieres, pendant que le canon du dedás foudroioit de toutes parts sur les assaillás dez les trois bastions des Benis, du pont, & du viel chasteau, qui ne cesserent de descharger furieusement. Il y auoit sur chacun des extremes qui sont fort haut releués & cõmandent auantageusement, vne grande coleurine, & sur le milieu vn double canon, accõpagnés de quelques demiẽs coleurines faucons & fauconneaux, outre les bastons à croc, & la mousqueterie dont tous les rempars & la demie lune deuant la porte du pont estoient entierement bordés. Nos gens apres auoir plusieurs fois repoussé l'ennemy, & opiniastré le combat iusques à la nuit, par le renfort qui leur arriuoit continuellement de volontaires de la ville qui desiroient d'auoir part à cette premiere gloire, furent commandés de quitter ce qu'ils ne pouuoient plus longuement tenir, & de mettre le feu dans la Bedugue. Quatre caualiers de la ville portans chacun le pistolet d'vne main & le falot en l'autre s'en allerét embraser les maisons & en desnicher l'ennemy

Genereuse resistance à son entrée.

Canon de la ville l'endommage grandement.

La Bedugue bruslée.

M 2.

qui s'y logeoit defia, & firent voler les flammes par tout fans attoucher au Monaftere des Minimes ny à l'hofpital, puis fe retirerent auec le refte à la file, efcarmouchant toufiours iufques à l'entrée du pont. Nous n'y perdîmes qu'vn foldat & vn bourgeois dont les corps furent apportez à la ville par leurs compagnons, & deux ou trois qui fe treuuerent bleffés. Le carnage des ennemis y fut plus grand que nous n'euffions ofé croire : car encor que nous en euffions veu tomber grand nombre, & remarqué les frequentes retraites des affaillans; nous ne pouuions pas voir le rauage que faifoit noftre canon & par fes volées & par fes bonds dans cette montagne de fable & de menus caillous. Nous fceûmes depuis que fouuent vn mefme coup en auoit coupé deux & trois, & eftropié plufieurs autres qui en moururet depuis, & que plus de cent y eftoient demeurés eftendus fur la place, outre la multitude des bleffés & mutilés. Le foir mefme apres la retraitte de nos gens, la plufpart des Officiers du regiment de Picardie eftans montés en vne chambre haute de l'hofpital pour deliberer fur ce qu'ils auoient à faire, vn coup de coleurine tiré du baftion des Benis perça la muraille à iour, tua, tronçonna & efcarta tous ces confultans.

Perte de l'ennemy à cette approche.

La Gazette Françoife n'eut pendant trois mois entiers object plus curieux que les auentures de ce Siege, qu'on receuoit auidement en France par

Gazette Françoife & fa defcription.

les mains de cette engeance bastarde née de l'accouplement honteux du mensonge & de la vanité; de cette hapelourde des simples, qui est le but de la risée des mieux sensés, & qui à mis la foy Françoise en prouerbe, & en paralele auec celle des escriuains Grecs: d'où vient qu'on fait estat de ses nouuelles cóme des nouueaux Almanacs pour y remarquer les téps qui s'y treuuent fidellemét designés, & par la cóparaison de ce qu'ils disent de la disposition de l'air & des affaires du monde auec les euenemés, se joüer de leur sottise & de leur temerité. Elle aduoüe cette aproche, & donne la gloire à Gassion d'auoir chassé le nostres de l'vn des bouts du pôt, & bruslé les Faubourgs; & puis flatte le mal de sa perte par cet adoucissemét que peu ont esté blessés du canon de la ville. I'ay voulu toucher ce mot à l'entrée de cette narration veritable, afin de preaduertir ceux qui en agréeront la lecture, que ie me suis soigneusemét informé de la verité des choses, si quelques vnes ont eschappé de ma veüe; pour la contrepointer aux gazoüilleries de cette bauarde, que chacun sçait estre gagée pour mentir, & vendre de la fumée aux badaux.

Ainsi Dole se treuua formellement assiegée; l'ennemy aiant commencé des le lendemain de fortifier ses quartiers, roder alentour de la place, en reconnoître le fort & le foible, desseigner des redoutes & ouurir tréchées pour faire ses aproches. *Camp François se fortifie & ouure trenchées deuant Dole.*

Les Gouuerneurs & le Magiſtrat auſſi tournerent toutes leurs penſées à s'oppoſer courageuſement à ſes entrepriſes. Tous iugerent le premier & plus aſſeuré rempar eſtre celuy de la Pieté, qui eſt bonne à tout vſage, & l'imploration de l'ayde du grand Dieu des armées. Le premier de Iuin iour de Dimenche le Vicomte Maieur, les trois Eſcheuins, les douze Conſeillers, auec le Secretaire & le Scyndique de la Ville s'eſtans purifiés par la confeſſion & repeûs de la ſacrée Communion dans la ſainte Chapelle, où fut expoſée l'hoſtie miraculeuſe & victorieuſe des flammes, firét vn vœu ſolemnel prononcé par la bouche du Maieur & dóné par eſcrit es mains du Chef du Chapitre. Sa ſubſtance eſtoit.

Que proſternés à deux genoux dauant la Majeſté du ſouuerain Seigneur du ciel & de la terre, la larme à l'œil & le repentir au cœur, ils le ſupplioieut en tres-poſonde humilité de tourner les yeux de ſa compaſſion ſur la Ville & ſur la Prouince qui ſe voioient au bord de leur extreme deſolation. Que leurs ennemis les auoient frauduleuſemēt ſurpris, couurans du baiſer de paix le deſſein de les égorger & aneantir. Que ce n'eſtoit pas là toutesfois où ils vouloient rechercher la cauſe de leurs diſgraces, qu'il la deſcouuroient en leurs pechés, en leur peu de ſoin à ſon ſaint ſeruice, en leurs bobances, vanités, & luxes, en leurs feſtins & habits, en leur ambitieuſe pourſuitte des honneurs, & en autres innombrables offenſes publiques & particulieres, ſemblables à celles qui auoient ſouuent prouoqué

Les Dolanios recourent premierement à Dieu.

Vœu de la Ville.

son courroux contre la Ville de Hierusalem & fait prononcer contre elle par la voix de ses Profetes les arrests de sa Justice vëgeresse. Que neantmoins ils l'osoient supplier auec vne tres-sincere repentance & parfaite sousmission, que comme à diuerses fois il auoit daigné garantir la Cité de Hierusalem de la violence de ses ennemis pour l'amour de son seruiteur Dauid, il luy pleust proteger cette pauure ville pour l'amour du grand fils de Dauid & de Marie sa chere Espouse en sa generation temporelle, & son fils vnique & consubstantiel en l'eternelle, que tout le peuple present reconnoissoit & adoroit en cette miraculeuse hostie, sous la protection de laquelle ils s'estoient confidemment & irreuocablement jettés luy presentans les clefs des portes à son heureuse & triomphante entrée. Qu'ils aduoüoient auoir demerité les effects de cette protection par leurs fautes ; mais que le sang de son fils qui s'estoit fait prisonnier dans cette adorable hostie pour les maintenir en liberté, auroit plus de pouuoir que leurs demerites aupres de sa pitoiable Maiesté. Qu'ils la coniuroient par ce sang tres-precieux de sauuer la ville & le Pays des embrasemens que ses haineux luy aprestoient, comme il auoit preseruée cette inuiolable hostie des flammes qui l'auoient assiegée : & d'auoir pitié de tant de bons Ecclesiastiques, & Religieux ses particuliers seruiteurs, de tant de ses deuots, de tant de pauures vesues, pupilles, orfelins & petits enfans de m'ammelle, & de tant d'autres innocens qui se treuueroient enueloppés dans la ruine de la place. Que pour reconnoissance ils faisoient vœu à sa toute puissante Majesté en presence de la glorieuse Vierge leur Patrone & mediatrice, & de toute la Cour celeste, au nom de tout le peuple, & de celuy qui composeroit la Ville à l'aduenir ; d'offrir deux lampes d'argent de la valeur de mille frans chacune, & de les doter à suffisance pour esclairer perpetuellement, l'vne deuant l'hostie de Fauuerney, & l'autre dans cette sainte Chapelle. Qu'à tel iour qu'il plairoit à son infinie misericorde de rendre la Ville libre des ennemis qui l'a- uoient bloquée, & de la conseruer dans l'integrité de la foy & Religion Catholique, Apostolique, & Romaine ; se souuenans du danger où ils se treuuoient à present de tomber en vne extreme famine, feroient à iamais vne abstinence semblable à celle des vendredis communs, & la trans-fereroient au plus prochain iour s'il escheoit au ven- dredy ou Semedy : & le Dimenche suiuant le plus voisin de l'abstinence, ils feroient vne procession pareille à celle que l'on celebre annuellemët au premier Dimenche d'Octo- bre en memoire d'vne semblable faueur, & procureroient que ce bienfait fust annoncé & rememoré au peuple par la bouche d'vn Predicateur. Qu'en l'espoir de cet heureux iour qu'ils attendroient auec patience, ils supplioient sa Diuine bonté d'agréer & accepter ces vœux & leur cœurs qu'ils y joingnoient pour gages, afin d'estre tousiours en luy & auec luy. Cette action faite auec vne grande modestie & deuote grauité, tira les larmes des yeux de tous les assistans, & esmeut comme la suite le nous témoigna, les entrailles de la misericorde inespuisable de Dieu. En mesme temps fut resolu

que

que le Saint Sacrement de miracle demeureroit iour & nuit defcouuert fur l'autel de fa chappelle auec quantité de flambeaux allumés tant que le Siege dureroit. Quelques iours apres les Chanoines & familiers de l'Eglife noftre Dame reueftus de leurs aulbes blanches & à pieds nuds celebreret vne deuote & exemplaire proceffion accópagnée d'vn vœu folennel d'enuoier auffi toft apres la deliurance de la ville quatre deputés de leur corps en pelerinage à pied en l'Eglife & monaftere de Saint Claude. Chacune des maifons religieufes adjoufta à fes exercices acouftumés quelques prieres & mortifications de furcroit pour le falut de la ville. Les bourgeois & plufieurs foldats que licence militaire eflongne ordinairement da la Picté, s'adonnerent à bon efcient à la deuotion. Les principales matrones firent vœu de retrancher le luxe de leurs habits. Les ieunes Damoifelles & filles affublées de grands voiles blancs trainans en terre & à nuds pieds fortirent en proceffion dez l'Eglife des Peres Iefuites & pafferent iufques à la fainte Chapelle, où le Predicateur qui auoit dirigé cette affemblée, reprit aigrement leurs vanités, principalement les fingeries des nouueautés & imitation de la mode, que Dieu chaftioit permettát qu'elles viffent attaquer leur ville, ruiner leurs maifons, & brufler leurs metairies par les autheurs de la mode, fouuět fort contraire à celle de la modeftie & de la chafte

Autres deuotions & vœux de la ville.

N

pudeur. Ces saints exercices produisoiér des fruits incroiables. Dieu qui à coustume d'inspirer la foy des miracles à ceux ausquels & par lesquels il les veut operer, auoit respandu vne telle confiance dans les esprits des habitans, que tous indifferemment tenoient pour infallible que le siege seroit leué & la ville deliurée : ils ne sembloient plus douter de la chose, mais seulement en attendre le temps auec vne patience impatiente.

Conseil de guerre à Dole.

Apres l'imploration du secours diuin qui ne marche gueres sans la cōpagnie du trauail humain, l'on se mit à regler le fait des armes, par le dressement d'vn conseil de guerre qui se tenoit d'ordinaire au logis de l'Archeuesque qui en estoit le chef, & auoit pour membres & Conseillers le Seigneur de Poitiers Cheualier au Parlement & Colonnel au regiment d'Aual, que sa tres-illustre & tres-renommée maison, ses seruices en paix & en

Sieur de Poitiers à Dole.

guerre, sa prudence assaisonnée d'vne singuliere debonnaireté rendent recommendable parmy la plus ancienne & la plus releuée noblesse du Pays & qui de gayeté de cœur s'estoit engagé dans ce siege pour y faire preuue de sa valeur, & seconder, les bonnes intentions de l'Archeuesque son oncle d'alliance ; le Sieur de la Verne commandant dans la place ; les Conseillers du Parlement Boy-vin, Gollut, Bereur, & Matherot, auec le Procureur General Brun; noble Iean Baptiste de Saint Mauris

LE SIEGE DE DOLE.

Vicomte Maieur de la ville, & en son absence l'Aduocat Petremand premier Escheuin; & quelques autres que l'on y conuoquoit extraordinairement selon les occurrences. Là se prenoient toutes les deliberations des points qui touchoiét la seurté & deffense de la place, les entreprises plus importantes, les correspondances, messages, espies, rescriptions, & autres affaires semblables. Si la chose le meritoit, elle estoit rapportée par les Conseillers cy deuant nommés au corps du Parlement, qui auoit agrée ce conseil restraint, & neantmoins s'assembloit presque de iour à autre pour satisfaire au deuoir de Commis au Gouuernemét auec l'Archeuesque. Tous les prisonniers originaires de la Prouince ou des amies & alliées furét eslargis auec surseance de leurs procedures criminelles pour six mois, à charge de trauailler vaillemment pour la conseruation de la place, sous promesse que le Parlement mesme, duquel ils redoutoient la seuerité, solliciteroit pour eux la clemence du Roy, s'ils s'en montroient dignes; aussi n'y en auoit-il aucun qui fust preuenu de crime de lese Majesté diuine ou humaine. Il fut conclu que le pain de munition d'vne liure & demie par iour seroit distribué à la soldadesque outre sa solde punctuellement payée de mois à autre, ou bien la contribution par chacune sepmaine; que par dessus cela ceux qui se rendroient recommandables par quelque exploit

Affaires qui se traittoient au conseil de guerre.

Prisóniers mis en liberté.

Resolutions pour tenir les soldats, les habitans, & le peuple en bóne humeur.

signalé, ou qui entreprendroient des ouurages extraordinairement perilleux, seroient promptemét recompensés, ou bien leurs vefues & enfans, au cas qu'ils y laissassent la vie : que les pauures blessés & malades seroient tous receûs, nourris, & medicamentés dans le grand hospital neuf aux despens du public: qu'aux occasiós il y auroit du pain & du vin d'espargne és mains d'aucũs principaux bourgeois à ce choisis, pour en faire largesse aux soldats & habitans necessiteux : que la poudre, plomb, & le cimeau seroient distribués à la gendarmerie par le Capitaine de l'artillerie & gardes des munitions, auec toutes armes necessaires sur les simples billet des Officiers, & aux occasions & pressantes sorties, sur leur foy; & de mesme par le Magistrat aux habitás diserteux & villageois refugiés à l'entremise de leurs Capitaines ou Dixeniers : que le peuple ne seroit point contraint de trauailler par couruées aux fortifications s'il ne s'y portoit volontairement & de fráchise; mais bien à la iournée raisonnablemét salariée chacun soir, plus ou moins selon la grádeur ou la difficulté de l'ouurage. On y adjousta vn decret incomparablement salutaire, que tant que le siege dureroit, le pris du fromét demeureroit vniforme tel qu'il se treuua au iour que la place fut inuestie qui estoit de vint-six gros la mesure du poids de trẽte liures & de tous autres grains à l'aduenant, auec deffense rigoureuse à to⁹ d'en védre ou acheter

Grain tousiours à mesme pris durãt le siege.

plus cherement : que l'on cómenceroit par le grenier publique que le Magiſtrat auoit aſſés bié fourny d'où l'on en tireroit iournellement pour le pain de munitió des gés de guerre & pour la neceſſité du pauure peuple : que celuy cy eſtát eſpuiſé on auroit recours aux greniers des particuliers qui en auroiét en eſpargne par deſſus leur vraiſemblable beſoin, dont le payemét ſe feroit en deniers contans de la bourſe commune au pris reglé ; pour lequel on en debiteroit auſſi aux boulangers & panetiers. Ces ſecrets de police qui ont eſté tres-ſoigneuſement pratiqués tát que le ſiege à duré tenoiét la bouche franche cóme l'on dit à la gendarmerie & au peuple, auec telle alegreſſe que ie puis aſſeurer pour l'auoir veû & admiré, que hors la peine que les Commiſſaires des viures ſe donnoient afin que les prouiſions ne máquaſſent iamais, il y auoit moins de bruit pour les alimens neceſſaires qu'en vne profonde paix ; & qu'on n'auoit autre penſée ny diſcours que de ſouſtenir & repouſſer gaillardement les efforts des aſſiegeans, & leur faire ſentir les effects du courage inuincible des aſſiegés, en l'attente du ſecours que l'on eſperoit toſt ou tard.

Alegreſſe des aſſiegés cauſé par bonne police.

L'ordre de la deffenſe eſtoit que le Magiſtrat auoit repartý la bourgeoiſie en neuf compagnies, dót ſept auoiét chacun à garder vn bouleuard, ſes batteries, & la courtine prochaine à main droitte; & les deux autres demeuroiẽ au plat font ou gráde

Repartement de la Bourgeoiſie.

place & aux hasles prés l'Eglise nostre Dame: & estoiét rangés sous chacune compagnie les estran-

Leurs gardes. gers retirés en la ville, & les Ecclesiastiques & Religieux selon le quartier où ils se treuuoient logés. Tous faisoient la garde personnelle de iour & de nuit de trois iours l'vn, sous le commandement du Maieur duquel les ordres concertez auec le Sieur de la Verne ou examinés en conseil de guerre estoient portés par vn Sergent Majeur & vn Ayde que le Conseil de ville auoient choisis. La solda-

La soldadesque & ses gardes. desque tant de la garnison ordinaire que du regiment de la Verne & de la milice gardoit les trois portes, les demies lunes qui sont au deuant, les contrescarpes, chemins couuerts, pointes & autres ouurages aduancés au dehors contre les assiegeás, & auoit vn iour de repos au commencement du siege, & depuis n'eut autre relasche que par vn continuel changement d'vn poste plus dangereux & de difficile garde, à vn de plus d'asseurance & moins alarmé; & leur estoient portés les ordres par les Aydes de camp du regiment, ou bien à la garnison & aux Esleus par le Sergent Majeur. Le Magistrat pour soulager les gens de guerre, fit leuer à ses frais vne nouuelle compagnie de cent fantassins soubs le Capitaine du Thauc, qui rendoient les mesmes deuoirs que les autres soldats: & d'ailleurs par ordre des Gouuerneurs fut mise au pied des deniers publics vne compagnie de

LE SIEGE DE DOLE.

soixante cuirasses sous le Capitaine de Byans, qui seruoient à pied dans les dehors, & selon les occurrences sortoient en campagne à cheual lors qu'il leur estoit commandé, pour espauler en quelque sorte l'infanterie aux sorties, & ceux qui alloient au fourrage, & fauoriser leurs retraittes.

Les premiers ouurages des assiegés furent de cóbler de terre la porte du pont qui estoit exposée aux canonades de l'ennemy, & laisser seulement ouuerte l'issuë secrette à couuert de l'orillon du bouleuard & fortifiée de terrasses & fosséz en forme de casematte, pour de là sortir par sous le pont de bois & entrer en la demye lune, ou tirer sur le bord du grand fossé iusques à l'entrée du pont de pierre, duquel le premier arc fut abattu, & les petits iardins qui sont à la teste mis en estat d'y pouuoir tenir vne esquadre, pour la garde & deffense de cette aueniie, Aux portes d'Arans & de Besançon les premieres clostures furent laissées ouuertes, les coulisses haussées, & les ponts leuis abbattus, & demeurerent en cette sorte iour & nuit iusques au dernier iour du Siege, afin de cómuniquer plus librement auec les rauelins, demy-lunes de dehors, seulement furent remplis de terre les corps de garde qui sont de part & d'autre des portes plus aduancées deuers la campagne, & les portes mesmes terre-planées à la reserue d'vne poterne en galerie pour y passer vn homme seul auec ses armes & vn

Asseurances des portes & issuës de la ville.

cheual auec ses enharchemens. On ouurit encor quelques issuës secrettes qui descendent par diuers endrois aux grands fossés, lesquelles furent armées de fortes barrieres & estacades & soigneusement gardées. Sur le bord du parapet de l'explanade au deuant du chemin couuert qui enceint les demies lunes furent fichés des pieux de la hauteur de quatre pieds armés de pointes de fer à la teste, à demy pied pres l'vn de lautre, dont l'on alla continuant de reuestir toutes les contrescarpes, pour empescher les soudaines attaques des ennemis qui voudroient sauter dans les corridors. On fit auec vne diligence extreme les ouurages nouueaux que le temps peû permettre pour couurir les imperfectiós de la contrescarpe qui n'estoit pas encor acheuée, particulierement du costé des bastions & porte d'Arans. Les ponts leuis des demies lunes estans haussés, toutes les entrées furent terrassées & egalées à fleur du reste de l'ouurage, les ponts gisans abbattus, & tout le fossé garny au fond d'vne forte barriere de charpenterie de six pieds de hauteur; & furent reseruès seulement les passages aux deux bouts des rauelins sur le bord du grád fossé munies de bonnes estacades. Au dedans de la forteresse le canon fut placé sur tous les bouleuards & dans les flancs & batteries, aux endrois plus commodes & necessaires pour asseurer la place & incommoder l'ennemy.

Issuës secrettes ouuertes & fortifiées.

Autres ouurages & fortifications.

Tandis

LE SIEGE DE DOLE. 105

Tandis que les assiegés disposoient ainsi leur deffense, les assiegeans d'autrepart desseignoient leurs aproches & batteries des trois principaux quartiers. La premiere qui fut pointée fut celle du Colonnel Gassion fournie de quatre gros canons de trente deux à trente trois liures de bale, placés sur le tertre dans les ouurages que ceux de la ville auoiet desià leués deux ou trois pieds hors de terre, que Gassion fit redresser pour ce premier coup à son vsage. Cette batterie deschargea ses premieres volées côtre la ville le troisieme iour de Iuin sur les sept à huit heures du matin. Elle n'oublia pas d'offrir ses primices à Dieu, car la premiere canonade auoit pris la tour de nostre Dame pour sa mire; mais elle n'attaignit pas, l'Ange tutelaire de cette Eglise en ayant destourné le coup, les autres porterent dans les couuerts de quelques bastimens par cy par là, auec plus de bruit que d'effect. Le Prince s'estoit persuadé que les bourgeois amoureux de leurs maisons & peu duits à semblables aubaudes, s'estourdiroient à ces premieres salves, selon la commune creance que les batteries en ruine font rire les soldats & pleurer les habitans : & de vray ceux qui consideroient la ville exposée en veüe & en bute à ces furieuses canonades de ce costé-là, ne s'imaginoient rien de plus effroiable ; mais l'experience qui rend les plus grands maux

Premiere batterie du Colonnel Gassió.

Cómence par l'Eglise sans l'atteindre

Batterie en ruine mesprisée.

supportables, fit connoître, que cette maniere d'attaquer n'eſt qu'vn eſpouuentail des ames laſches, & que ceux qui ont les eſprits preoccupés de l'aprehenſion de quelques plus grand malheur ne ſe troublent pas pour la cheute d'vne douzaine de tuiles. Nos longues coleuurines braquées ſur les bouleuards des Benis & du viel chaſteau, & deux canons de batterie ſur celuy du pont reſpondirent d'vn meſme ton, & fracaſſans les nouueaux ouurages encor imparfaits, & compoſés de terre graueleuſe, firent vn tel rauage par leurs atteintes, rejailliſſemens, & roulemens, que grand nombre des ennemis en furent demébrés. D'autrepart le quartier du Roy contre Arans, & celuy de Lambert contre Beſançon trauailloiét à faire leurs aproches & placer leurs canons: mais comm'ils eſtoient plus voiſins de nos portes, leurs deſſeins eſtoient retardés par les continuelles ſaillies des noſtres, qui ſortans hors des rauelins & chemins couuerts à la faueur des buiſſons, vignes, & iardinages à demy deſertés, les alloient inceſſamment trauailler. On vit vn ieune homme ſeruiteur du Conſeiller Matherot ſe partir ſeul par la pore d'Arans auec vne arquebuſe en main, & vn mouſqueton en bandouliere & ſe porter le long du grand chemin droit à l'ennemy iuſques deuát vn petit oratoite de noſtre Dame de pitié qui eſt à coſté du chemin à deux cés pas des dehors, où ſe proſternant à genoux deuant

Grands effects du canon de la ville.

la deuote image il recita vn *Aue Maria*, & à l'inſtant deſcouurant l'vn des ennemis luy deſlacha ſon coup d'arquebuſe & l'abattit. Il n'eut pas ſi toſt redoublé ſa deuotion & la meſme priere qu'il en voit vn autre ſur lequel il deſcharge ſon mouſqueton & l'aterre. Il court à ſes proyes ſe charge des armes qu'ils auoiét quittées auec la vie, & retourne tout treſſaillant de ioye aupres de ceux qui le contemploient dez les dehors admirans ſa valeur & ſon heureuſe pieté.

Nous auions ſur les bouleuars quelques quarts de coleurines, fauconneaux & autres menuës pieces faciles à manier, qui faiſoient d'incroiables effects, particulierement dez le baſtion d'Arans où il y auoit double batterie, l'vne par des embraſures baſſes preſque en my hauteur de la face qui raſoient la campagne ; & vne autre qui battant en barbe par deſſus le parapet deſcouuroit les aduenües & les fonds des places plus inegales: & d'autãt que preſque par tout aux enuirons le terrain eſt pierreux, & qu'en pluſieurs endrois ſe rencontroient des amas de pierrailles amoncelées en eſpierrant les heritages ; il arriuoit ſouuent que nos bales donnans dedãs eſparpilloient vne effroyable greſle de pierrettes & de cailloux ſur ceux qui ſe mettoient à couuert de ces monceaux, en ſorte que pluſieurs eſtoient maſſacrés d'vne ſeule volée: & nous auons ſçeu depuis par le rapport de quelques prisonniers, qu'vn coup de cette qualité en auoit abbattu dix-sept, qui furent la plus part esté dus sur le champ, ou ne trainérent gueres loing le reste de leur vie languissante. L'ennemy neantmoins n'eût pas beaucoup de peine de se loger à cinq ou six cens pas prés des demy-lunes d'Arans & de Besançon, à cause de certaines vallées & ruelles profondes & biaises, ou nos bouleuards quoy que de hauteur extraordinaire ne se pouuoient faire iour.

Facile approche de l'ennemy.

Le lendemain on vit le village & le chasteau de Saint Ylie tout en feu. Le Prince qui s'estoit logé dedans, fit publier par tout que c'estoit vn accidét arriué côtre son intention, par la sottise ou malice de deux soldats, qui pour repurger vne chambre qui leur sentoit mal, y semerent & allumerét quelques trainées de poudre, qui mirent le feu dans la maison, d'où il s'espandit par le village. Ce qui le nous fit croire pour cette fois, fut que selon la relation des prisonniers, on auoit eu assés d'empressemét à sauuer l'argent & les papiers du Prince; & qu'il fut contraint de se retirer à Foucherans village de France tout voisin: aussi nous escriuit-il par apres qu'il faisoit seuerement chastier les boutefeux. Mais soit qu'il changeast d'aduis depuis, ou qu'il dissimulast desia lors cette façon de faire la guerre que nous auôs tousiours estimée barbare & indigne du nom Chrestié; on vit dez lors paroître

L'embrasement de Saint Ylie excusé.

Autres frequens embrasemés inexcusables.

LE SIEGE DE DOLE.

les embrasemés de tous costés, & ne passoit iour ny nuit qu'ó ne descouurist quelque village voisin de la ville esclairer au milieu des flammes. On a bien voulu couurir ces incédies de la licéce effrenée des soldats Allemands trop coustumiers de se signaler par semblables excés ; mais la verité du commádement ou de la conniuence nous a parû aussi claire que les feux ; lors qu'on c'est aperceu que quelques maisons auoient esté espargnées pour des considerations particulieres au milieu des embrasemens ; & que toutes les retraittes des troupes destachées du camp qui alloient en parties se terminoient par le bruslement de quelque bourg ou village; autant du costé des quartiers François que des Allemands.

Le second de Iuin le Capitaine de Grandmont Vellecheureux auec deux cés soldats & cent bourgeois volontaires armés de piques, mousquets, & arquebuses firét vne sortie sur les gens de Lambert qui auançoient leurs trauaux contre l'explanade de la demie-lune de Besançon ; ils chargerent d'abord le regiment de Bourdonné qui estoit en garde dans ces tranchées si brusquement qu'ils les mirent en desordre & en fuite. La caualerie de Maroles y accourut pour les soustenir ; mais elle fut repoussée & cótrainte de ployer & se mettre au large, iusques à ce que deux autres escadrons de cheuaux la venant secourir auec nombre d'infanterie ; les nostres apres auoir fait leur descharge,

Sortie sur le Regiment de Bourdonné.

& obligé les plus aduancés de reculer plus viste que le pas iusques dans leurs retranchemens, firet leur retraitte en bon ordre, à la faueur seulement de quinze ou seize caualiers sortis pour amuser l'ennemy, & du canon des bouleuards qui ne cessa de donner. En ce combat, ou les nostres auoient cóuerty en lauriers les brăches de tille verte dont ils auoient ornés leurs chappeaux en sortant, pour se reconnoître en la meslée, demeurerent trois bourgeois, & cinq ou six soldats tant morts que blessés : du nombre des morts fut le frere Iean Fráçois Religieux lay de l'ordre des Peres Minimes qui rédit des preuues extraordinaires de son zele & de son courage en cette occasion, où il se porta par le congé qu'il obtint de son Superieur auec sa benediction sur les ardentes prieres qu'il luy fit d'agréer qu'il pûst emploier sa vie pour vne cause qu'il estimoit estre celle de la Iustice & de Dieu mesme : mais la perte des François fut de dix pour vn tant en nombre qu'en qualité. Le Sieur de Maroles & plusieurs caualiers des plus courageux y perdirent la vie ; & tant de soldats qu'on en vit le lendemain charger quantité de chariots. Aucuns des nostres s'estans donné le loisir de despoüiller ceux qu'ils auoient portés par terre, pour faire trofée de leurs armes & de leurs habits qu'ils rapporterent dans la ville, treuuerent dans la poche de l'vn d'entr'eux, vne lettre qu'il destinoit à vn sien amy, par laquelle

Perte legere des assiegés & grăde des assiegeăs.

il descriuoit le grand eschec qu'auoit souffert le regiment de Picardie, aux aproches de la Bedugue, ou il adouoit que ce regiment auoit esté à demy deffait.

Les assiegeans pour se rendre maistres de la riuiere, joindre leurs quartiers, & auoir la communication libre de l'vn à l'autre, ne tarderent pas beaucoup à dresser deux ponts sur le Doux auec des bateaux joints ensemble, l'vn au dessous d'Asans à seize cens pas du fossé de la ville; & l'autre à trois mille pas loing tout aupres des moulins de Crissey, l'vn & l'autre fortifié aux deuz bouts de quelques redoutes, esperons, & autres menus retranchemens, & dez lors tenans la ville serrée de toutes parts, se resolurét d'enuoyer faire des courses par le reste de la Prouince, pour y porter la terreur & empescher la ionction de la gendarmerie du Pays. Le Colonnel Gassion auec cinq cens cheuaux poussa iusques aux portes de la Cité de Besançon, ou pour tout exploit il mit le feu au village de Saint Ferjus qui en est tout voisin. Le Cheualier de Tauannes & le Baron de Coupet auec deux cés cheuaux firent vne pareille caualcade aux enuirós de la ville de Gray. Autres quatre cens cheuaux en deux troupes furent enuoyés à mesme effect du costé de Salins, sans autre fruit que de se faire voir de loing per leurs incendies, par le massacre des pauures Paysans, & par le saccagemét des villages

Ponts que les assiegeans font sur la riuiere.

Parties détachées du camp courét par le Pays auec peu d'effect.

sans espargner les Eglises.

Attaque des assiegés sur le Regiment de Nanteüil.

Nos assiegés cependant ne perdoient pas temps. Les soldats qui estoient en garde dans la demie lune d'Arans & en la contrescarpe voisine, sortirent sur le regiment de Nanteüil qui gardoit les tranchées, & apres en auoir atterré, desarmé, & despoüillé plusieurs : & mis l'alarme par tout, rentrerent en leurs postes sans aucune perte enrichis des armes conquises. Le canon du dedans qui les fauorisoit acreut la tuerie & la frayeur des ennemis; vn coup ayant coupé le dessus du chapeau du Sieur de Disimieux qui estoit accouru au secours des siens, emporta le bras à vn soldat, & la jambe à vn autre. Ces legeres attaques & escarmouches recommençoient soir & matin, & peu se passoient sans que nos gens entrainassent quant & eux quelque prisonnier, ou rapportassent du butin. C'est ce qui obligeoit les assiegeás d'aduancer par leurs trauaux de la nuit ce que les inquietudes de la iournée leur alloient retardant. Ainsi furét mises en estat deux nouuelles batteries chacune de quatre gros canons l'vne vis à vis de la porte d'Arans à la distance de six à sept cens pas; & l'autre opposée à la porte de Besançon de peu plus d'eslongnemét. Toutes deux ouurirent leur jeu le quatrieme de Iuin au matin, & donnans par dessus le parapet des rauelins porterent quelques coups au plus haut des portes qui n'estoient pas tout à fait comblées de terre, & percerent

Assiegeás ne peuuét aduancer leurs trauaux que de nuit.

Deux nouuelles batteries & leurs efforts.

LE SIEGE DE DOLE.

cerent ce qui se treuua de bois, sans autre effect contre les murailles que de les escorcher & blanchir; puis haussant leurs mires deschargerent leur cholere contre la grande Eglise & les combles des maisons. Toutes ces furieuses canonades, qui iusques à ce iour auoient esté mesprisées par les bourgeois, tuerent vn habitant & vn soldat & en blesserent vn second. L'estonnement n'estoit pas de la chose, mais du peu : & la disgrace de ce petit nombre, ne fit que rasseurer le courage du reste. Vne troupe de plus de cent paysans, dont plus des deux tiers estoient femmes, trauailloient dans la ville à terreplaner la courtine entre le viel chasteau & le pont : la batterie deuers Besançon qui estoit auantageusement placée pour les descouurir, deschargea plusieurs volées sur eux, & en tua deux ou trois. Les plus craintifs s'ecarterent pour vn temps & se mirent à couuert de l'hospital, puis retournerent courageusement à l'ouurage. Ceux qui commandoient, plus mesnagers du sang & de la vie de ce pauure peuple que luy mesme, ne voulurent pas souffrir qu'ils continuassent ce trauail, & les miret en besongne auec telle precaution qu'ils ne couroient plus la mesme risque.

Peu d'effect.

En la campagne la liberté fut donnée aux soldats & au peuple du voisinage François de piller & rauager nos villages. Ceux d'Auxonne qui de tout temps ont esté comblés de courtoisies en la ville

Courses de ceux d'Auxône & autres villes de la

Duché ravageans les villages de la Cômté

de Dole, & par la franchife du commerce en ont tiré de fignalés proffits, au lieu de compatir à nos difgraces, demanderét main-leuée pour fourrager nos metairies & maifons champeftres, & en ramenerent, comme dit leur gazette, plus de vint mille beftes à cornes, au camp, où elles fe debitoient pour vn efcu piece ; & violans les affeurances que leur Roy & leur Gouuerneur auoiét données par leurs manifeftes, de protection & fauorable traitemét à ceux qui fe tiendroient coys en leurs maifons, emporterent en leur ville tout ce qu'ils peûrent ramaffer, preffoirs, cuves, tonneaux, grains, vins, & vtenfiles de mefnage du pauure peuple des champs, qui ne faifoit autre refiftance que par fa fuite. D'autres villes & bourgades du voifinage prattiquerent les mefmes hoftilités.

Gaffion donne vne fauffe alarme au camp.

Le Colonnel Gaffion retournant au camp apres fes courfes, y dóna l'alarme fi chaude, que le Prince de Condé croiant que ce fuft le fecours de ceux du pays, monta promptement à cheual & mit le refte de fon armée en bataille, à la veüe des affiegés, qui n'en defcouurans ny la caufe ny l'effect, iugerent que c'eftoit vne terreur panique, ou vne vaine parade pour la leur donner.

Batterie recommécée.

Le lendemain les trois batteries recommencerent leur rage contre les tours, Eglifes, & toits des maifons : quelques coups effleurerent la fommité des rempars ; & en firent connoître la force & la bôté. La chemife eft baftie d'vne pierre mediocrement douce & neantmoins forte pour refifter à toutes iniures de l'air & du temps ; la face eft toute de gros quartiers taillés en boffe à la ruftique, & rangés d'vne egale jauge & de magnifique ftructure : l'efpaiffeur eft au moins de dix pieds communs, auec quantité d'efperons & de contreforts qui ont autant & plus de faillie au dedans. La maçonnerie en eft excellente par la fechereffe du fable & abondance de la chaux viue, outre fa parfaite liaifon, qu'elle femble deffier les plus violentes canonnades: aucuns difoient que ces murailles eftoiét embues de l'efprit inuincible de l'Empereur Charles cinquieme qui les a fait baftir. Les premieres defcharges des canons ne faifoient qu'efclatter la boffe furfaillãre des quartiers qu'elles atteignoient, & apres plufieurs coups, fi le quartier eftoit entierement brifé, le cœur & le moilon du mur paroiffoit pluftot fe preffer & rendurcir par le redoublement des coups, que de fe démentir & deflier, au grand eftonnement des affaillans, & confolation des affaillis. La bourgeoifie d'ailleurs & ceux du voifinage retirés en la ville fe rendoient infatigables à fe couurir de tous coftés. Il n'y auoit prefque en toutes les courtines que de foibes parapets de l'efpaiffeur de deux pieds de maffonnerie feulement, plus propres à couurir le paffage des rõdes qu'à fouffrir l'effort de l'artillerie. Chaque Capitaine en fon quartier entreprit de les

Bonté & force des rempars de Dole.

Trauaux des alliegés pour fortifier les répars.

renforcer de terre d'vne solidité suffisante en forme de parapets royaux auec banquettes & pente raisonnable pour tirer par dessus iusques au bord du fossé : & tout cela reuestu de sacs, de paniers, ou de petits tonneaux comblés de bonne terre pour couurir le reste, & faire joüer la mousqueterie & l'arquebuserie auec plus d'asseurance entre deux de ces petits gabions. Les endrois des courtines ou bastions qui estoient veûs & enfilés de la campagne furent pareillement mis en seureté par des trauerses de terrasses ; & de mesme les aduenües des rües dont aucunes estoient rasées du canon de l'ennemy. Tous mettoient la main à l'œuure sans contrainte ; les dames & damoiselles ne desdaignoient pas d'y bescher & porter la terre auec vne alegresse nompareille. En tous ces ouurages les Peres Capucins reserrés dans la ville faisoient vn incroiable deuoir, seruans iour & nuit d'ingenieurs, controleurs, & chassauants dans ces trauaux. Ils estoient repartis pour cela en diuers endrois, & donnans l'exemple aux autres par vn trauail sans relasche, & les animans encor par leurs pieux enhortemens aduançoient de prodigieux renforts. Le Pere Ludouic de Dole qui par ses doctes escrits à fait esclater par tout la rareté de son sçauoir, & sa singuliere prudence par sa sage conduite en la charge de Prouincial qu'il auoit exercée peu au parauant, se rabaissoit

Capucins y trauaillent auec vne extreme ferueur & diligence

Pere Ludouic de Dole.

LE SIEGE DE DOLE.

à ces menus emplois, & portoit la main par tout si assiduement & courageusement qu'il faisoit honte aux gens de peine, voires aux plus robustes & laborieux. S'il quittoit quelquefois cette couruée, c'estoit pour acourir au secours des ames, quand quelques soudaines blessures des soldats ou bourgeois l'y appelloient; & tous ses bons Religieux se mouloient au patron d'vn si vertueux chef. Ceux des autres Ordres n'en faisoient pas moins; qui d'vne façon, qui d'vne autre.

Les Peres Iesuites, outre les gardes acoustumées à leur tour, & tous autres deuoirs qu'ils rendoient en public & en priué, prindrent le secours des ames pour leur tasche particuliere. Dez que l'on commença de mener les mains auec l'ennemy, & d'en raporter souuent des playes honnorables mais mortelles, ou dangereuses; le Maistre de camp pria le Pere Recteur de fournir deux de ses Religieux en chacune des demies lunes des deux portes (qu'ó pouuoit appeller les guerrieres, puis qu'on y estoit contiuuellement aux prises) afin d'acourir aux blessés, & par la côfession & l'absolution leur rédre ou asseurer la vie de l'ame, si les blessures venoient à leur rauir celle du corps Les Peres entreprindrét volontiers, à cette semonce, ce qu'ils recherchoiét eux mesmes de faire par profession & par inclination, & l'acomplirent si punctuellement dez lors iusques à la fin du siege, que ceux qui estoient de-

Loüables & saintes entremises des Iesuites.

stinés à ces charitables emplois n'abandonnoient iamais leurs postes fust de iour ou de nuit, non pas mesme pour aller dire la sainte messe en l'Eglise, ou pour aller prendre vn peu de refection dans le college, qu'ils ne fussent leués de sentinelle par d'autres qui leur estoient subrogés; de peur que les soldats ne demeurassent vn moment sans cette salutaire & necessaire assistance. Entre ceux qui se signalerent en vne si plantureuse moisson d'œuures pieuses, fut le Pere Laurent Chifflet de Besançon, l'vn de ces quatre freres qui semblent s'estre repartis dans les maisons Royales & Religieuses, pour y trauailler à l'enuy au salut des corps & des ames des grands & des petits; & qui enrichissent iournellement, à l'exemple de leurs deuanciers, les plus curieuses librairies, de pieces exquises de toute sorte d'erudition & de solide pieté. Il fut l'inuenteur & le directeur presque de tous les vœux & deuots exercices que l'on a prattiqués dans la ville, pour implorer la faueur du ciel aux plus grandes detresses. Dés le commencemét du mois de Iuillet s'aperceuant que les soldats & les pauures bourgeois & paysans blessés ou autrement malades, qui peuploient le grand hospital & enfloient ses cemetieres, auoient besoin d'aide en ce dangereux passage d'vn moment à l'eternité, il s'y engagea volontairement pour cela, & pour les y seruir en toutes leurs necessités spirituelles & temporelles,

Charité du Pere Laurent Chifflet.

& specialement pour suruecillerà ce que les chirurgiens, officiers, & seruans y rendissent fidellemét & diligemmét leurs deuoirs. Il fut secondé en vne si pieuse entremise par le frere Remy Milson Lorrain de naissance, autant adroit & prattique en la pharmacie & en la chirurgie, comm'il est debonnaire en ses meurs & feruens en sa charité, qui passoit les iours & les nuits infatigablement à panser les plaies des blessés, & soulager leurs plus poignantes douleurs. Cependant le Pere Chifflet leur aprestoit & distribuoit les medicamens diuins des Sacremens, les consoloit & conseilloit, & les acompagnoit des prieres de l'Eglise en leurs agonies; sans s'espargner à les seruir pour le corps mesme; en tout ce que peut vn zelé religieux; s'acquittant ainsi, non moins par exemple que par enhortemés & aduis, de l'intendance que le Magistrat luy auoit dónée sur cette maison de Dieu, afin d'obliger tous les autres à y contribuer les soins & faire les offices qui leur estoient imposés. Si l'vn ou l'autre pouuoit dérober quelques heures à l'hospital, c'estoit pour les donner aux autres blessés & languissans, qui les appelloient à leur ayde dans les maisons particulieres de la ville, où ils estoient desirés & receus comme des Anges de Tobie.

Frere Remy Milson Iesuite.

Entretemps les soldats dez les demyes lunes & chemins couuerts ne cessoient d'agacer les assiegeans, & de les harasser continuellement. Ceux d'Arans sortirent deux fois le cinquieme de Iuin. Le matin treuuans la premiere sentinelle du regiment de Picardie acablée de sommeil, ils surprindrent aisément les autres qui s'endormoient sur l'opinion de sa vigilance, & passans iusques dans les tranchées du quartier du Roy y tuerent dix ou douze tant officiers que soldats, & en blesserent plus de quarante, puis se retirerent sans perte. Le soir ils allerent encor donner la serenade aux nouueaux gardiens du mesme quartier, qui s'estans faits sages aux despens de ceux dont ils auoiét pris la place, en furent quittes pour vne chaude alarme. Certain iournal du siege que les François firent marcher auec leur gazette publioit par vne imposture effrontée, qu'à ce iour les villes de Salins, Lonslesaunier, & quelques autres petites places estoient venües presenter leurs clefs au Prince de Condé, & que leurs deputés auoient signé les articles de leur reddition sous des conditions plus auantageuses qu'ils n'eussent osé esperer : & neantmoins toute la France sçait & à recogneu à lespreuue, qu'il n'y a si chetif chasteau, bourg, ou village en la Prouince, qui n'ait donné des tesmoignages incroiables de sa loyauté & de son amour enuers son Souuerain, & qu'aucunes cajoleries ou menaces n'ont pû esbranler la constance des franc-Comtois. Ce iournal se décreditant soy-mesme adjouste peu apres; que ce iour là estoit sorty de la ville

Saillie sur le Regiment de Picardie.

Impostures d'vn iournal du siege dressé par les François.

LE SIEGE DE DOLE. 121

la ville vn simple soldat qui s'estoit jetté l'espée nuë à la main dans le quartier de Lambert, ou il auoit esté arresté vif; & que pour quelque grace qu'on luy offrist; ny pour quelque supplice dont on le menaçast, on ne peut iamais obtenir de luy, qu'il dist, *Viue le Roy de France*: Surquoy le Iournaliste se donne carriere, pour exagerer la haine implacable à laquelle il figure que les Comtois sont nourris & esleués contre la France ; & en suite veut faire passer la fidelité vrayment heroïque de cette nation, pour vn crime de leze Majesté.

On ne peut pas nier que Dieu protecteur des fideles n'ait fait esclater dans la ville de Dole des raions de ses faueurs extraordinaires. Pédant cette obstinée batterie en ruine qui cótinua presque autant que le siege, & pour laquelle il n'y auoit rié de sait ny d'inuiolable; il arriua le sixieme du Iuin qu'vne bale du gros canó pointé en la batterie deuers Besançon, ayant dóné par vne fenestre de la croisée de la grande Eglise, & passé côtre la muraille opposée, qu'elle ne fit presque qu'escorcher, rejaillit en dedans, & tóba au milieu de plus de trois cens personnes, qui entendoient la messe à genoux deuant la saint Chapelle, sans qu'vn seul en fut tant soit peu interessé. Peu de iours apres vne autre perçant par le plus haut de la fenestre de la croupe à l'endroit du grand autel, alla briser le doubleau qui soustient la maîtresse voute à l'entrée du cœur, d'où

Protectió particuliere de Dieu à cóseruer les assiegés des coups de canons dans les Eglises.

Q

tomberent plus de six voitures de quartiers de grosses pierres, en vn téps qu'on celebroit le tres-auguste Sacrifice, que plus de deux cens personnes entendoient, aux enuirons du lieu ou vint fondre cette ruine; mais si heureusement arrangés, par la disposition diuine, qu'vn seul d'entr'eux n'en fut atteint. Nous parlerons cy apres plus au long des euenemens de cette qualité.

Commécemét des bombes.

Ce fut ce iour là mesme que les assiegeans indignés de voir que leur boulets faisoient plus de bruit que de fruit, se resolurent de desoler & reduire s'ils pouuoient toute la ville en poudre, par la fureur des bombes ou grosses grenades de fer eslancées en l'air auec les mortiers. Inuention aioustée de nostre aâge aux autres que l'enfer à vo-

Descriptió des bôbes & de leurs effets prodigieux.

mies pour l'extirpation du genre humain. Elles estoient en forme de marmites de fer, ou plustot de cylindres ou colonnes, d'vn pied le Roy de diametre, & d'vn & demy de hauteur, non tout à fait plaines, ains vn peu arrondies enhaut & en bas, & creusées au dedans pour tenir la charge de seize à vint liures de poudre, que l'on y mettoit par vn seul trou reserué tout au dessus de deux doigts de diametre; auec deux anses de part & d'autre du trou, pour les manier & placer à l'aise dans le mortier. Quelques vnes estoient de figure enrieremét spherique, d'vn pied & demy en leur plus grande largeur; mais les plus cōmunes estoient cylindriques. Les legeres pesoient six vint liures, nous en auons veües qui emportoient le poids de deux cés & vint liures. Quand ces vaisseaux estoient réplis de poudre commune, on y poussoit par le trou d'en-haut vne canne ou fusée de bois penetrant iusques au centre de la poudre, & sursaillant par dessus la bombe de trois ou quatre doigts, dont le tuyau estoit farcy de poudre, souffre, & charbon battu, pour pouuoir brusler lentement; & afin que le feu ne prist auant le temps, ces cannes estoient fort curieusement lutées & poissées aux enuirons de la lumiere de la bombe. Quand ces instrumens de desolation estoient ainsi chargés, on les ajustoit dans le mortier ou court canon, ouuert de bouche selon le diametre de la bombe, & du tier seulemét en la charge, portant autres quinze ou vint liures de poudre. Le feu estant donné à la fusée, & immediatemét apres à l'amorce du mortier, on voioit esleuer en l'air ces marmites ardantes, quelquefois par dessus les plus hautes tours, & puis fondre tout à coup sur les endrois où elles estoient pointées, ou aux enuirons. La cheute en estoit si violente, que souuent de la pesanteur seule elles perçoient les toits & enfonçoient deux ou trois planchers, & iusques aux voutes des caues, auant que le feu de la fusée fust arriué au cœur de la poudre : mais si tost qu'il y estoit paruenu, la bombe cóposée de fonte d'vn fer aigre & rompant, esclattoit d'vne telle

Q 2

fureur, que les fragmens eſlancés de toutes parts briſoient, perçoient, & couppoient tout ce qui s'oppoſoit à leur rencontre, & l'air d'autant plus violément eſtédu & agité qu'il treuuoit plus d'obſtacle & de reſiſtance, ne laiſſoit rien d'entier aux maiſons. L'on voioit en vn inſtant les murailles abattuës, toutes les vitres mouluës, les meubles fracaſſés, les tenduës, entrepotelures, & lambris ou bouleuerſés, ou pouſſés hors de leur place, & tout le reſte renuerſé ſens deſſus deſſous, auec vn effroy & eſtonnement extraordinaire de ceux qui admiroient les prodigieux effects de ces carreaux foudroians. On en a veu porter des eſclats en l'air à la hauteur & diſtance de plus de cent pas, froiſſer des barreaux de fer trancher les bras & les iambes aux hommes, & tombans en rüe, darder les quartiers du pauement par deſſus le faiſte des baſtimés plus eſleués. Les deux premieres firent de grands rauages aux maiſons ou elles tóberent; mais ce fut ſur les choſes inanimées ſeulement: ce qui ſeruit à merueilles pour raſſeurer le peuple; qui ſe perſuada facilemét, que la bóté diuine deſtournoit les coups ſur des objets inſenſibles, pour luy en faire pluſtot reconnoître que reſſentir la puiſſance formidable. Cette cóſolatió fut acreüe par la nouuelle qui nous fut apportée peu de iours apres, que l'vn des plus adrois canoniers du camp, dreſſant le lict de cette batterie de bombes, auoit eu la teſte emportée d'vne volée du canon de la ville.

LE SIEGE DE DOLE.

Si l'ennemy nous donnoit de l'exercice par l'eslancement de ses mines volátes dans la ville, nous luy en rendions au dehors par nos frequentes sorties, qu'il seroit ennuieux de racompter toutes par le menu: mais la genereuse action de Pierre Mol Sergent de la Colonnelle du Sieur de la Verne, ne doit pas estre mise en arriere. Il auoit esté enuoyé auec vne esquadre de vint mousquetiers à la garde de l'entrée du pont de pierre, sur le bord de l'arc rompu, & dans les petits iardins qui sont aux enuirons. Pendant la nuit, l'ennemy roulant deuát soy quelques tonneaux le long du pont, s'estoit venu loger sur la petite isle qui s'aduance à l'endroit du milieu d'iceluy, & traualloit à couuert de quelques menües broussailles pour combler ses tonneaux & s'y fortifier; & de fait incommodoit desia par sa mousqueterie ceux qui estoient sur le bouleuard. Le Colonnel iugeant qu'il y auoit eu de la nonchalance de ce Sergent, luy enuoya ordre le lendemain matin d'aller desloger l'ennemy de ce poste, à peine de la vie. Le Sergét sans marchander ny s'excuser, n'y pouuát aller par le pont qui estoit rópu deuát luy de plus de vint pas, ny par la riuiere qui n'estoit pas gueable, se resolut d'y penetrer à quelque pris que ce fust, & ne decouurant point d'autre chemin mótá sur vne petite chaussée bastie de paux & de pierres, qui trauerse dez le moulin à basteau iusqu'à l'entrée de cette isle, auec diuers destours. Et quoy que la largeur fust à peine d'vn pas

Frequétes saillies des assiegés.

genereuse & heureuse action d'vn Sergent du Colonnel de la Verne.

& qu'il falluſt marcher vn à vn ſur cette eſcluſe péchante & raboteuſe, ſe mit en teſte de ſa troupe, la halebarde en la main, ſuiuy de ſes compagnons qu'il auoit exhortés en deux mots, d'aller courageuſement donner la chaſſe à ces poltrons qui ſe muſſoient dans le ſable a l'ombre de leurs gabions côme des lieures en forme, & qui deſgourdiſſoient jà leurs iambes pour s'enfuir : puis paſſant de plain iour à la veüe de l'ennemy, tout le long de cette digue, l'eſpace de plus de cent cinquante pas, alla fondre ſi furieuſement ſur les entrepreneurs, qui eſtoient en beaucoup plus grand nombre, qu'il les eſtourdit d'abord, renuerſa les tonneaux dans la riuiere, tua ceux qui voulurent faire reſiſtance, eſcarta le reſte, & les obligea de regagner le pont, ou ſe tapir dans les haliers. Pendant qu'il broſſoit par tout pour rechercher les fuiards, & nettoier l'iſle, le regiment de Nanteüil ſe vint preſenter au pont, & ſur le bord de l'autre bras de la riuiere, ſouſtenu de quelques compagnies de caualerie du Colonnel Gaſſion, qui s'efforçoient de gagner le gué & le venir couper. Le Sergent qui auoit valeureuſement executé ſon ordre, ſe voiant reduit à combatre vn contre vint, ſans moien de retraitte, s'il ſejournoit tant ſoit peu, & ſe ſentant griéuremét bleſſé d'vne mouſquetade, reprit le ſentier de ſa chauſſée, appuyé ſur l'eſpaule de l'vn de ſes camarades, & à la barbe de ces eſcadrons de caualerie &

d'infanterie, à trauers vne pluie de bales de mouſquets & de mouſquetons; ramena toute ſa brigade
en vie, dont trois ſeulement eſtoient bleſſés. L'ennemy entendant que l'alarme eſtoit donnée dans
la ville, & ſe ſentant ſalüé des canōs & de la mouſqueterie du bouleuard, ſe retira promptement en
ſes quartiers, & abandonna ce dāgereux poſte pour
touſiours; voires meſme fit creuer vn arc du grand
pont, au bout deuers l'hoſpital, & s'y barricada ;
tant il conceut d'aprehenſion de la valeur des noſtres, & de crainte d'eſtre ſurpris par leur proüeſſe
& vigilance. Ce Sergēt haut-loüé & admiré pour
ſon incōparable valeur, mourût peu de iours apres
de ſa bleſſure, au regret de ſon Colonnel, & de tous
ceux qui l'auoient veu en ce glorieux exploit, que
l'ennemy meſme ne pût regarder ſans eſtonnemēt.

L'ennemy ſe retire quitte ſa poſte & rompt le pont.

Les aſſiegeans confus de n'auoir pû en douze
iours de ſiege, atteindre le bord de l'explanade d'v-
ne place, qu'ils s'eſtoient promis de forcer en huit
iours, deliberérent d'attaquer la contreſcarpe qui
couuroit la face du baſtion du viel chaſteau. De
vray c'eſtoit la partie la plus foible de tous les dehors; parce qu'au premier iour du ſiege, encor n'y
auoit on pas mis la main, & n'y paroiſſoit aucune
forme de chemin couuert. Seulement depuis que
les aſſiegés ſe virent aſſaillis de ce coſté, ils y taille-
rent precipitamment trois ou quatre trauerſes de
terre, auec quelques enfonſures aduancées & cou-

L'ennemy delibere d'attaquer la contreſ-carpe du viel cha-ſteau.

pées en parapet, fort grossierement : aussi n'y pouuoit-on trauailler qu'à la mercy de l'ennemy, ou sous le voile de la nuit, auec continuel danger d'y perdre la vie ; Tout cela petit à petit fut garny sur le front de quantité de pieux fichés fort prés l'vn de l'autre, & armés de pointes de fer herissées à la teste. Mais les assiegeans auoient vn merueilleux auantage, à raison du penchant de la colline deuers la riuiere, & d'vne grande masse de terre releuée au deuant du bouleuard, dont le reuers ne pouuoit estre essuyé par aucun des rempars, nõ pas mesmes des plus hauts estages des bastions môtés en façon de caualiers. Ils pouuoient venir à couuert iusques au pied de cette motte, & tourner alentour sans estre aperceus, tant qu'ils estoient eslongnés de la longueur de la pique. Pour asseurer le dessein qu'ils formerent de donner de ce costé, & nous oster les moiens d'y faire teste, ils firent transporter la batterie de Gassion, qui iusque lors auoit esté plantée prés de la Bedugue, & la placerent plus auant du costé de midy au reuers du Tertre, en certain endroit appellé Naymont, d'où, quoy qu'eslongnée de plus de mille pas, elle nous incommodoit merueilleusement. Car elle enfiloit toute cette contrescarpe tumultuairement taillée; elle donnoit de droit fil dans l'issuë faite en galerie; par laquelle on sortoit de la demie lune pour entrer sur la contrescarpe; elle piquoit nos sentinelles sur les aduances

Qui est precipitamment fortifiée par les assiegés.

Auãtages des assiegeans.

Nouuelle batterie à Naymont, & ses furieux effects.

& tra-

LE SIEGE DE DOLE.

& trauerſes, tant ce commandement eſtoit auantageux : & d'ailleurs raſant la face du bouleuard du viel chaſteau, elle venoit emboucher le flanc & les batteries de celuy d'Arans, bien qu'eſpaulées d'vn orillon fort aduancé ; & qui pis eſt elle donoit des meſmes volées à trauers le pont qui ſert d'entrée à la ville, & ſur lequel il falloit paſſer de neceſſité à toutes les heures du iour, pour communiquer du dedans aux dehors, On s'efforça d'oppoſer des remedes à tous ces incoueniens ; mais les ouurages en eſtoient longs, & incomparablemét perilleux à faire: d'autāt que cette batterie tōnoit sās relaſche, & eſtonnoit les ouuriers qu'on y vouloit emploier.

Cet exercice continua tout le neufieme iour, pendant lequel pour en redoubler l'eſpouuante, l'ennemy fit voler ſur la ville quantité de bombes, dont deux tombans & creuans dans des maiſons fort eſtroites, & remplies de vieux bois & de paille, y mirent le feu, qui fut bien toſt eſtouffé par la diligence des habitans, vne troiſieme ſe briſant au deſſus de l'entablement d'vn frontiſpice ſur ruë, pouſſa l'vn de ſes eſclats de telle diſgrace, qu'il alla couper les deux iambes à vn petit enfant de trois à quatre ans aſſis ſur la porte d'vne maiſon diſtante de celle où la bombe auoit frappé de plus de ſoixante pas. Ce fut la premiere atteinte que cette inuention criminelle deuant Dieu & les hommes deſchargea ſur vn pauure innocent; car

Mettent le feu aux maiſons.

Premiere atteinte des bōbes

R

elle n'auoit iufques lors offensé qui que ce fut

sur vn petit innocét

Durant la nuit le Capitaine de Grandmont eſtant de garde au rauelin d'Arans ſortit auec peu des ſiens, ſurprit deux ſentinelles ennemies, pouſſa ceux qui ſe preſenterent à l'alarme, eſcarmouchant iuſque tout contre leur batterie voiſine, puis fit vne ſage & heureuſe retraitte, ſans aucune perte. Le matin dez les trois heures recommencea le tonnerre de la batterie de Naymont, à trauers les contreſcarpes, flancs, & iſſuës de la porte d'Arans, pendant que les autres deſchargeoient leur rage ſur les edifices, & les bombes plus furieuſement, dont aucunes donnerent iuſqu'au plus haut du grand clocher. C'eſtoient les auant-jeux de l'aſſaut que les aſſiegeans auoient reſolu de tenter ſur les ſix heures du ſoir. Le regiment du Prince de Conty qui deuoit entrer en garde, auoit entrepris d'attaquer la contreſcarpe d'Arans, & de s'y loger à quelque pris que ce fuſt; la charge en auoit eſté donnée à la Teſſonniere Lieutenant de la cópagnie du Baron de Chailloure, & à deux autres Lieutenans du meſme regiment auec chacun ſon Enſeigne & ſon Sergent, ſuiuis de ſoixáte hommes choiſis, armés de toutes pieces, & de deux cens mouſquetiers. Le Sieur de Beaumont Lieutenant colonnel du regiment de caualerie Hongroiſe du grand Maiſtre de l'artillerie; & ſon Lieutenant au gouuernement de Nantes, voulut eſtre de la partie

Sortie du Capitaine de Grandmont.

Preparatifs à vn aſſaut.

LE SIEGE DE DOLE.

& y faire preuue de son courage. Il se mit à la teste de ces six officiers l'espée à la main, & s'en vint sauter dans la contrescarpe, où d'abord il tua le premier qu'il eut en rencontre. Ceux qui auoient la garde de ces dehors se deffendirent courageusement, & furent bien tost secourus & secondés par la compagnie logée dans la demie-lune. Cependant l'alarme se donne par tout, l'escarmouche s'eschauffe, les soldats & bourgeois sont aussi tost à leurs rendés-vous, & le Maistre de camp à la porte pour ordōner. Il y enuoie quelques troupes de renfort, & entre autres plusieurs habitans qui se presentent, cōduits par Cauchois Ayde de camp de la ville. Les assaillans sont à diuerses fois contrains de reculer, & comme Beaumont pense faire front, Cauchois luy lance vn coup de pique dans la poitrine : il chancele, & reçoit presque en mesme temps la bale d'vn mousqueton dans la temple; & tombe roide mort : tout le reste branle & en fin tourne le dos. Les nostres les suiuent à coups de piques, de mousquets, de grenades à la main, & de pierres, quand les autres armes leur defaillent; les renuersent, en atterrent grand nombre, & recoignent le reste bien auant dans leurs tranchées & dās les fonds voisins ; & sans le Colōnel Ranzau qui soustint l'effort aues des troupes fraiches dans la tranchée, les nostres les eussent poussés iusqu'au quartier royal. A la retraitte nos gens eurent le

Attaque commēcée par Beaumont.

Beaumont tué.

loisir de despoüiller les morts & se charger de butin. Le corps de Beaumont qui parut d'vne personne signalée, fut apporté nud dans la ville, auec quantité d'armes & de vestements. Celuy qui le desuestit redit vne missiue treuuée dans les chausses de l'occis, qui fit connoître ce qu'il estoit. D'Agez Capitaine au regiment de Conty y fut tué d'vne grenade, la Tessonniere Lieutenant blessé d'vn coup de mousquet, & presque to⁹ les officiers, & plus de cent autres ou morts, ou mortellement atteints. Nous y perdimes huit tant soldats que bourgeois, & eusmes autant de blessés. Si tost que le Colonnel de la Verne aprit la condition du Sieur de Beaumont, il fit lauer le corps, le reuestir d'vne chemise blanche de toile de pris, & le porter dans vn cercueil à descouuert sur le cemetiere des Cordeliers. On disoit qu'il auoit protesté se preparant au combat, qu'il viendroit coucher dans la ville de Dole, & y prendre vne chemise blanche : mais il ne l'entendoit pas de la façon. Le lendemain matin le Prince fit passer vn tambour en la ville pour sçauoir des nouuelles de ce caualier, & aprendre s'il estoit mort ou prisonnier. On fit voir le corps au tambour, qui feignit ne le pas cõnoître, quoy que sa contenance dementit sa parole : il retourna par apres pour le repeter, & obtint qu'il seroit rendu ; il est vray que l'on demanda quelques pistoles pour le vin des soldats : surquoy, ou la

Son corps aporté dãs la ville.

Predictiõ de Beaumont verifiée contre son sens.

Le corps de Beaumont repeté, de-

LE SIEGE DE DOLE.

mesnagerie de trête pistoles, qui n'est pas croiable, ou la confusion de cette perte le nous laissa sur les bras: & comm'il fut recogneu Catholique par le chapelet & le liure de prieres qu'il portoit dans ses poches, le Sieur de la Verne le fit enterrer solemnellement. *laissé, & enterré*

Nous attédions dez le lédemain vn secód assaut, mais nous ne vismes durát trois iours que la continuation des canonades à trauers des edifices, & le fracas des bombes eslancées; l'ennemy se tenant pour tout le reste fort coy dans ses retranchemens, pendát qu'il disposoit les ordres pour vne attaque plus violéte, qu'il se promettoit aussi plus fortunée par accroissement de forces & d'appareil. Ce fut le quatorzieme de Iuin que le Prince de Condé commanda deux cés hommes du regiment de Picardie qui deuoit estre en garde, soustenus premierement de cent, & puis de deux cens autres du mesme regimét, & de cent de celuy de Nouailles, auec ordre au regiment du Duc d'Anguien de se tenir en armes prés de là, pour assister par tout où besoin seroit, en cas de desordre. Le tout deuoit estre códuit & commádé par le Marquis de Villeroy, qui auoit trié de chacune cópagnie du regiment de Picardie sept, presque tous officiers & gens de commandement, qui deuoiét marcher en front, armés de cuirasses, ródaches, coutelas, & demiespiques. Les guettes de nostre grand clocher s'eperceuant dez les *Aprests pour vn plus furieux assaut.* *Marquis de Villeroy chef de l'entreprise.*

quatre heures apres midy, que grand nombre de caualiers armés filoient dans les tranchées du costé d'Arans, & que de toutes parts se faisoient de grands aprests & remuëmens dedans le camp, ils firent sçauoir aux gardes du plat fond par le son d'vne clochette (ainsi qu'il leur estoit prescrit dez l'entrée du siege) qu'ils auoient quelque aduis d'importance à donner ; puis jetterent vn billet attaché à vne pierre, qui particularisoit les menées & contenances de l'ennemy. Le Sieur de la Verne l'ayant veu fit aussi tost mettre la soldadesque & la bourgeoisie en armes, chacun à son rendés-vous, & ayant renforcé la garde de la demie lune & de ces contrescarpes d'Arans, d'vne nouuelle compagnie, en rangea quelques autres pour reserue sur la place d'armes deuant la porte, & fit tenir prestes les munitions, auec force grenades à main, fleaux armés de pointes d'acier, maillets d'armes à lõgues hante, & autres instrumẽts de guerre : & les canons & canonniers en estat de bien faire, & generalement tout ce qui estoit requis pour receuoir & repousser puissammét les assaillans. On vit sur les cinq heures la caualerie Françoise & Allemande paroître en bataillons sur la colline de Plumont, pour animer par leur presence les entrepreneurs, estre spectateurs du cõbat, & accourir à la meslée s'il estoit besoin. D'autrepart les principaux Seigneurs & Chefs du camp se faisoiét veoir sur le tertre dispo-

Les assiegés se disposent à le soutenir courageusement.

Aprests des assiegeants.

fés en haye, comme pour prendre le contentemét du spectacle; & parce qu'on s'aperceut qu'il y auoit quelques carosses, on prit occasion de croire qu'on y auoit inuité iusques aux Dames, pour leur faire part de cette sanglante feste.

Le Marquis de Villeroy ne tarda gueres de faire aduancer ses gens & les pousser contre nos contrescarpes. En mesme temps deschargerét furieusement toutes les bateries, seruies & rechargées d'vne vitesse nompareille, & s'entresuiuans de telle sorte, qu'elles sembloient vn tonnerre continuel, outre les bombes, & quelques dragós volans composés de tissures de cordages poissés, & remplis de fusées & grenades, qui paroissoient tout en feu parmy l'air, afin d'embraser les maisons ou ils descendroient, & donner l'effroy au dedans. L'ennemy venant assaillir auec l'impetuosité ordinaire à cette nation, fut vaillamment soustenu & renuersé par les nostres qui l'attendoient de pied ferme. La charge recommencea plusieurs fois, par le renfort & secours de nouuelles troupes qui n'en eurent pas meilleur marché. Ceux qui estoient commandés de seconder les premiers pensans tourner alentour de la motte, & montans sur le penchant d'icelle pour venir serrer & couper nos combatans, furent si chaudement saluës d'arquebusades & mousquetades, par les bourgeois logés sur le bouleuard du viel chasteau, & sur la tenaille qui sert de flanc à

Attaque furieuse bien soustenuë.

Grād carnage des assaillans.

l'vne des faces, d'où ces assaillans estoient descouuerts à la montée, qu'on les voioit tomber l'vn sur l'autre. Ils se sentirent ainsi battus de flanc, & de front, par grenades, mousquets, piques, cailloux, fleaux, & marteaux, qui en faisoient vn grand carnage. Vn Religieux qui estoit à la meslée pour assister les mourans, racontoit auoir veu trois soldats François portés par terre d'vn seul coup de fleau ferré qu'vn de nos Esleus, paysant robuste & duit au maniment de semblables bastons, auoit décoché sur eux. Ce chamaillis fut opiniastré trois heures entieres, sans que l'énemy se treuast auoir gagné vn seul pouce de terre, mais bien auoir jonché toute nostre explanade des corps de ses morts; de sorte qu'il fut en fin contraint de se retirer auec vne extreme confusion, laissant la campagne couuerte de carcasses & de mourans. Durant ce combat acharné nos gens estoient continuellemét rafraichis par l'arriuée de nouuaux hommes, soldats, & habitans ensemble, d'vn courage égal, & par quantité de vin qu'on leur portoit à pleins seaux par la pouruoïance du Magistrat, & la liberalité des particuliers. On voioit nombre de femmes passer à trauers les soldats, & l'horreur des coups, auec vne hardiesse nompareille, aucunes chargées de pierres, les autres portans ce rafraichissement de vin à la soldadesque alterée, plus par la chaleur de cette furieuse meslée, que par celle de la saison,

Actions courageuses des fémes.

LE SIEGE DE DOLE. 137

la saison. Vne genereuse seruante qui portoit sur sa teste vn seau de vin que sa maîtresse enuoioit aux soldats, estát sur le chemin de la contrescarpe eut les deux iambes coupées d'vne bale du canon ennemy, & en mourut sur le champ apres auoir esté confessée & absoute: vne autre chargée d'vn cabat de pierres fut coupée par le milieu. Là parût vn prodigieux exemple de courage en vne femme de basse condition, mais vraïe Amazone, qui retournant de porter des pierres, & s'empressant pour en aller querir d'autres, rencontra ce piteux spectacle; & au lieu d'en prendre de l'horreur & de l'espouuante, recueillit les caillous que sa compagne auoit quittés auec la vie, & les reporta dans le gros au plus fort du conflict; tant le zele l'auoit animée & despüillée de toute aprehension d'autre peril, que de celuy de tomber entre les mains des ennemies de sa patrie & de sa liberté. Les nouuelles compagnies qui estoient cómandées d'aller soulager celles qui combatoient, s'y en alloient sautans d'vne alegresse nompareille, sans s'esmouuoir au rencontre des blessés & des morts que l'on rapportoit en la ville. La nuit termina ce memorable assaut, qui fut suiuy du son d'vn haut-bois que l'vn de nos fifres monté sur le rempart fit resonner vne Pauane Espagnole, & d'vn nombre de fusées que nostre canonier Allemand fit voler en l'air en tesmoignage de ioye; pendant

Alegresse en la ville à l'issuë du combat.

S

que l'ennemy s'en alloit regrettant son desastre. La perte de nostre costé fût de dix-sept soldats & trois bourgeois, & de neuf blessés. Le frere Eustache Capucin Lorrain, qui deffendit la Motte auec le Baron d'Iche son frere, estant lors retitré à Dole se porta auec l'espadon en main à la teste des nostres, & y fut atteint de deux mousquetades, l'vne aux rains, & l'autre au bras, qui l'obligerent de retourner en la ville; ou nonobstant la malignité des blessures, il en guerit trois sepmaines apres pour rentrer dans les mesmes exercices. Le Capitaine Georget se poussa si auāt à la teste de sa compagnie, qu'il fut atteint d'vn coup de pierre, qu'vn des ennemis pressé, luy porta sur la bouche & luy abattit quelques dents. Le Baron de Chastillon donnant parmy les caualiers armés qui marchoiét en front, fut frappé d'vn coup de pistolet dans la teste, de la violence duquel il fut si longuement malade, qu'il ne pust, à son extreme regret rendre les preuues de sa generosité pendant le reste du siege, & eust grande peine de se remettre long temps apres la deliurance. Le Capitaine des Gaudieres treuua plus d'heur dans vne valeur égale, s'estant plusieurs fois jetté à trauers les ennemis, il en retourna sans blessure,

Frere Eustache d'Iche Capucin blessé.

Perte des assiegeās.

L'ennemy compta de son costé plus de deux cés morts & plus de cent blessés; & ce qu'il regretta d'auantage, y laissa presque tous les officiers du re-

LE SIEGE DE DOLE.

giment de Picardie : La Burguiere Sergent Maieur; Montbasin, Plessis barbé, le Fresne, & la Renouilliere capitaines; la Brousaille Lieutenant colonnel, Blanquefort, & la Plume d'Orsigny Lieutenans; Philatre Enseigne; & grád nombre d'autres gens de cómandement & de marque. Le tambour du camp qui vint le lendemain pour traitter de l'enterrement des morts, nous aduoüa que cette occasion leur auoit enleué quatre Capitaines, trois Lieutenans, trois Sergens, & des Caporaux sans nombre, dequoy comme nous tesmoignions de l'sbeïssement, il descouurit que ceux qui auoient soustenu le choc estoient quasi tous officiers triés de toutes les compagnies. Ie ne puis obmettre de raconter ce que ie remarquay, dez vn endroit assés auantageux, & peut-estre assés perilleux du répart, ou ie m'estois placé pour iuger des coups, de la valeur du Pere Barnabé de Dole Caqucin, ie le vis manier d'vne promptitude & asseurance nompareil l'espée de Saint Paul, & la clef de S. Pierre. Durát les escarmouches plus acharnées il paroissoit comme vn Cæsar la halebarde à la main au plus haut de la contrescarpe, s'opposant aux efforts des aduersaires, & encourageant les nostres & d'exemple & de paroles : & dez qu'il s'aperceuoit d'vn blessé, quittant cette entremise, il se jettoit en celle de la pieté pour l'oüir en confession, & luy donner l'absolution, & les adresses à bien mourir. Il estédit

Valeur & pieté du Pere Barnabé Capucin.

cette charité aux François mesmes, qu'il hayssoit cóme ennemis de son Roy,& de sa patrie,& aimoit comme Chrestiés; procurát la vie de leur ame aussi genereusemét que la mort de leurs corps. Vn caualier François fort bon Catholique, selon qu'il tesmoigna, eût ce bon-heur d'estre sur le cháp entédu en cófession & absous par luy. Le gétil-hóme apres cette courtoisie spirituelle, luy demáda la téporelle, le priát de luy faire dóner quartier,& le códuire dás la ville pour y estre pansé de ses playes. Il ne luy refusa point cette grace,& en supplia bié instámenr vn officier des nostres, qui eschauffé de l'ardeur de combatre, luy respódit, *Mõ Pere vous aués fait vostre deuoir, permettés que les soldats facent le leurs* surquoy l'vn des soldats qui suiuoit l'officier, osta ce qui restoit de vie à ce caualier, à l'extreme regret de ce bon Pere qui trauailloit pour le sauuer tout entier.

Tresue pour retirer les morts.

Le lendemain le Prince demanda tresue, qui fut accordée pour trois heures seulement, afin de retirer & enterrer les morts. Nous leur en vismes leuer soixante & dix, d'où nous conjecturâmes le grand nombre des autres, qui auoient esté emportés au temps mesme de l'assaut,& pendant la nuit ; ou qui estoient allés rédre l'ame plus loing. Ie mets à part le nombre de ceux qui languirent encor quelques iours : ayant esté remarqué de part & d'autre, que par certaine corruption d'air, ou malignité de cóstellations, les playes estoient accompagnées d'vne

LE SIEGE DE DOLE.

telle disgrace, qu'elles se rendoient presques toutes mortelles à la longue, nonobstant la diligence des medecins & chirurgiés, voire mesme celles qui paroissoient legeres à leur cōmencement: de sorte que fort peu recouuroient leur parfaite santé. Cela fit soubçonner à plusieurs que les assiegeás empoisonnoiét leurs bales: & de vray on en réncontroit aucunes, qu'on m'a fait voir, creusées & réplies d'Arsenic, & quelques carreaux d'acier auec des pieces de plomb de differétes & extraordinaires figures, qui sembloient auoir esté battuës ou pour couurir ce qui estoit malicieusement fourré dedás, ou pour en rendre les atteintes plus cruelles. Mais pour ne rien asseurer en vne affaire assés douteuse, & que ie ne veux pas croire auoir esté commádée, il est certain qu'il y auoit des causes pl^9 generales & superieures: Car plusieurs qui n'auoiét que la chair entamée de quelques esclats de pierres, ou d'autres semblables accidens, apres auoir languy quelques iours, tomboient en fieure & y succōboient. Pendant la suspension d'armes, quelques hōnestes gens de la ville soldats & bourgeois, sortirent par curiosité, pour auoir le contentemét de voir les ouurages des assiegeans, & s'entretenir auec eux. Ils beurét & s'esgaierent par ensemble, & dirét mille bons mots. Sur les vanteries d'vn brauache François qui se flattoit de l'esperáce d'éporter la ville dás huit iours, & tout le Pays dans six sepmaines: vn ieune hōme des nostres

Playes se rendoient presque toutes mortelles.

Entreueiies des assiegeans & assiegés & leurs railleries.

S 3

luy montrant ce petit coin, qui auoit esté arrousé de tant de sang; luy repartit. *Consideres, Monsieur, la grandeur de ce lambeau de terre, & vous imaginés combien il y en peut auoir de semblables en toute l'estenduë de la franche-Comté; & sur cela prenés à la bonne heure la plume & les gets en main, pour calculer combien vous coustera d'hommes & de temps la conqueste de tout le Pays: car ie vous puis asseurer, que tous les pieds de terre vous seront autant vaillamment contestés, que celuy que vous tentastes aussi mal-heureusement qu'inutilement hier au soir.* Auec de semblables entretiens se passa cette courte trefue; laquelle finie on recommencea de se piquer plus dangereusement à belles mousquetades, dont vne venant du dedans blessa mortellement au visage le Colonnel Ranzau, pendant qu'il s'amusoit sur les tranchées à discourir auec le grand Maistre de l'artillerie.

C'est merueille combien cet heureux succes releua le courage de nos soldats, & raualla celuy des François. Nous commençâmes à les mespriser, & eux à nous craindre. Iusques lors ils s'estoient contentés de fortifier leurs quartiers, & creuser leurs tranchées d'aproches, mais se voians si souuent & si gaillardement reueillés, & recherchés dans leurs ouurages, ils penserent à se mieux couurir, & connurent qu'il falloit du temps pour voir nos murailles, plus qu'ils n'en auoient compté pour les auoir, & pour sousmettre toute la Prouince à leur

domination. Ils deſſeignérent trois ou quatre re- *Aſſiegeās*
doutes aux entrées de leurs aproches, pour tenir *ſe fortifiēt*
leurs ſoldats enfermés, & hors de danger d'eſtre *contre les*
ſurpris par nos ſaillies; & ſe reſolurent de gagner *ſaillies des aſſiegés.*
le foſſé pied à pied par galeries; pendant que l'ar-
tillerie & les bombes continueroient de deſoler la
ville, & reduire (comm'ils croient) la bourgeoiſie
au deſeſpoir. Ils pointérent iuſques à cinq batte- *Batterie*
ries, deux à la porte d'Arans, deux à celle de Be- *en ruine*
ſançon, & vne cinquieme delà l'eau, qui toutes *redoublée.*
viſoient ſans ceſſe au clocher, à l'Egliſe, & aux ba-
ſtimens particuliers, qui çà qui là. De la frequence
des coups & de leur peu d'effect, naſquit le peu
d'eſtime, & la riſée. Le peuple qui voioit que les
bales ne faiſoient que percer les toits de leur groſ-
ſeur diſoit par raillerie, que les François vouloient entrer dans la ville par les lucarnes des greniers; les petits enfans couroient par les rües pour
eſpier la portée des coups, & auec de grands huées
alloient à la cherche des boulets. Il eſt vray que la
ruine de la grande tour noſtre Dame donnoit au *Le grand*
cœur des habitans, parce que c'eſtoit le plus beau *clocher*
& le plus apparent ornement de la ville, d'vne *de la ville*
ſtructure extremement gaye & mignarde, & de *battu.*
telle hauteur, que nonobſtant les inegalités du ſol
de la Prouince, qui ſe diuerſifie en continuelles
vallées & collines, elle faiſoit voir le haut de ſon
dome à plus de dix grandes lieües. Les aſſiegeans

pour se purger du blasme d'impieté en l'attaque obstinée de ce clocher ; nous vouloiét faire croire, qu'il nous seruoit de caualier, pour les offenser auec des fauconneaux & mousquets à crochet. Le Sieur de Lambert se seruit de cette excuse auprès de quelqu'vn des nostres, & luy promit sur son honneur, que si nous cessions de tirer sur ses gens dez cette tour, il feroit arrester les batteries qu'on y auoit contrepointées. Ils n'estoient pas si mal informés de nos affaires, qu'ils ne sçeussent bien, qu'en ce clocher on n'auoit iamais dóné coup que de cloche : & c'estoit ce qui les picquoit ; parce que cette eschauguette esclairoit toutes leurs allées & venües, & aux occasions donnoit l'alarme si à propos, & auec telle distinction des coups, que tous ceux de la ville sçauoient en mesme temps, si l'ennemy s'aduanceoit ou reculoit, & de quel costé ; & encor par certains drapeaux de defferentes couleurs, arborés ores d'vne part ores d'autre, signaloit l'infanterie, ou la caualerie qu'il descouuroit. Ils s'estoient encor imaginés que les citoiens portoiét vne si grande amour à cette piece, qu'ils s'oublieroient d'eux-mesmes pour la conseruer.

Cause de la ruine du clocher.

La rage des bombes, dont on entendoit bondir dix-huit ou vint par iour, estoit pour donner plus de terreur & de desespoir à des ames moins determinées, pour l'effroyable rauage qu'elles faisoient aux maisons, & aux ruës. Il en cheût vne deuant
la mai-

LE SIEGE DE DOLE. 145

la maison de ville, qui se brisant en pieces démembra cinq personnes de consideration, le Capitaine de Legnia, son Sergent, le Chanoine Sachaut tresvertueux Ecclesiastique, & deux vaillás bourgeois, qui tous furent tellement des-figurés en vn moment qu'on auoit peine de les reconnoître; leurs membres, leurs sang, & leurs cerueaux se treuuérent espars en diuers endrois, & le front de la maison tout sanglant iusqu'au plus haut du premier estage. Vne autre renuersa la faciade d'vne maisonnette de bois, & la coucha tout à plat dans la ruë; vne troisieme mit encor le feu ce iour là, dans la maison d'vn aduocat, & l'eust embrasée si la diligence des voisins n'y eust remedié. Il arriua peu de iours apres que la Damoiselle vefue du Sieur de Marsilly, aprehendant que le logis qu'elle auoit choisy pour retraite ne fust trop foible pour resister à vne si prodigieuse violence, voulut se mettre en plus gráde seureté dans la maison de la Chambre des comptes; & obtint d'y pouuoir coucher auec deux siennes filles en vn cabinet vouté. Elle courut, comm'il arriue souuent, à son desastre en le fuïant; car vne de ces grenades infernales, qui fondit vn matin sur cette maison du Roy, perça la voute, & la tua dans son lit, auec vne de ses filles; l'autre fut si adroite, ou si heureuse, qu'entendant le coup de la cheute, elle sauta hors de sa couche & se garantit. Le Magistrat s'aduisa de faire vn

Effets effroyables des bombes.

T

Vœu à l'Ange tutelaire de la ville.

vœu solemnel à l'Ange tutelaire de la ville; & dez lors on entédit fort peu de pareils accidens sur les hommes, quoy que le rauage ne fust pas moins horrible sur les bastimens. Tout cela causoit plus de regret que de crainte. La viue aprehension de perdre sa Religion, son bon Roy, & sa liberté auoit tellement occupé toute la capacité de l'ame des citoiens, & particulierement des Commis au gouuernement & du Magistrat, qu'elle ne laissoit plus de place en l'imaginatiue pour toute autre frayeur. Si quelqu'vne de ces bombes tomboit si fauorablement, comm'il est arriué à plusieurs, que la fusée s'estouffast d'elle mesme en brisant par la cheute, & laissast le vase entier, sans auoir fait autre dommage que par l'effort de sa pesanteur; on la portoit aussi tost offrir deuant le Saint Sacrement, deuant les images de nostre Dame, à Saint François, à S. Ignace, ou autre lieu saint, selon la deuotion des particuliers: Tous les plus celebres autels & les enuirons d'iceux estoient bordés & parés de bales, & de fragmens de ces despoüilles de l'enfer; les plus entieres estoient reseruées en l'Arcenal, pour en seruir aux occasions ceux qui les auoient enuoyées, & les battre de leurs propres armes. Il ne faut pas douter que les femmes ne fussent merueilleusemét effrayées, au bruit de ces coups foudroians, & que plusieurs d'entr'elles ne se jettassent dans les caues, pour y chercher du couuert & de l'asseurance. Les

LE SIEGE DE DOLE.

homme plus determinés faisoient la sentinelle en ruë, & entendans tonner le coup, puis descouurans la bombe en l'air, iugeoient à peu pres où elle deuoit fondre, & crioiét à haute voix, *Garde la bombe*, signalans l'endroit qui en estoit plus apparemmēt menacé, afin que chacun choisist pour bouclier quelque massif qui pûst resister à ce funeste quarreau.

Entre plusieurs artifices, que l'on s'alloit fantasiant pour y opposer, les vns par des matieres molles & fleschissantes, afin d'amortir le coup en luy cedant; les autres par des forces redoublées, pour l'arrester en luy resistant puissamment : le plus solide & impenetrable pauois fut iugé celuy de la protection de Dieu, à la prouidence duquel plusieurs s'abandonnoient, resolus de receuoir de sa main, ou le salut, ou la mort mesme. Les gens d'honneur, hommes & femmes se confessoient & communioient de huitaine à autre ; & ne passoit iour de la sepmaine, qu'on ne vist la sainte table entourée de personnes pieusement affamées de ce salutaire banquet, duquel on voioit sortir les soldats tous alaigres, pour se porter immediatement de là aux plus perilleuses occasions. On ne peut nier sans impieté que les effects de cette Diuine faueur ne fussent visibles. De cinq cens bombes jettées dans la ville, à peine y eut-il vint hommes tués, ou offensés en leurs corps, quoy que plus de

Recours premier de la ville de Dole à la protection de Dieu.

Effects de cette protection.

L 2

deux cens maiſons en ayét ſouffert des bouleuer-ſemens incroiables. I'en ay veu cinq percer, ou effleurer mon logis lors habité de plus de trente perſonnes, & y faire des rauages qui ſurpaſſent la creance, ſans qu'vn ſeul y perdiſt vn cheueu de teſte. Cent & cent autres en peuuent dire dauantage. I'adiouſteray ſeulement que celles qui déco-choient leur fureur ſur les Egliſes, faiſoient des miracles à la ruine des choſes inanimées, mais à la conſeruation des hommes; & ſpecialement au reſpect des images de la Vierge immaculée; dont toutes les maiſons Religieuſes qui ſont en nombre de dix, cinq d'hommes, & cinq de femmes dans l'enclos des murailles, peuuent produire chacune ſon particulier reſmoignage. Ie me contenteray d'en toucher peu des plus remarquables. Vne de ces bombes s'abattit ſur la chapelle de Saint Yue en l'Egliſe des Peres Cordeliers, perça la couuerture, & enfonça quelques pendans de la voute au deuant de l'image de noſtre Dame, & neantmoins rejaillit en dehors ſur le cemetiere voiſin. Vn bon Pere qui celebroit la Meſſe en l'autel de cette chapelle, eſtoit retiré au coin de l'Eſpitre, pour y lauer ſes mains, auec le frere qui le ſeruoit, au meſme temps que les quartiers de la voute tomberent tout au coin de l'Euangile, où il euſt eſté aſſommé, ſi Dieu ne l'euſt fait eſcarter au moment de cet accident. Le peuple, qui eſtoit fort preſſé dans

Merueilles en la conſeruation des images de la Vierge & de ſes deuots.

LE SIEGE DE DOLE.

cet oratoire, eschapa non moins heureusement, par le moyen des balustres qui le tenoient eslongné de l'autel. Cependant la fusée de la bombe qui estoit sautée dans le cemetiere se consommoit à la veüe d'vne pauure villageoise innocente, qui paissoit des bestiaux, & s'amusoit à contempler la beauté de la flamme que ce pot de fer dardoit en l'air; quand tout à coup elle le vit horriblement esclater à l'entour de soy, lancer ses quartiers aux nües, briser toutes les vitres de la chapelle & de quatre autres qui la suiuent, & remplir toute la place de feu, de fumée, & de poudre. La pauurette, qui s'estoit venüe exposer comme vn moucheron au brillant de ce falot, merita d'estre preseruée par le Protecteur des ames simples, & demeura portée par terre sans autre lesion. La merueille parut plus grande dans la chapelle qui sert d'Eglise aux Carmelites. Elles faisoient des prieres de quarante heures, & auoient exposé le tres-auguste Sacrement sur l'autel, & paré l'oratoire de tout ce que leurs petites commodités & leur pieuse industrie leur auoit fourny. Sur les six heures du soir du vint-huitieme de Iuin, vne bombe vint donner sur ce deuot lieu, qui n'est qu'vne chambrette d'enuiron dix-huit pieds communs de largeur, & trente de longueur, & enfonçant le toit & le lambris, cheût entre deux ieunes escholiers de l'aâge de treize à quatorze ans, l'vn fils de l'Au-

Simplicité d'vne paysane fauorisée du ciel.

Accident miraculeux en la Chapelle des Carmelites.

T 3

diteur des comptes Moreal, & l'autre de l'Aduocat Baquet, qui prioient à leur tour en grande modeſtie, à genoux ſur le marchepied de l'autel au dedans des baluſtres; ainſi que faiſoit hors d'icelles la Dame mere du Baron de Chaſtillon Capitaine au regiment de la Verne, & deux autres qui eſtoient entrés en la chapelle pour ſalüer le Saint des Saints. La bombe ne tarda gueres à s'embraſer & eſquarteler d'vne telle furie, que tout l'autel en fut bouleuerſé & mis en pieces, le ſacré ciboire & les eſpeces meſmes du Sacremēt briſés & peſlemeſlés auec les ruines du plancher & du couuert. La grille de fer qui fermoit le cœur arrachée & tirée de ſa place, la tapiſſerie, les linges, les ornemens d'autel, les images, les vitres, les baluſtres, la menuiſerie, & generalement tout ce qui eſtoit dedans, froiſſé, decoupé, & deſchiré en menus lambeaux. Le chœur meſme qui eſtoit d'autrepart fut ſi violemmēt agité, que les pauures Religieuſes qui faiſoiēt leurs prieres furent pouſſées & portées l'vne deçà, l'autre de là, toutes eſperduës dans cette effroiable confuſion. Et parmy tout cela les deux ieunes hōmes, la Dame de Chaſtillon, & les deux autres qui ſe treuuerent engagés dans la chapelle demeurerēt ſains & ſauues ſans aucune ſorte de leſion, ne pouuans pas dire eux meſmes au partir de là, en quelle poſture ils s'eſtoient mis pendant l'orage. De toutes les images qui eſtoient eſtalées en l'oratoire furent seulement conseruės deux tableaux de la sacrée Vierge, l'vn sur l'autel, & l'autre à costé, au deuant duquel esclairoit vn flambeau particulier pour l'opinion qu'on auoit déja conceuë que Dieu auoit operé d'autres miracles en faueur de ce deuot pourtrait de sa sainte Mere. On ne sçait par quelle inspiration le ieune homme qui en estoit le plus voisin, s'escria que la belle Vierge n'estoit point perduë, qu'elle estoit entiere, & qu'il la tenoit serrée entre ses bras; bien que la verité fust qu'il ne l'auoit pas aprochée. Au bruit & à la grosse nuée de poudre que semblables coups auoient coustume d'esleuer en l'air, tout le voisinage y accourt, & auant tous autres les parens de ces ieunes enfans, qui les tenoient pour acrauantés & moulus. On descouure en diligence les masures sous lesquelles on treuue tout en morceaux, à la reserue seulement de ces deux images, & de ces pieux adorateurs de la Sainte hostie. Quelques Peres Iesuites & Capucins y arriuent auec plusieurs autres, & recherchent auec vne extreme curiosité les fragmens des especes sacrées, & n'en recontrent qu'vne seule piece, qui portoit encor empreinte l'image entiere du Crucifix, & fut transportée en l'Eglise des Iesuites. On fit ouurir la veine à l'vn de ces petits escholiers, crainte que le violent esbranlement ne luy eust troublé la substance du sang, l'autre ne voulut pas souffrir ce remede, disant qu'il le falloit garder pour vne plus preſſante occaſion, puis que la premiere ſaignée ſauuoit la vie. Le lendemain on les vit tous deux en la rüe joüer & s'eſgaier auec leur alegreſſe acouſtumée, & de fait ils ne ſe ſont iamais mieux portés, non plus que les autres qui auoient couru la meſme fortune. Ceux qui meditoient ſur cette merueille admirans la cóſeruation des images de la glorieuſe Vierge, & des hommes, au milieu du debris de tout le reſte; & que le ſacré ciboire & les eſpeces meſmes de l'hoſtie conſacrée n'auoient pas eſchappé le fracaſſement, diſoient que Dieu auoit voulu prendre l'iniure à ſoy, & s'en reſeruer la vengeance.

confiance de toute la ville à l'hoſtie miraculeuſe.

C'eſtoit la commune creance de la ville que le Saint Sacrement la protegeroit contre l'ennemy, qui l'auoit inueſtie pédant l'octaue dediée à l'honneur de ce Miſtere ineffable; duquel la tres-auguſte maiſon d'Auſtriche releue ſes grandeurs & proſperités, comme de la ſource ineſpuiſable de tout bon-heur. L'hoſtie miraculeuſe ſe preſentoit à nos yeux, comme vn bouclier impenetrable au fer & aux flammes, enuoyé du ciel pour Diuinité tutelaire de la ville. On auoit fait imprimer des billets benis & ſanctifiés par l'attouchement du ſacré-ſaint reliquaire, que chacun prenoit pour marques de ſalut. Il n'y auoit vne ſeule maiſon où l'on ne viſt vn de ces bulletins affiché aux portes, contenant les mots ſuiuans. LOVÉ SOIT ET ADORÉ

LE SIEGE DE DOLE.

ADORÉ LE TRES-SAINT SACREMENT DE MIRACLE CONSERVATEVR DE LA VILLE DE DOLE. La Sainte Chapelle estoit remplie de peuple dez le matin iusques à la nuit: les Dames s'y retiroient au son des alarmes, comme dans vn donjon inexpugnable, & y perseueroient en prieres iusqu'au retour de la tranquillité: elle estoit continuellemeut ardante de telle quantité de flambeaux de cire blâche, qu'on auoit peine de croire qu'vne place assiegée en pust tant & si longuement fournir. La sainte Messe y estoit celebrée côme vn sacrifice sans relasche, dez la pointe du iour iusqu'apres midy: & falloit que le Prestre qui vouloit succeder à vn autre pour effrir le diuin holocauste, vinst gagner le coin de l'autel à bonne heure reuestu de ses ornemens sacerdotaux, auant la Messe acheuée, s'il ne vouloit estre preuenu par vn troisieme: & quoy que la presse des assistans y fust tousiours extreme, on n'a iamais veu homme ny femme s'esbranler ou mouuoir de sa place, pour bombes ou canonades qui tonnassent aux côtours de cette Chapelle, qui leur sembloit vne Cité de refuge, & vne forteresse inebranlable. La pluspart des soldats & citoiens portoient attaché sous le reuers du pourpoint à l'endroit du cœur, vn petit roleau qui comprenoit en peu de mots l'adoration de l'Eucharistie, la veneration de la Vierge, la profession de la foy de l'Eglise vniuerselle, & la pro- *Denots billets que les soldats portoient.*

V

testation de viure & mourir Catholiques. Les François qui treuuerent de semblables billets sur les corps d'aucuns de nos soldats, qui s'estoient trop courageusement engagés dans les tranchées & y estoiét demeurés morts, en firent des discours fort differends. Les Religionnaires publioient malicieusemét, que la ville estoit peuplée de sorciers, qui se chargeoient de breuets pour se rédre inuulnerables. Vn de leurs chefs abreuué de ce mauuais bruit, dit à l'vn de nos officiers, qui alloit retirer quelques morts, qu'il deust aduertir les soldats de ne se plus fier à leurs caracteres, qui n'auoient pas sauué la vie à ceux-cy. L'officier repartit aussi Chrestiennement que genereusement, *Que les billets que nos gens portoient n'estoient pas pour garder de mourir, mais pour garder de mal mourir.* Les Catholiques s'offensoient de la creance que nous prenions de combatre pour la foy, & s'en piquoient à bon escient. Mais ils deuoient prendre garde, que partie de leur armée estoit composée d'heretiques; que tous leurs alliés estoient de cette farine; qu'ils auoient desolé des milliers d'Eglises aux Pays bas, & en Allemagne : & qu'aucune ville Catholique n'auoit embrassé le party François, qu'elle n'eust ouuert la porte au presche, en faueur des aduersaires de nostre sainte Religion. De vray la viue aprehension d'vn semblable mal-heur dónoit de puissantes impressions, en vn Pays où les sujets

Le iugement qu'é font les ennemis.

Aprehension de ceux de Dole de

LE SIEGE DE DOLE.

succent auec le lait l'horreur de l'heresie, & en vne ville où ce crime ne s'expie que sur vn eschaffaut. Il n'y auoit celuy qui ne choisist plustost mille mors, que de suruiure pour voir profaner les autels, & entendre des blasphemes vomis côtre le tres-adorable Sacrement, la Vierge immaculée, & les bien-heureux citoiens du ciel. L'exemple de Boisleduc, de Mastric, de Tirlemont, de la Lorraine, de l'Alsace, & de toute l'Allemagne, les instruisoit assés qu'il ne falloit pas confier sa foy, à ceux qui l'auoient violée à Dieu & aux hommes. *perdre leur Religion.*

De là procedoit l'ardeur de combattre, la confiance, & le mespris de la vie. Le Colonnel de la Verne auoit plus de peine de retenir ceux qui se pressoient pour aller aux sorties & aux assauts, qu'à les y pousser. Ce zele ne les portoit pas seulement à ne point craindre, mais encor à desirer la mort, pour la deffense de leur Religion. On a sçeu par le fidele rapport des Peres spirituels, qui ont assisté les blessés iusqu'au dernier soufpir. Que c'estoit chose rare, que d'en rencontrer vn qui plaignist la perte de sa vie: plusieurs simples soldats que les blessures conduisoient au tombeau, estans interrogez par leurs Confesseurs, s'ils prenoient la mort en gré, respondoient genereusement, *Qu'ils ne souhaitoient pas la guerison, si ce n'estoit pour receuoir vne secondes fois des playes mortelles, pour la cause de Dieu* *constance des soldats blessez à receuoir la mort.*

& *de leur* Roy. Le sexe le plus infirme se ressentoit de cette commune generosité, ce n'estoit que l'ordinaire de voir les femmes de qualité presenter elles mesmes au son du tocsin, les armes à leurs maris, à leurs enfans, à leurs freres, puis s'en aller aux Eglises prosterner deuât la Sainte hostie, pour combattre par leurs prieres, pendant que les hommes menoient les mains contre leurs ennemis. Deux personnes de creance & d'authorité asseurét qu'en la plus furieuse attaque qui fût donnée à la porte d'Arans, ils reconnûrent deux femmes desguisées en hommes qui estoient sorties auec l'arquebuse, & qui se meslerent en l'escarmouche. On a veu souuent la femme d'vn Aduocat tirer dez dessus la muraille force mousquetades sur l'ënemy.

Les assiegeans en perdoient cœur & côtenance, & ne pouuans assés comprendre la valeur des assie-gés, l'appelloient rage. On a veu des lettres surprises, que deux gentils-hommes escriuoient dez le camp à leurs amis en Prouence; l'vne parloit en cette sorte. *Nous voicy dez quelque temps deuant Doles les assiegés se deffendent en Diables, & nous tiennent en telle aprehension, que nous sommes contrains de bastir des forts tous enceints de fossés, pour nostre retraite & asseurance: tellement qu'il est mal-aisé de dire, si nous assiegeons, ou si nous sommes assiegés.* L'autre disoit. *Il y a six sepmaines que nous assiegeons Dole, & il y a bien de l'apparence que nous ne sommes gueres prés de la fin de nos*

Ennemis admirent la valeur des assiegés.

LE SIEGE DE DOLE. 157

efforts. Mon Cousin desire d'y venir. C'est à la verité vn champ de gloire ; mais qu'il ne se presse pas tant, encor nous y treuuera-t'il d'icy à vn mois ; et y rencontrera dequoy moissonner. Ie ne sçay quel impie, duquel la missiue cheût entre les mains des coureurs de nostre armée du dehors, mandoit à Paris. *Ce siege de Dole ne me promet rien de bon. Si Dieu estoit neutre, nous pourrions esperer quelque chose : mais puis que Dieu, & le Diable sont contre nous, ce n'est pas de merueille si nous n'aduançons rien.*

Nous estions bien aduertis de ce qui se passoit au camp, & par les prisonniers qui nous tôboient souuent entre les mains ; & par ceux des troupes ennemies qui se venoient volontairement jetter entre nos bras, comme firent plusieurs Lorrains ; & quelques François encore; qui ne nous donnans pas des raisons assés fortes pour nous persuader qu'ils eussent changé le party de leur Souuerain pour celuy de son aduersaire, & le sejour d'vn camp libre & abondât en toutes choses, pour celuy d'vne ville enfermée & disetteuse, sans quelque dessein de nous nuire ; estoient gardés estroittement à fin d'en tirer tout le bien que nous ne pouuions attendre, & en destourner toutes les pernicieuses prattiques, que nous en pouuions aprehender. Les paysans qui eschapoient de l'esclauage & de la tirannie des ennemis, nous racontoient beaucoup de particularités, de l'assemblage desquelles nous

Les assiegés cóme le gouuernét enuers ceux qui viennent du camp François se rendre à la ville.

V 3

formions des veritables consequences. Mais pour en tirer plus de certitude, & donner à connoître nostre estat à ceux dont nous attendions quelque remede à nos maux ; nous faisions sortir chacune sepmaine deux ou trois messagers, afin d'informer le Marquis de Conflans & le Conseiller de Beauchemin dans l'armée ; & le Conseiller de Champvans à Gray, de toutes nos fortunes & disgraces, & leur prescrire ce qu'ils auoient à faire pour le soulas de la place. Nous eûmes en cela du bonheur, car de plus de trête voyages que nous fismes faire pour porter lettres par six differentes personnes, il n'y en eut qu'vn, qui fut saisy par les assiegeans au quart ou cinquieme voiage ; tous les autres passerent & retournerent heureusement. Le Procureur General Brun auoit pris à sa charge le soin des rescriptions, chiffremens, & deschiffremens, instructions, adresses, & reconnoissances des messagers, & autres affaires secrettes : à quoy il trauailloit auec vne adresse & diligence nompareille, & auec non moins de bon-heur : ce que ie tiens auoir esté l'vne des pieces plus importantes de nostre heureuse deffense. Il fut soulagé en ce trauail par le Sieur de Saint Mauris d'Augerans, qui prenoit des peines extremes à conduire les messagers, souuent iusques hors des tranchées de l'ennemy. Les Chefs de nostre armée & de nos autres places, ne connoissans pas si bien nos aue-

Assiegés font sortir force messagers pour porter leurs nouuelles.

LE SIEGE DE DOLE.

nûes, & les logemens de l'ennemy, ne peurent iamais treuuer ouuerture pour faire entrer de leurs nouuelles dans la ville, que par le retour de nos porte-lettres, qui à deux diuerses fois ramenerent quand & eux des officiers, enuoyés pour estre tesmoins oculaires de la disposition du dedans & du dehors, & depositaires des intentions de l'Archeuesque & du Parlement, qu'ils reporterent fidellement aux nostres.

Le Marquis de Conflans & le Coseiller de Beauchemin qui le seconda tousiours, selon l'ordre qu'il en auoit, ne s'estoient pas oubliés de donner aduis du siege par diuers courriers au Cardinal Infant, au Roy d'Hongrie, au Duc de Lorraine, au Gouuerneur de Milan, au Comte Galasse Lieutenant General des armées Imperiales, aux treize Cantons des Suysses, & à tous autres desquels nous pouuiós nous promettre de l'assistance & de la faueur. Cependant le Marquis pouruoit au mieux qu'il luy est possible à la seurté des places, met garnison par tout où il le iuge necessaire; & fait conduire par le Sieur de Mandre le ieune huit cens fantassins en la Cité de Besançon. Il luy restoit peu de gés pour faire corps d'armée, moins d'argent, & point de munitions de guerre. Il se resolut de faire place d'armes aux montagnes en la vallée d'Ornans, où il inuita les principaux Seigneurs & les Deputés des Estats de se rencontrer, afin de pouruoir en

Deuoirs du Marquis de Conflans pour auoir d'el'aide.

Ce qu'il fait pour assembler les troupes du Pays.

semble à toutes ces necessités. La noblesse accourt aupres de luy; il donne diuerses commissions pour leuées; il fait repasser les officiers tant de guerre que de iustice & police, chacun à son deuoir, pour l'execution de ses ordres; & par vn singulier bonheur, il voit en peu de iours ioindre toutes les forces du Pays auprès de soy, sans estre coupées cōm'il auoit iustement aprehendé, par les troupes détachées du camp François, qui couroient de toutes parts, auec caualerie, infanterie, & legers canons. Les villes contribuent à qui mieux, hommes, cheuaux, armes, & argent. Les Commis des Estats trauaillent d'affection pour assembler deniers & viures par emprunts, & impositions. Il enuoie en Suisse pour auoir des prouisions de guerre, qui furent accordées & achetées; mais par puissantes menées & oppositions de l'Ambassadeur de Fráce, le passage en fut longuemét trauersé. Le gros estat assemblé il prend conseil, non pas d'attaquer l'ennemy, dont il ne croioit pas ses forces capables, ny de l'obliger à leuer le siege, mais de l'empescher d'entreprendre sur les autres places, maintenir la Cité de Besançon, & la ville de Salins, si elles estoiét assaillies, tenir la noblesse vnie en vn corps d'armée, & receuoir le secours qu'il esperoit du dehors. L'Archeuesque & le Parlemét le pressoient de s'aprocher de l'ennemy, sinon pour le cōbatre, du moins pour l'incommoder, & l'obliger de se

Commis des Estats trauaillét pour treuuer argét.

reserrer

LE SIEGE DE DOLE.

referrer dás son cáp,& luy enleuer s'il eſtoit poſsible quelque quartier; mais il aimoit mieux temporiſer auec aſſeurance que haſarder auec peril: quoy que pour ne dégoûter les aſſiegés, il leur dônaſt ſouuét des eſperáces de les venir ſecourir au premier iour.

Sur cela le Baron de Sauoyeux retourne d'aupres du Roy d'Hongrie, & en rapporte des lettres pleines d'amour,& d'aſſeurance de prompt ſecours; que le Cōte Galaſſe, & le Marquis de Caſtagneda Ambaſſadeur du Roy aupres de S. M. d'Hongrie promettoient de procurer & d'auancer. *Le Roy d'Hongrie promet du ſecours.*

Le Conſeiller de Champuans qui eſtoit à Gray, auoit eu aduis que l'ennemy tiroit de Langres du canon & des munitions de guerre, pour renforcer le ſiege de Dole; il en aduertit le Marquis de Conflans, qui détache trois cens cheuaux des meilleurs de ſon armée, & les enuoye ſous le commandemét du Sieur de Mandre le ieune, pour aſſayer de ſurprendre & rōpre ce conuoy ſur le paſſage. Mandre ne rēcontre pas, mais au retour ſurpr̄t le chaſteau de Beaumont ſur Vigenne, dōne la curée du butin à ſa troupe, & quitte cette place, qui n'eſtoit pas bonne à garder par ſa caualerie, laquelle d'ailleurs eſtoit atteduë & neceſſaire au camp, emmenét pluſieurs priſonniers au lieu de Gray, & entre autres les enfans du Cōte de Beaumont. Le Prince de Condé qui le ſçait auſſi tost, en eſcrit au Conſeiller de Champuans, ſe plaint de cette entrpriſe, & menace. *Surpriſe du chaſteau de Beaumōt*

Le Prince de Condé s'en plaint & menace

X

Que si l'on ne la repare, & qu'on ne rende les enfans au Pere, il vengera cette iniure au centuple. Le Conseiller de Champuans luy respond, *Que cette suprise est de bonne guerre, dont S Altesse n'a pas sujet de faire plainte, mais bien luy auec toute la Prouince, des embrasemens, meurtres, rauages, & horribles cruautés de l'armée Françoise: qu'auant l'arriuée de ses lettres les entrepreneurs estoient disposés de renuoyer les enfans, qui dés peu sortoient de la mammelle; mais qu'ils en auoient esté retenus par les brauades du Pere, & qu'encor ne sçauoit-il à quoy cela les feroit resoudre: que s'il rendoit quelque bon office aux enfans, ce ne seroit point par pusillanimité, ny par aprehension de ce centuple dont il estoit menacé, lequel il ne craignoit pas, ains esperoit celuy que Dieu promet aux hommes qui viuent & meurent en gens de bien.*

Responce du Conseiller de Champvans.

Cependant le camp volant de l'ennemy cõposé de mille cheuaux, & de douze cens pietons, auec quatre pieces de campagne, sous la conduite du Marquis de Villeroy, pensant penetrer dans les montagnes, se presenta deuãt le chasteau de Montfort au dessus de Quingey, & y sentant de la resistance, ne s'opiniatre pas à le vouloir forcer Aussi le Baron de Scey y accourut pour le secours de cette place, & fut suiuy par le Marquis de Conflans auec le reste de l'armée, qui se vint camper entre Besançon & Salins, au pied des mõtagnes, à Sessey tout voisin du mesme Quingey, où il jetta vne compagnie d'Esleus commandée par le Capitaine

Courses des troupes détachées du camp Frãçois.

LE SIEGE DE DOLE.

de Gonssans. Pendát que le Marquis de Conflans attendoit le retour de sa caualerie, & s'emploioit à receuoir deux regimens d'infanterie Allemande des Colonnels Bech & Marquis de Grana, que le Baron de Sauoyeux auoit amené pour arres de plus grand secours; se disposant auec cela de s'aller poster à Fraisans; le Marquis de Villeroy prit son temps, & vint assaillir Quingey à l'impourueuë, rangeant sa caualerie en bataille pour opposer aux nostres, & auec l'infanterie & le canon pressa si chaudement cette petite ville, qui n'est d'aucune deffense, qu'il l'emporta en peu d'heures; nonobstant que Gonssans, auec huit vingt soldats qu'il auoit, y eust fait tous les deuoirs de sage & vaillant Capitaine; presque tous ses soldats y furent tués, luy & ses officiers faits prisonniers; & la ville à l'instant reduite en cendres. Le Marquis de Conflans y enuoia quatre cés mousquetiers Allemáds, & autant de Bourguignons, espaulés de ce qu'il auoit de reste de caualerie; mais ce fut trop tard. L'ennemy faisant sa retraitte, brûla Fraisans & le voisinage, & y gasta iusques aux puis & aux fontaines, pour oster les commodités aux nostres de s'y venir camper.

Quingey pris par le Marquis de Villeroy & bruflé.

Le lédemain la caualerie qui venoit de l'exploit de Baumont, se rejoignit au corps de nostre armée: & estant venu aduis au Marquis que les munitions de guerre, qu'il attendoit de Suysse, &

dont il auoit grand besoin, estoient arriuées à Pontarlier, il fit aduancer les siens iusques à Raine prés de Salins, afin d'y receuoir ces prouisions, & de là passer la riuiere de la Loüe, pour aller former son camp entre Souuans & Vaudrey, à deux lieües des assiegeans. En mesme temps parut le grand Maistre la Milleraye auec mille cheuaux, deux mille fantassins, deux coleurines, & quatre pieces de campagne. Les nostres se rangerent en bataille à cinq cens pas de luy: Les dragons estoient à la pointe conduits par le Cōmandeur de Saint Mauris, & les Allemands en queüe en forme de gros de reserue; mais se sentans foibles de caualerie & sans canons, ils se contenterent de camper en lieu fort, & passer à Salins en bel ordre, à la veüe de l'ennemy; qui ne les pouuant couper, parce que la garnison de Salins auoit occupé les passages, se retira dans son camp de Dole, sans autre effect. Le Marquis de Conflans ayāt recouuert quelques deniers à Salins, fit passer ses Deputés au Canton de Fribourg, pour luy faire connoître le danger où cette guerre de Bourgongne mettoit la Suisse mesme, & luy persuader d'en affectionner la deffense. Ceux de Fribourg, selon la bonne inclination qu'ils ont fait paroître en toutes pareilles occasions, accorderent la leuée de cinq cens hommes, sous le Colonnel Kunig Gouuerneur de Lindau, aujourd'huy general de l'artillerie dans les armées Imperiales,

Courses de la Milleraye sās effect.

Cāton de Fribourg accorde des leuées pour la Comté.

LE SIEGE DE DOLE.

qui s'est signalé par ses seruices à la maison d'Au- *Bons offi-*
striche, specialemeut par les soins & assistáces qu'il *ces du*
contribua pour la coseruation de la ville de Con- *Colonnel*
stance, lors qu'elle fut assiegée par les Suedois, & *Kunig.*
qui encor en cette rencontre voulut rendre des
preuues de son affection enuers la Bourgógne. Les
Cómissions estoient données, & les aduances faites
pour cette leuée, mais les prattiques des partisans
François l'acrocherent si puissamment, qu'elle demeura arrestée & sans effect, aussi bié que la Diette
de Baden assemblée pour les affaires de Bourgou-
gne, laquelle ne produisit autre fruit, qu'vne commission d'Ambassadeurs, pour moyenner vn accómodemét, & vn renoüemét de l'aciéne Neutralité.

Le Conseiller de Champuans qui estoit à Gray, *conseiller*
secondé par la vigilante dexterité du Sieur d'An- *de Cháp-*
delot, & le zele du Magistrat, trauailloit de son *vans fait*
costé & pour la place, & pour le Pays. Le pouuoir *fortifier*
luy en auoit esté donné fort ample, mesme de for- *Gray*
tifier, fournir de toutes prouisions, assembler soit
par emprunt ou autrement les deniers necessaires,
& asseurer la garde de cette forteresse en toutes
manieres, auec commandemens seueres à tous de
luy rendre obeïssance. Il auoit conduit auec soy le
Maistre des comptes Tissot prattique des fortifications, suiuant les desseins duquel il fit faire plusieurs dehors, où tous les soldats & bourgeois
mettoient la main à l'œuure, d'vne alegresse

X 3

& promptitude nompareille. La Dame d'Andelot pour animer les autres par son exmple, ne desdaignoit pas d'y porter la terre, de sorte que dans peu de iours la place fut iugée en estat de soustenir vn siege, estant gardée par cinq compagnies du regimemt de la Verne, quatre d'Esleus, & par quelques autres nouuellement faites par le Colonnel de Bressey, outre la bourgeoisie fort deliberée de bien faire. Dez qu'il fut aduerty de la reddition de Pesmes, & de Balançon, qui ne fit pas plus grande resistance ; il se resolut de veiller à la conseruation des autres places, qui sont comme les dehors de la ville de Gray. Le chasteau d'Ougney voisin de Balançon, & plus foible, fut maintenu par la resolution du Sieur de Vellefin. Le Comte de Belin Gentil-homme François, seigneur de la terre d'Autrey, qui possede vn bon chasteau à vne lieuë de Gray, auoit entrepris de le liurer au Roy son Maistre. Il auoit destiné pour cela vn gentil-homme, & enuoié par aduance, au Capitaine originaire du Pays, qu'il auoit mis dans ce chasteau, & aux habitás ses sujets vne lettre, par laquelle il les asseuroit, *Qu'il leur vouloit seruir de Pere & de Protecteur, & les mettre à couuert de l'orage qui les menaçoit, qu'il procureroit leur seurté prés de son Roy, & du Cardinal Duc, & luy mesme se rendroit dans trois iours auprés d'eux, pourueu qu'ils voulussent croire, & faire ce que leur diroit de sa part le gentil-homme qui le deuanceroit.*

Chasteau d'Ougney conserué.

Autrey.

LE SIEGE DE DOLE. 167

La lettre fut mise aux mains du Conseiller de Champvans, qui dez l'instant fit entrer de nuit en ce chasteau le Sieur d'Arche Enseigne du Sieur d'Andelot, lequel au lendemain matin donna le bon iour à belles canonades, au gentil-homme qui ne tarda pas de se venir presenter, & qui fut contraint de se retirer en diligence, pour porter nouuelles à son maistre, que ces artifices auoient esté preuenus. Le chasteau de Saint Loup, auquel S. Loup. commandoit le Sieur de Crecy, repoussa ceux qui luy vindrét taster le pouls. Celuy de Chantonnay Chantonauoit esté si chaudement pressé, qu'il auoit capitulé nay. d'ouurir ses portes, s'il n'estoit secouru dans six-heures ; on y fit couler le soir mesme quarante mousquetaires, qui firent lascher prise aux entrepreneurs. Le bourg & le chasteau de Marnay fu- Marnay. rent preseruès par les regimés des Sieurs d'Arbois, gentils-hommes Lorrains pleins d'honneur & de valeur, qui estoient accourus dez Ramberuillers au secours de la Prouince, & auoient tout en passant rompu les François en vn de leurs quartiers. Se treuuans montés par ce moyen, ils donnerent deux ou trois fois la chasse aux assaillans, à l'aide de ceux du lieu. Montureux fut garanty par le Montu-Seigneur de la place, qui la garda comme sienne. reux. Rigny, où estoit vn fort bon chasteau sur la Saone, à demie lieüe de Gray, & de la souueraineté de France, enclauée dans la Comté, tenoit toute la ville en gehenne. Longueual feigneur de cette terre, paſſionné François, qui en temps de pleine paix troubloit jà le repos de ſon voiſinage, donoit carriere à ſon mal-talent, & ne ceſſoit de harceler ceux de la ville, enorgueilly de la promeſſe qu'il auoit du Prince de Condé, qu'il ſeroit ſecouru en cas d'attaque, pourueu qu'il ſouſtinſt l'effort vint-quatre heures ſeulemét. Le Conſeiller de Champ-vans, ſollicité par le Lieutenant au gouuernemét, & par les bourgeois, de denicher cet aubereau de ſon aire, fit paſſer à cette entrepriſe le Sieur de Mandre auec ſa caualerie, & le Sergent de bataille Bonourſe, auec huit cent fantaſſins tirés de Gray, conduiſans deux petites pieces. Longueual ſommé de rendre la place, s'en mocque, fort courageuſe-ment, & repouſſé ſouſtient cette foible batterie tout le reſte du iour & du ſuiuant, pendant quoy les ſoldats aſſiegeans irrités embraſent tout le vil-lage. Le Prince de Condé, auquel Longueual auoit dépeſché pour l'aduertir, ne tarda pas de détacher douze cens cheuaux des meilleurs de ſon camp, afin de s'en aller au ſecours. Ils ne pûrent euiter d'eſtre deſcouuerts, cherchans le gué pour paſſer la Saone pres de Gray, d'où ils furent ſaluës, & l'vn de leurs eſcadrons, qui parût à la veüe de la ville, percé à iour d'vne canonade, qui les obligea de ſe tenir plus à l'erte.

Cependant le Conſeiller de Champuans met
ordre

Entrepriſe ſur le chaſteau de Rigny & ſa priſe.

LE SIEGE DE DOLE. 169

ordre que le siens retirent promptement le canon qui s'en alloit irremediablement perdu: celuy là estant mis en asseurance, les hommes pouuoient aisemét eschaper, à raison du voisinage de la ville. Ce qui deuoit releuer le courage des assiegés, fut le piege qui les fit tomber. Le Capitaine Bresson, enuoié par le Sieur de Champuans, leur persuade que ces deux petits canons s'en vont pour faire place à deux puissantes piéces de batterie, qui sortent en mesme temps de Gray; que s'ils les attendent, ils ne doiuent plus esperer de composition. La Dame du lieu se laissant voir pendant ce pourparler, escoute le Cheualier de Moiron, qui la saliie courtoisemét, feint de regretter son infortune, la prie comme caualier d'honneur de penser au sien, qu'il n'y auoit si chetif malotru dans l'armée qui ne se promit de s'en joüer & d'en faire curée, si la place estoit emportée de force, qu'il estoit temps de destourner ce malheur, qui luy estoit ineuitable, si son mary attédoit le canon de batterie qui marchoit desia. La pauure Dame prend l'espouuante, fond en larmes, se jette aux pieds de son mary auec ses petits enfans, le coniure de sauuer leur honneur & leur vie, que l'exces de son courage alloit exposer à la rage de ennemis. Il fleschit à ces larmes & accepta la composition, qui luy fut bien tost accordée, de sortir auec armes & bagage, tambour battant, mesche allumée, la Dame auec ses enfans

Ruse pour faire rendre le chasteau de Rigny.

Y

& ses femmes en son carosse, liberté d'emmener tous ses meubles & bestiaux, qui seroient conduits à Saint Seigne en toute seureté; & que les habitans pourroient demeurer, ou se retirer auec leurs meubles & bestail. Cette composition fut loyalement executée à l'instant, à la reserue seulement des prouisions : de sorte que l'ennemy arriuant vne heure trop tard, treuua la place prise, & se retira vers son camp. Le chasteau fut bien tost rasé pour arracher vne fois cette poignate espine du pied de la ville de Gray ; & nostre caualerie renuoyée au corps de l'armée, où elle estoit impatiemment attenduë.

Les courses de S. Seigne & Rosieres reprimées
Les garnisons Françoises de Saint Seigne, & de Rosieres, incommodoient grandement ceux de Gray par leur courses. Le Sieur de Champuans leur escrit, *Que s'ils continuent il leur fera à sentir le chastiment, qui a fait sages ceux de Rigny à leurs despens.* Ils font passer ces lettres au Prince de Condé, & à trois iours de là, respondent, *Que si on les asseure de n'entreprendre rien sur eux, ils s'abstiendront aussi d'endommager Gray, & leurs voisins d'Autrey.*

L'accord en estant agrée, il restoit à executer vn commandement pressant & precis, que le Conseiller de Champuans auoit receu des Commis au Gouuernement, de faire brûler à quelque pris que ce fust la forge de Drambon, qui estoit à cinq lieües de Gray, gardée par soixante mousquetaires François, pour fauoriser la fonte continuelle des bôbes, que l'on faifoit paffer de là au camp de Dole, à deffein de mettre la ville en poudre. Le Capitaine Perceual du regimét de la Verne eut ordre d'aller faire ces exploits. Le defaut de caualerie, l'eflongnement du lieu, fon affiete entre plufieurs villes ennemies, & la longueur de la retraite, le faifoient aprehender difficile; mais le fecret, & la diligence le rendirent auffi facile qu'heureux. Perceual & fes gens fortirent de Gray aux fix heures du foir, arriuerent à Drambon fur la minuit, & donnerent dedans d'vne telle furie, que les gardes furprifes lafcherent le pied. Le feu fut incontinent mis tout au large : les bombes qui fe treuuerent faites, furét jettées dans le fourneau embrafé, & tout le furplus fracaffé & mis en pieces. Le maiftre de la forge s'efchapa, laiffant parmy fes papiers la marchef paffé auec le Prince, pour fondre des bombes, des bales, & des grenades, à l'vfage du fiege de Dole. L'embrafement des baftimens fe faifant voir iufques à Gray, leur fut vn feu de ioye, & de grande confolation. Ceux de Dole en demeurérent quelques iours à repos, tandis qu'on alloit chercher vn autre fourneau à fondre bombes. Le Prince qui reffentit bien fort ce retardement de fes deffeins, en efcrit tout en cholere au Confeiller de Champvans ; *Il exagere la puiffance qu'il a de brûler & de perdre, & l'auerfion grande qu'il a toufiours eüe de pareils defordres : il reproche que l'on a manqué de foy aux pro-*

execution fur la forge de Drambon où fe mouloient les bombes.

La forge prife & bruflée.

Le Prince de Condé s'en fafche.

Y 2

messes données à ceux de Saint Seigne & de Rosieres ; & demande pour fin, comme l'on veut viure auec luy, afin que selon cela il prenne ses mesures. Le Conseiller de Champuans luy respond, Qu'il n'a rien promis, que pour ceux de Saint Seigne & de Rosieres, en faueur desquels il a religieusement tenu sa parole : mais qu'il a loisiblement & iustement attaqué cette bouche d'Enfer, qui vomissoit des outils de rage & de fureur, pour desoler vne ville innocente, qui ne souffre que pour sa loyauté.

Le recouurement de la ville de Pesmes

On mit encor en termes à Gray, le recouurement de Pesmes, auec peu de gens, & quelques petites pieces capables d'enfoncer les portes. Auant que de se mettre aux champs pour cela, l'on voulut faire essay des pieces choisies pour cette execution, & reconnoître quel effect elles produiroient contre des planches de chesne de notable espaisseur. Vn des assistans ne se pût contenir de dire, que les portes de Pesmes n'estoient pas pour faire pareille resistance. On croit que la parole en fut releuée par quelque espie, & portée à la garnison Françoise de Pesme, en mesme temps que quelques vns de ses coureurs, qui auoient esté battus en campagne, en retournoient, & comm'il est coustumier à ceux qui ont esté saisis de peur, encherissoient le nombre & les forces de ceux qui leur auoient donné la chasse. Tant y a que cette garnison prit si bien l'espouuante en

LE SIEGE DE DOLE. 173

ces rencontres, qu'elle abandonna la place, sans qu'autre apparent effort l'y obligeast. Vn bourgeois de Pesmes courut à Gray pour en porter la bonne nouuelle; d'où l'on enuoia gens, lesquels apres auoir reconnû la verité, auec les precautions requises pour se garder des embûches dont on se pouuoit douter, le treuuerent maistres de Pesmes sans coup frapper. Ils eurent le plaisir de voir bien tost apres, arriuer aux portes sept ou huit caualiers François, qui pensans y entrer à leur accoustumée, comme dans vne place amie, aprindrent par les mousquetades qui les acueillirent, qu'on n'y parloit plus François. Ils y laisserent vn des leurs pour gages, & auec quelques blessés gagnerent habilement la campagne, pour s'aller rendre en leur armée, auec les asseurances de cette mesauanture. Nous sçeûmes peu de iours aprés, par le rapport des prisonniers, que les soldats de la garnison, qui auoit si laschement quitté Pesmes, arriuans au camp, y auoient esté receus auec des reproches & huées nompareilles; & que le Commandant auoit esté flestry d'vne eternelle infamie.

Au commencement du siege ceux de la ville auoient saisy quelques prisonniers de guerre, que le Prince enuoia repeter par le Sieur d'Aigrefueille, auec charge de traitter de la maniere dont on vseroit à l'auenir, à l'égard des prisonniers

Accord pour le rachat des prisonniers.

Y 3

de part & d'autre. Ce gentil-homme demeura d'accord auec les Commis Gouuerneurs, que dez là en auant on rendroit soldat pour soldat ; & qu'a defaut de change, la paye d'vn mois seroit receüe pour toute rançon. En execution de ce traitté, que le Prince treuua bon, le Maistre de camp de la Verne remit franchement cinq soldats : mais en contreschange on ne luy renuoia qu'vn messager qui auoit esté enuoyé par les Gouuerneurs du costé de Saint Claude auant le siege, auec deux paysans pris en leurs maisons par des picoureurs à quatre lieües du camp, & quatorze frans d'argent pour la solde des deux autres soldats rendus. De là a quelques iours, vn Sergent de l'vne de nos compagnies nommé Busy se poussant trop auant dans les tranchées ennemies y demeura prisonnier, & pareillement vn gentil caporal appellé Thiebaud Finguet, qui combatant sur l'explanade à costé du Sieur de Grandmont son Capitaine, fut aterré d'vne mousquetade, & se pensant remettre en pied, tomba par disgrace dans vne tranchée entre les mains des assiegeans, dont il ne pût estre dégagé. Vn officier François qui tenoit ce dernier, auoit fait passer vn tambour aux portes de la ville, pour donner aduis de sa prise, & demander sa rançon : dequoy le Sieur de Grandmont s'esioüissant en l'espoir de recouurer ce soldat qu'il auoit creu mort, & qu'il auoit grandement regretté, il procura qu'on allaſt deliurer l'vn & l'autre, en portant leur ſolde d'vn mois. Nous fûmes fort eſtonnés de voir au lieu de nos ſoldats, des lettres du Prince, par leſquelles il diſoit. *Que veritablement il tenoit* *priſonniers les deux ſoldats que nous repetions ; mais qu'il* *les auoit fait conduire à Auxonne, ou Finguet auoit eſté* *panſé de ſa bleſſure en apparence de gueriſon: qu'il les* *nous rendroit au pris que nous deſirions, quand il auroit* *pris Dole: car pluſtot il ne treuuoit pas raiſonnable d'ac-* *croiſtre le nombre de ſes ennemis.* On luy reſpondit. *Que le terme qu'il prenoit ne pouuoit eſtre interpreté, qu'à* *vn refus abſolu ; que nous ne laiſſerions pas pourtant de* *traitter en gens de guerre ceux de ſon armée qui eſtoient,* *& qui tomberoient en nos mains : ſeulement auions nous à* *craindre que les noſtres ne s'effarouchaſſent, aprenans* *qu'on n'vſoit pas en leur endroit du meſme traittement,* *dont nous auions vſé enuers les ſiens ; & qu'il s'eſtoit* *departy de ce qui auoit eſté conuenu, ſelon les promeſſes* *que nous en auions par eſcrit.* Il repliqua. *Que nous* *auions peu de ſujet de taxer ſa bonne foy, & celle du* *Grand Maiſtre, ſur la reſtitution & eſchange des priſon-* *niers, ſi nous conſiderions, qu'il y auoit eu veritablement* *vn traité pour le pris des rançons ; mais qu'il n'obligeoit* *à rendre ny eſchanger que ceux qu'il plairoiſt aux parties.* A cela nous repartîmes de rechef. *Qu'en traittant* *auec toute franchiſe, nous n'auions point eu cette arriere* *penſée dont il parloit ; auſſi détruiſoit-elle plainement tout* *ce qui auoit eſté reſolu, & rompoit par vn bout ce que l'on*

Le Prince ſe depart de cet accord.

Reſponſe courageuſe de ceux de la ville.

Excuſes du Prince.

penſoit auoir noüé de l'autre. Cependant le Cõſeiller de Champuans nous fit ſçauoir, que le Prince deſireux de retirer deux Archers de ſes gardes, qui auoient eſté faits priſonniers, & conduits à Gray, l'interpelloit de ſe regler au traitté qu'il auoit fait auec les Commis au Gouuernement, & luy offroit vint-ſept liures, qu'il diſoit eſtre la ſolde d'vn mois de chacun de ſes Archers, outre la valeur de leurs caſaques qu'il ſe ſouſmettoit de payer moderémét. Nous ne pouuions pas deſaduoüer l'accord : mais puiſqu'il auoit eſté violé par celuy meſme qui en demandoit l'effect; nous laiſſâmes le pris du rachat de ces priſonniers, à la diſcretion de ceux qui en auoient fait la priſe.

Qui ſe ſert à ſon auantage du meſme traitté qu'il rompt

Nous eûmes par meſme voie vne autre embaſſade pour les religieuſes Carmelites, que le Prince inuitoit de ſe retirer à Dijon, ainſi que leur commandoit leur Superieur François, pour euiter, comm'il diſoit, les incommodités, & les triſtes euenemens du ſiege. *Ces bonnes filles flottantes entre l'eſperance & la crainte, l'obeïſſance religieuſe & l'amour de leur patrie, ſe reſignérent aux ordres des Gouuerneurs.* Ceux cy reſpondirent au Prince. *Qu'ils les tenoient autant aſſeurées dans l'enclos des murailles de Dole, & beaucoup mieux logées pour l'exercice de leurs deuotions, que dans celles de Dijon; & que le commandemem que leur Directeur ſpirituel de Frãce leur auoit fait ſur ce ſujet, n'eſtoit pas de ſaiſon, & paſſoit les bornes de ſa iuriſdiction.*

Inuitation aux Carmelites de Dole de ſe retirer à Dijon.

Les

Les Religieuses s'excuserent aussi auec des remerciemens respectueux; & reconnûrent à la suitte, qu'elles auoient plus seurement jetté l'ancre de leur confiance en la Prouidence de Dieu, qu'aux promesses des Princes, & des enfans des hommes, chez lesquels on ne rencontre pas souuent le salut que l'on y cherche. *Refus qu'elles en font.*

Le Pere Alphonse gardien des Capucins de Dole, & sept de ses Religieux estoient demeurés engagés en leur conuent hors de la ville, lors qu'elle fut bloquée; pendant que les autres se retiroient au dedás. Les Chefs de l'armée Françoise les traitterent courtoisement, & les creurent instrumens propres à prattiquer & gagner le cœur des bourgeois. Vn caualier principal les visitát sous ombre de Pieté, & s'entretenant auec le gardien, coula comme sans dessein, quelques traits de cõpassion pour nostre ville: il en déploroit l'infortune, & regrettoit qu'elle mesme fermoit le pas aux remedes, qui se presentoient pour en détourner las malheurs, si elle se vouloit aider: & sans s'esclaircir d'auantage se contenta pour cette fois de tirer de ce bon Pere, les preuues de son zele pour le salut de sa patrie & de sa nourriciere. Ce mesme Seignr retournant vne autre fois l'asseura qu'il auoit disposé les choses à la deliurance de la ville, si le Pere agréoit de passer à Dole, & faire entendre aux Gouuerneurs, les intentions du Roy son Maistre, *Capucins demeurés au cõuent de Dole bien traittés par les assiegeás.*

Qui s'en pensent seruir pour des prattiques

& de Monsieur le Prince, qui parauenture a-
uoient esté iusques lors interpretées à contre sens.
Le Pere s'aperceut bien que le passage estoit
glissant ; & neantmoins il condescendit à prendre cette commission, esperant pour le moins
d'en tirer l'auantage de pouuoir déco... aux
assiegés, les particularités qu'il auoit remarquées
du camp ennemy. Le Prince le fit donc conduire dans la ville par vn tambour, & luy donna
par escrit, selon qu'il l'auoit desiré, les articles
qu'il auroit à proposer. SÇAVOIR.

Articles enuoyez à Dole par le gardien des Capucins.

Que le Roy de France ne demandoit pas qu'on se mist sous sa protection, ains seulement le passage de ses armées par la Prouince en payant, & prenant estapes dans l'ordre, le plus au soulagement du Pays qu'il se pourroit: ainsi que ceux du Pays mesme aduiseroient aux ceux du Roy de France. Qu'afin qu'il eust asseurance du passage, la ville de Gray seulement luy seroit mise entre les mains, sans diminuer la souueraineté du Roy, ny l'autorité des Iuges & du Parlement, qui en vseroient comme bon leur sembleroit. Que moyennant cela Neu-tralité entre les Duché & Comté de Bourgongne seroit confirmée ; & la ville de Gray renduë lors que la paix seroit faite entre les deux Rys. Qu'à l'instant que la ville de Gray seroit entre les mains du Roy de France, on feroit filer l'armée où l'on voudroit, dans le temps qui seroit resolu, sans qu'elle pust porter autre interest, que celuy du passage en payant, suiuant le bon reglement.

LE SIEGE DE DOLE.

qu'on pourroit prendre sur ce sujet. Que le Roy empescheroit, que les armées du Suedois, & autres alliés n'entreroient point dans le Pays. Quand au reste de la Prouince, qu'elle demeureroit tousiours sous la Souueraineté du Roy, & le gouuernement de Messieurs les Gouuerneurs, comme iusques lors. Et que l'on aduisast aux temps, lieux, & personnes, qui seroient deputées pour la conference.

Le Pere fut oüy au conseil de guerre, auquel il descouurit naïfuement ses pensées, les moiens qu'on auoit tenus pour le rendre porteur de ce message, le iugement qu'il en faisoit, & ce qu'il auoit pû reconnoître de l'armée assiegeante, Nous auions peine de nous contenir de rire, à la lecture de ces articles; où nous remarquions vn desadveu de la declaration solemnelle du Roy de France & du Prince, qui auoient menacé de ruine ineuitable, tous ceux qui tiendroient ferme dans les places, & ne voudroient pas se mettre à couuert de leur protection ; nous obseruions que pour reparation des pretendües infractions de la Neutralité, on nous demandoit seulement vn passage non necessaire, auec offre de payer: Nous ne pouuions comprendre qu'on eust assiegé Dole pour auoir Gray, & qu'on nous creust si peu aduertis ou peu souuenans des traittés de Suze, de Pignerole, de Nancy, & d'autres semblables,

Le Iugement que les assiegés en font.

Z 2

que nous fussions pour nous enlacer, de gayeté de cœur, dans les mesmes filets; liurer vne place forte de nostre Souuerain, entre les mains de son ennemy declaré; & que pour crainte d'vne prise incertaine, nous en vouluffions quitter vne asseurée. Nous découurions les artifices tortueux de ces propositions entrelacées de propos à double entente, d'equiuoques, & de pieges. On ne songea pas longuemét à la response. Elle trenchoit court.

Responfe sur ces articles. *Qu'on ne pouuoit remettre entre les mains du Roy de Fráce la ville de Gray, ny autre place du Pays, parce que ce seroit chose contraire à la fidelité que nous deuions à nostre Souuerain; & que partant la conference sur ce projet seroit inutile. Que si de la part de S. M. Tres-Chrestienne & du Prince on desiroit d'entrer en pourparlé, pour s'esclaircir des points importans à l'obseruation, & affermissement de l'ancienne Neutralité, tant pour le passé, que pour l'auenir, & pour les dépendances d'icelle, l'on y entendroit par Commissaires; pourueu que rien ne s'y proposast de contraire au deuoir que tous fideles sujets ont à leur Prince naturel: & qu'en cas de telle deputation, seroient enuoyés ostages de l'armée Françoise en la ville.*

Le succés de cette negotiation fit bien tost connoître, que les assiegeans n'auoient conserué le conuent & ses Religieux, que pour abuser de leur simplicité, & s'en seruir comme de pipeaux pour *Capucins de Dole* attirer les oiseaux à la glus: car dez qu'ils s'aperceurent que cette pieuse naïfueté n'estoit pas bône

LE SIEGE DE DOLE.

à ce badinage, ils les délogerent tous, pour les confiner dans les cloîtres de France, comme personnes suspectes ; & remplacerent en leur maison des Capucins François d'autre Prouince & superiorité.

confinés en France & leur côuent peuplé de François.

Les Gouuerneurs auoient escrit vne lettre au Marquis de Conflans, par où ils releuoient hautement leurs courageuses resolutions à se bien deffendre, & les moyens qu'ils auoient de se maintenir encor plus de trois mois ; & puis estaloient par le menu les barbaries & inhumanités, que l'armée Françoise exerceoit sur les villages & sur les villageois du Pays, leurs embrasemés, & leurs pillages, & profanations des choses les plus saintes & inuiolables. Elle tomba aux mains du Prince, qui s'aperceut bien que le paquet s'adressoit à luy, & que le porteur auoit esté instruit pour se laisser prédre. Il le renuoia aux Gouuerneurs auec sa dépesche, & disoit par la lettre dont il le chargea. *Que le messager auoit fort bien rendu le seruice qu'on auoit desiré de luy.* Et puis respondant à celle, qu'il auoit interpretée comme sienne, il adjoustoit. *Que la prise de Dole luy seroit plus glorieuse si elle estoit plus difficile. Il rejettoit toutes les cruautés dont on se plaignoit, sur la fureur de quelques nations, qu'il appelloit moins respectueuses ; faisant de grandes exaggerations de la pieté du Roy son Maistre, & de son zele à l'acroissement de la Religion Catholique, qui luy faisoit infiniment estimer le*

Lettre des assiegés qui tôbe és mains du Prince.

Le Prince y respond & s'excuse des exces de son armée.

Z 3

bon ordre, que ceux de la franche-Comté tenoient pour en conseruer la pureté dans leur Prouince. Que quand à luy, il s'estoit puissamment opposé aux violences, & auoit fait punir de mort, au milieu des quartiers de l'armée, ceux qui en auoient esté conuaincus. Cette response ne demeura pas sans replique. L'Archeuesque & le Parlement luy repartirent. Qu'ils se tiendroient plus aduisés vne autre fois au choix de leurs messagers ; quoy qu'ils eussent peu de choses secretes à mander : qu'ils vouloient bien que leurs plaintes fussent connuës à tout le monde, comme elles estoient tres-veritables & tres-iustes : ne voians aucun fruit des chastimens que le Prince disoit auoir procurés des boute-feux, & pilleurs d'Eglises de son armée : puis que tous les iours semblables crimes se renouuelloient & s'acroissoient à sa veüe & à la leurs & qu'en leur ville, il sembloit que les maisons Religieuses, les hospitaux, & les lieux sacrés, fussent la visée & la mire particuliere des canons, & des mortiers du camp.

Replique des assiegés.

Ce Prince est à la verité d'vn naturel qui abhorre la cruauté & les dereglemens : mais dans la confusion des differentes langues, humeurs, & religions des hommes qu'il comandoit, il se treuuoit obligé de dissimuler la licence & la barbarie des estrangers, qui passoit par contagion parmy les siens ; entre lesquels plusieurs qui ne pouuoient meriter le nom de soldats pour estre vaillans, le pensoient acquerir en se monstrans cruels ; & cóme les ames

Prince de Condé ennemy de la cruauté.

LE SIEGE DE DOLE.

lafches font toufiours les plus inhumaines quand elles ont l'auantage, ils exerceoient des tirannies incroiables fur les pauures payfans. Nous auons veu rentrer dans la ville vn villageois efchapé du camp ennemy, à qui certain particulier d'Auxône, qu'il nōmoit, auoit efcahé tous les doits à coups de cailloux, & percé le nez auec des tenailles, pour le forcer à defcouurir des trefors qu'il n'auoit pas; & l'auoit vniuerfellement mutilé par tout le corps. Et ce qui fut plus effroiable à nos yeux: vn enfant de fix à fept ans, qui eftoit retiré fous le pont de la porte de Befançon, eftant forty hors du foffé pour aller prendre de l'eau dans vn ruiffeau voifin & la rapporter à fes pere & mere, qui trainoient leur miferable vie au pied des remparts; fut appellé par quelques bourreaux pluftot que foldats des tranchées prochaines, qui luy briferent les mains entre deux pierres; puis, apres l'auoir relafché, comm'il s'en alloit leuant fes mains fanglantes & toutes mouliies en l'air, & criant d'vne voix pitoiable qui perçoit iufques au ciel; luy delafcherent vne moufquetade dans le dos, qui fut en cela charitable, qu'elle mit fin à fes langueurs, & à fes miferse.

Inhumanités de quelque foldats du camp.

Voions maintenāt des actions plus genereufes. Les affiegés fçeurent le vint-feptieme de Iuin, que grand nombre de ceux de la caualerie & infanterie du camp eftoient allés en partie, faire les courfes qui ont efté racontées cy deuant. Ilz en auoient veu sortir de grosses troupes, & se prenoiēt bien garde que les tranchées n'estoient pas fournies & frequentées comme de coustume. Le Capitaine de Grandmont qui estoit en garde dans la demye lune de Besançon, & qui auoit ordre d'espier la contenance de l'ennemy, prit enuie de la reconnoître luy mesme. Il sortit enuiron le midy, tout sur le bout de la côtrescarpe deuers la riuiere, & se glissa iusques assés bas au péchant d'vne motte de terre & de rochers, qui couure l'entrée du fossé, vis à vis du bouleuard des Benis: là se soustenant d'vne pique, il s'alla coulant iusqu'à ce qu'il descouurit ceux qui gardoient les tranchées. Il remarqua qu'ils estoient dans vne grande nonchalance, occupés à disner, & atroupés allentour d'vne bouteille & de quelques plats. Aussi tost il remôte & fait filer le long du fossé vne douzaine de mousquetaires des siens, pour aller seruir d'vn petit entremets, & porter le fruit à ces messieurs qui se festoioient à leur aise. Plusieurs des bourgeois, & des soldats de la vielle garnison, qui estoient aux corps de garde de la mesme porte, sortirent de leur plain gré pour le suiure, & prendre part au deduit de sa chasse, comme tous faisoient volontiers, pour l'opinion qu'on auoit conceüe de sa valeur. Luy qui n'auoit eu autre dessein, que de donner vne salve à la fin du repas à ces banqueteurs, & leur dire le bon prou-face, se vit obligé par le nombre des mous-

Sortie du Capitaine de Grandmont sur le quartier de Lambert.

mousquetiers qui se treuuoient autour de luy, de faire aduancer vne asquadre de piquiers pour les soustenir, & d'entreprendre plus qu'il n'auoit projetté. Ainsi auec quarante hommes il s'en alla dôner sur ceux du regiment de Tonneins qui gardoient les plus prochains retranchemens, & les chargea auec telle hardisse & promptitude, qu'ils hausserent le pied, quitterent leurs armes, & tournerent le dos. Il les poursuit chaudement & les chasse iusques aux batteries ou estoiét leurs canons & en couche à cette premiere saillie, plus de vint à vint-cinq par terre. Se voiant auec tát d'auantage, il mande à la ville, que s'il est assisté de quelque renfort, il se fera maistre du canon & le rédra dans la place. Gonzel Aide de camp au regiment de la Verne soldat tres-vaillant & tres-discret, & le Capitaine du Thauc s'y portent, auec quelques deux cens qui se rencontrerent aux enuirons tant de la soldadesque, comme de la bourgeoisie. Ils renouuellent le combat, & poussent auec telle ardeur sur ceux qui gadoiét le canon, & qui s'estoient ralliés alentour, qu'ils en massacrent vne partie, & forcent le reste de quitter le poste & abandonner l'artillerie. En cette conqueste inesperée ils ne se treuuent saisis ny de clous & autres outils propres à encloüer ou rendre inutile le canon, ny de cheuaux & cordages pour l'enleuer & entrainer dans les contrescarpes. Ils enuoient à la ville pour en auoir,

Rẽforcée de nouueau secours.

A a

où chacun se met à la cherche & contribuë auec alegresse à qui mieux mieux ce qu'il iuge propre à cet attirail. On ne voioit que soldats & habitans rentrer en la ville, se descharger des despoüilles gagnées, & retourner au butin. Vn des Esleus rentrant dans la demye lune, couuert d'vn capot d'escarlatte, dit en se quarrant; *Je suis sorty paysan, & ie reuiens gentil-homme.* Dez la premiere charge, les guettes du grand clocher qui n'auoient point esté aduerties de cette sortie non premeditée, entendans vne grosse mousqueterie, dont ils ne descouuroient pas l'origine, à raison des bouleuars & remparts qui leur cachoiét le lieu du premier combat, tout voisin de la contrescarpe, auoient donné le tocsin, & l'auoient redoublé autant de fois qu'ils auoient ouy le chamaillis, & veu aduancer & rallumer l'escarmouche. Cette diligence retarda, contre leur intention, le progres des nostres, & leur osta le loisir de s'emparer du canon pour le ramener en triomphe: d'autát que le son effroiant d'vne puissante cloche, dez le plus haut de la gráde tour, auoit non seulement mis en armes toute la ville, & fait courir chacun à son deuoir; mais encor auoit alarmé tout le camp des ennemis, d'autant plus qu'ils descouuroient visiblement la fuite & le desordre des leurs au quartier de Lambert. Le Prince de Condé mesme estoit monté à cheual pour se faire voir & rasseurer les siens. Ce fut lors

Leur progrés.

Retardement de leur exploit.

que le regiment entier de Nauarre, espaulé de quelque caualerie, vint fondre sur les assaillans, dont plusieurs s'amusoient à butiner & despoüiller les morts. Ceux cy quittent le pillage pour faire teste genereusement, & demandent du secours & de l'assistance de la ville. Le maistre de camp de la Verne, qui dez le premier coup de cloche s'estoit porté dans la demye lune descouurant que tous les quartiers du camp se mouuoient, & acouroient au lieu de la meslée, ne voulut pas hasarder plus grand nombre de genereux habitans & soldats, qui se presentoient & pressoient à la sortie du rauelin, pour participer à cette glorieuse occasion, & qui perdoient patience, de ce qu'on ne leur permettoit pas de prédre l'essort: il enuoya commander à ceux qui estoient dehors de se retirer. L'Ayde de camp Gonzel trauaillât pour empescher la confusion en la retraitte, auec la froideur & l'asseurâce qu'il témoignoit d'ordinaire à la veüe des perils, fut abattu d'vne mousquetade: douze autres partie soldats, partie bourgeois, qui ne se pouuoient resoudre à reculer, y laisserent la vie: sept la perdirent peu apres de leurs blessures: quelques autres en petit nombre furent legerement atteints: tout le reste retourna sain & sauf, enrichy d'armes & de butin. Entre les bourgeois se signalerent quatre aduocats, qui firét voir que les lettres n'amollissent pas les bons courages; & qu'ils sçauoient manier

Retraitte & nombre des morts & blessés.

Aduocats qui se signalét au combat.

l'eſpée auſſi rudement à la ruine de leurs ennemis, comm'il manioient doucement la plume en téps de paix pour le ſalut de leurs amis. Sanche, qui depuis fut fait Ayde de camp, & par apres fut honoré d'vne compagnie, ſe fit voir au premier choc, ſuiuy d'vn ſien fils vnique de l'âge de quatorze ans; ſauter enſemble auec la rōdache & le coutelas dans vne tranchée, & pouſſer deuant eux tout ce qu'ils eurét en rencontre. Broch auiourd'huy conſeiller au conſeil de ville, combattant vaillammét receut vne mouſquetade dans ſa cuiraſſe. Saint Mauris Faletans, & Florimond, tous deux la pique à la main, ſe pouſſerent bien auant dans la meſlée, ou Saint Mauris fut frappé, mais fauorablement d'vn coup de pique de l'ennemy, auquel il rendit la pareille auec intereſt. Le Pere Barnabé de Dole & le frere Claude de Beſançon Capucins, y accoururent pour aider à la ſaiſie du canon. Vn vaillant officier de l'ennemy, qui vint des premiers au ſecours des ſiens, arreſta le Frere Claude par le chaperon, le preſſant de ſe rendre; quand le Pere Barnabé luy lançea vn tel coup d'vne demie pique, qu'il luy fit quitter la priſe & la vie. Les aſſiegeans couurirent la campagne de plus de deux cés morts; parmy leſquels pluſieurs officiers, qui dans la déroute de leurs gés s'eſtoient efforcés de les rejoindre & rencourager par leurs exéples, y prodiguerét leur ſang & rédirent les derniers abois. De ce nōbre

Deux Peres Capucins.

Grand nōbre des morts du coſté des aſſiegeans

furent le Sergent maieur du regimēt de Tonneins; Louuegnac, S. Denys, & Montferrand capitaines; de la Tour, & d'Aigrefond Lieutenans; du Puis, & la Vergne Sergens au mesme regiment; le Maistre de camp du regimēt de Nauarre, duquel le baston morné d'argent, graué de son nom & de ses armes, fut apporté pour trofée dans la ville; & tāt d'autres Commendans & personnes de marque, dont les gazettes Frāçoises n'ont pû taire la disgrace. Quād le Capitaine de Grandmont rentra; le Maistre de camp de la Verne le reprit assés seueremēt, d'auoir fait cette entreprise sans en auoir receu l'ordre; dequoy Grandmont s'excusa auec grand respect & modestie; disant s'y estre treuué engagé par récontre; & puis obligé de combattre pour l'hōneur & le salut de tant de gens de bien, qui s'estoient venus joindre à luy, lors qu'il n'auoit autre dessein, que d'esclairer les actiōs de l'ennemy, pour en faire rapport, suiuāt l'ordre qui luy en auoit esté donné. Le lēdemain ayāt esté accordée vne trefue pour retirer les corps, cinq furēt releués & recōnus par les assiegés; les autres sept qui auoiēt acheté cette gloire au pris de leurs vies, auoiēt esté rapportés encor viuās dans la demie lune, & presque tous auoient rendu l'ame entre les mains des confesseurs, qui par leurs absolutions admonestemens, & prieres leur ouurirent le ciel en leur fermāt les yeux. Apres que ceux de la ville eurēt retreuué tout ce qui māquoit à leur

Grandmōt blasmé & excusé.

Trefue pour retirer les morts.

compte; les François qui auoient trauaillé toute la vesprée, la nuit, & la matinée à recueillir les leurs, leur offrirent les carcasses de sept ou huit pionniers qui auoient esté massacrés autour du canon, & qu'ils auoient arrangés à dessein pour desguiser leur perte, & grossir imaginairement celle de la ville : mais cet artifice fut mocqué & rejetté à la confusion des autheurs. Ce ne fut pas sans dire le mot & se donner le change, bien que les François eussent peine d'en rire qu'à demy bouche. Le Sieur Lambert qui s'y fit voir auec plusieurs caualiers ne se pût abstenir de haut loüer la valeur des assiegés, quoy qu'il ne pust (comm'il disoit) apreuuer leur obstination.

Artifice des assiegeās mocqué.

Plusieurs iours se passerent dez lors, sans que l'énemy entreprist aucune chose à coups de mains, se contentant de battre le clocher sans relasche, & fracasser les maisons à force de bombes. Il estoit aduerty que l'Archeuesque estoit logé dans le college Saint Hierosme du seminaire de Cluny, tenu par les Benedictins reformés. C'estoit là où estoit dressé le quadrant des canoniers, & se passoient peu de iours ausquels quelques bombes ne déchargeassent leur fureur aux enuirons de cette maison: la rüe deuant la porte, le rempart derriere, les bastimens de part & d'autre en furent plusieurs fois atteints & endommagés: cependant il n'y en eut aucune qui rencontrast le college : vne seule tomba

Le logis de l'Archeuesque attaqué de bombes.

LE SIEGE DE DOLE.

dans le iardin joignát à l'Eglife, & frifa vne augiue de la facriftie, fans autre effet. L'on difoit que l'Archeuefque faifoit comme cet ancien, que pour fe gauffer des mauuais tireurs, fe placeoit droit au but de peur d'eftre frappé: car fon logis eftant la mire des bombes ne pût iamais eftre rencontré: mais il eft plus raifonnable & plus Chreftien de rapporter fa conferuation à la particuliere protection d'en-haut, qu'à la fortune, ou au defaut d'adreffe du canonier. De mefme fur quelque vent qu'eurent les affiegeans qu'on auoit referré des poudres fous vne voute de la maifon des Peres Iefuites, on vit tout vn iour vne grefle de bombes fondre fur leur college: dez la minuit iufques au foir du lendemain, plus de trente-fix l'attaqueret de tous les flancs, fans que perfonne en fuft grieuement offenfé, ny les munitions en peril. La chambre du confeil du Parlement, & les hafles voifines coururent la mefme rifque.

Ne peut eftre atteint.

La maifon des Iefuites en mire pour la poudre y cachée.

De toutes les maifons religieufes, il n'y en eut pas vne feule, qui ne fuft perfecutée de ces brandons infernaux; foit que les canonniers, qui eftoiét prefque tous heretiques, leur en vouluffent, foit que leurs clochers & baftimens releués par deffus les communs feruiffent d'objects plus aparés pour y prédre vifée. L'Eglife de Noftre Dame de Montroland, affife fur vne colline à demie lieüe de la ville, illuftre de miracles, & frequentée par la de-

Toutes les maifons religieufes & Eglifes objects des bôbes.

uotion des peuples, autant de la Duché comme de la Comté de Bourgongne, à la veüe desquels cette sainte chappelle, bastie & enrichie par la pieté des anciens Princes Bourguignons, se presente également, fut abandonnée à la rage des Suedois, & autres heretiques de l'armée assiegeante. Ils y mirent le feu par deux fois, & au Monastere que les Peres reformés de Saint Benoit auoient commécé d'y bastir. Ils renuerserent les autels, fouillerent les vielles sepultures, bruslerent & mirent en pieces toutes les images, les tableaux de vœux & de merueilles, & tous les autres ornemens de la chapelle ; & n'y laisserent rien d'entier, que le tombeau de marbre, auec la statüe priante d'vn Seigneur d'Estrabonne, à la faueur du Sieur d'Aumont françois qui en est issu. L'image miraculeuse de Nostre Dame, qui auoit esté par plus de six cens ans en tres-grande veneration, fut abbatüe & foulée aux pieds, & demeura longuement couchée, & abouchée sur sa face, parmy les ordures des hommes, & des cheuaux. Le Prince de Condé l'enuoya releuer, & la fit porter au conuent des Peres Capucins d'Auxonne. C'est vne pieté tres-loüable de l'auoir ainsi tirée des mains de ces barbares, ennemis iurés du Saint nom de la Vierge : mais ceux de Dole ont treuué merueilleusement rude, qu'on ait refusé de la rendre à ses anciens & legitimes possesseurs, qui l'ont instámment repetée

apres

Eglise de Montroland profanée.

L'Image Nostre Dame emportée à Auxonne.

LE SIEGE DE DOLE.

apres le siege leué. Ils esperét que la glorieuse Mere de Dieu, qu'ils ont choisie pour leur Protectrice, fera bien tost restituer, auec la paix, à ses deuots seruiteurs, ce precieux gage de son amour, faisant connoître combien luy estoiét agreables les vœux qu'on luy offroit en ce saint lieu, deuant cette sienne image.

Les François s'estans donc resolus, de ne plus attaquer Dole de viue force, ains de gagner pied à pied les contrescarpes & la muraille, par mines & galeries; ils commencerent d'y trauailler à bon escient. Les assiegés eurent aduis de diuers endrois, mesme par rescription du Marquis de Conflans, & des Conseillers de Champuans & de Beauchemin, que leurs ennemis creusoient des fournaux, pour arriuer au pied de l'vn de leurs bouleuards, mais que les prisonniers qui en parloient auec plus d'asseurance ou de vrai-semblance, ne pouuoient designer auquel on en vouloit. Ceux qu'on amenoit dans la ville s'accordoient à cela, & parloient plus particulieremét des demies lunes & des contrescarpes. De sorte que pour aller au deuant des desseins des assiegeans, on resolut en la ville de contreminer de tous les costés, dont on auoit de l'ombrage, & specialement sur les rauelins & chemins couuers; mais sur tout au deuant du bouleuard du viel chasteau, où l'on remarquoit apparemment les trauaux continuels & les aproches des

Les assiegeans cómencent de miner.

Bb

aduersaires. Les mineurs qui nous estoient arriués de Chasteau Lambert foüirent si heureusement, qu'ils rencontrerent dans peu de iours de ce costé là, & percérent l'vne des mines des François : si bien que les soldats se saliioient à coups de mousquets; en sorte que les assiegeans furent contrains d'en estouper eux mesmes l'embouchure, pour se deliurer des inquietudes que leur causoient les iournalieres attaques des assiegés.

Contremines des assiégés.

Les galeries des assiegeans estoient creusées de la profondeur de neuf à dix pieds, & de la largeur de quatre à cinq seulement, afin que les mousquetiers de la bourgeoise n'en descouurissent les flancs & le fond, par l'auantage que leur donnoit la hauteur des bouleuards : de six pas en six pas, elles estoient costoiées de part & d'autre par des cheualets soustenans des coffres de bois remplis de terre à la preuue du mousquet; afin de pouuoir trauailler & aduancer par dessous, continuant le creusage, qui alloit assés lentement; & encor pour se seruir de ces coffres, en cas de besoin, comme de parapets pour tirer par dessus : à l'effect de quoy ils les garnissoient aussi de sacs, ou de petites hottes côblées de menu sable. Quelques vns poussoient deuant eux des mantelets faits auec de gros platons de chesne, percés de petites canonnieres à queuë de pochon, de la grosseur seulemét du mousquet, & de la visiere, & ainsi alloiét gagnant terre en tapinois.

Galeries des assiegeans.

LE SIEGE DE DOLE.

Et certes ils auoient raison de se couurir soigneusement, car les bourgeois estoient tout le long de la iournée aux aguets sur les bastions, affustés auec leurs mousquets, & longues arquebuses de chasse & de sible, dont plusieurs tenoient deux ou trois prestes pour changer; & ne voioient paroître vne seule teste, qu'ils ne la salüassent à l'instant de cinq ou six bales. Entre ceux que l'on y rencontroit presque à toutes les heures de la iournée, estoit l'Aduocat Michoutey, aujourd'huy Conseiller de ville; qui par sa dexterité auoit abattu par trois années de suitte, l'oiseau du ieu de l'arquebuse : il estoit ordinairemét en quelque coin de bouleuard, la teste couuerte d'vn pot à l'Hógroise & à la preuue, qu'il auoit gaigné sur l'ennemy en vne sortie, & l'arquebuse en ioüe; & ne perdoit aucune commodité de lascher son coup si à propos, que l'on tient pour asseuré qu'il en a fait mourir plus de soixante; sans y compter ce qu'il a fait au dehors en diuerses occasions, ou il paroissoit tousiours entre les plus aduácés : se faisant connoître aussi adroit & courageux au manimét des mains & des armes, comm'il est en celuy de la langue & de la plume parmy les Aduocats mieux disans. D'autres habitans en gránd nóbre, de diuerses códitiós, n'en faisoiét pas moins; mais il seroit trop lóg, & trop malaisé de les nómer tous. I'ay veu auec plusieurs autres, aussi tost apres le siege leué, & auois desia remarqué durát iceluy, à

Assiduité des bourgeois à tirer sur les assiegeás.

Aduocat Michotey & son adresse.

Bb 2

Effect de la mousqueterie du dedans.

l'aide des lunettes de Galilée, que les coffres plains de terre dont les galeries des assiegeans estoient garnies, auoient les faces percées aussi menu que des cribles, & ressembloiét aux sibles sur lesquelles vne compagnie de bons tireurs s'est exercée les iournées entieres, tant elles auoient esté piquoteés des coups deschargez de la ville. L'artillerie d'autrepart ne cessoit de fracasser les ouurages ennemis, & d'espier les caualiers sur les passages tant soit peu descouuerts, où l'on en voioit souuent enleuer en l'air ; & mettre en pieces hommes & cheuaux. Si quelques boutadeux venoient caracoler à cinq cens pas de la muraille, comme faisoient quelquefois les Allemands apres le repas, ils estoiét acompagnés de grand bon-heur s'ils n'y laissoient ou la vie ou le cheual. Outre que ceux qui estoient en garde sur les dehors, escarmouchoient iour & nuit, & couroient à tout coup sur les assiegeans pour retarder leurs ouurages; & y lançoient quantité de grenades, lesquelles joüans leur jeu enfermées dans ces galeries estroites, y faisoient vn estrange carnage; comme les cris & lamentations des blessez, qui penetroient iusque dans la ville, le tesmoignoient assez souuent.

Sortie du Capitaine des-Gaudieres.

La nuit du troisieme de Iuillet, le Capitaine des-Gaudieres auec partie de sa compagnie qui faisoit garde à la porte d'Arans, & autres tant bourgeois que soldats, s'en allerent surprédre l'ennemy dans

LE SIEGE DE DOLE. 197

ſes galeries, & auec grenades & feux d'artifice, fleaux, haches d'armes, & pierres, outre les piques & mouſquets, renuerſa vne longue eſtenduë des galeries, enſeuelit nōbre de ſoldats & des ouuriers François dans leurs taupieres, pouſſa les autres bien loing, & ramena ſa troupe chargée de cinq ou ſix voitures d'ais, de pieux, de clayes, de ſoliueaux, & d'outils de pionniers, auec quelques mouſquets & demies piques. Vne autre brigade en fit autant deux iours apres, & eut pareil ſucces, & touſiours auec peu de perte. Deux ou trois morts ou bleſſés tout au plus à chacune fois atrempoient la ioye ; mais n'alentiſſoient en rien l'ardeur des ſuruiuans, plus deſireux que iamais de retourner en ſemblable faction.

Le dépit & la fureur des aſſiegeás ſe deſchargeoit touſiours contre le clocher, qu'ils faiſoient battre de cinq endrois, en ſorte que la plus haute láterne commençoit deſia de s'ouurir & pancher hors de ſon plomb, par le briſement & violent eſbranlement des pilaſtres. Le zele du Pere Ludouic Capucin & de quelques autres de ſes freres le portoit à s'aller expoſer à ces eſclats foudroians, pour à l'aide des manouuriers eſtançonner les pieds drois & angleries ; les couurir & enueloper de matelas de laine & de bourre redoublés, & oppoſer à la furie des canons toutes ſortes d'artifices, qu'ils eſtimoiét pouuoir arreſter, deſtourner, ou amortir les coups.

Remedes eſſayés pour conſeruer le clocher.

Bb 3

Remede spirituel.

Le Pere Marmet Prouiseur du seminaire de Cisteaux, religieux de singuliere pieté & modestie, s'aduisa de mettre la tour sous la speciale protection du linge sacré, qui enuelopa le corps tout playé du Sauueur, apres qu'il fut descendu de la croix : il fit arborer tout au sommet vn guidon beny, sur lequel estoit pourtrait le Saint Suaire de Besançon, enuironné de l'inscription de quelques versets tirés des Pseaumes du Roy Profete. La Prouidence infallible, qui en auoit autrement ordonné, permit que la rage des canonniers renforçast leurs batteries à l'object de ce drapeau ; qui leur sembloit auoir esté planté si haut, pour quelque autre dessein de signal, ou de brauade & moquerie. Et de vray le gardien ordinaire du clocher, homme extremement agile & hasardeux, s'estoit fait voir en mesme temps au faiste de cette tour, & y auoit fait mille gambades au mespris, & estonnement de ceux qui tiroient à luy. Il fallut en fin desmonter les cloches, & les loger à couuert dans la grosse masse du clocher impenetrable aux canonades. Les guettes effrayés de voir quelques vns de leurs compagnons terrassés ou estropiés, descendirent auec leur sonnerie, & placerent leurs eschauguettes plus bas, se contentans de descouurir moins, pour estre moins descouuerts.

Tandis que le Prince s'amusoit à cette batterie, & à l'aduancement de ses mines sous la contres-

LE SIEGE DE DOLE.

carpe, il voulut essayer de battre & saper la constance du Maistre de camp de la Verne. Luy respódant à quelque demáde de prisonniers, il adjousta de sa main dans la lettre. *Vous vous estes iusques à present genereusement deffendu: c'est maintenant à vous trop oser, de ne pas chercher capitulation pour vous & pour vos soldats : les gens de guerre ne sont obligés qu'à deffendre les dehors : venans maintenãt à temps, & vous, & vos soldats, & les habitans treuueront toute courtoisie, sincerité, & fidelité absolüe en ce qui sera promis. N'esperés nul secours, & sçachés que dez hier sont arriués au camp mille cheuaux, & trois mille hommes de pied de renfort.* Et plus bas, cóme s'il eust eu besoin d'authorisation de Curateur, il disoit encor. *Cette lettre a esté escrite en presence de Monsieur le grand Maistre de l'artillerie.* Le Maistre de camp qui remit cette rescription aux mains de l'Archeuesque & du Parlement, pour la faire voir en conseil, respondit sous leur adueu. *Qu'il dépendoit de ses superieurs Commis au Gouuernement de la Prouince, lesquels il ne voioit aucunement disposés, ny en estat de penser à capitulation: que le Prince luy mesme auroit sujet de le blasmer, s'il n'emploioit ses derniers efforts, pour conseruer vne place, ou chacun secondoit sa resolution auec vn extreme courage & loüable fidelité.*

Le dixieme de Iuillet deux mines estans parfaites, serrées, & amorcées sous la contrescarpe deuant le bastion du viel chasteau, les assiegeans se

Le Prince sollicite la Verne de se rendre.

Response de la Verne.

LE SIEGE DE DOLE.

Aprests pour faire joüer deux mines.

resolurent d'y donner le feu. On vit dez la ville, ainsi qu'on auoit remarqué en d'autres occasions, aux aprests de leurs attaques, que plusieurs cuirassés se couloient à pied, file à file, dans les tranchées, qui tous à leurs côtenances paroissoient gés d'elite, & estoient suiuis de nombre de fantassins, piquiers & mousquetiers : les costaux de Plumont & du Tertre se bordoient de caualerie rangée, ou pour combatás, ou pour spectateurs & seconds de quelque faction signalée. Ceux du dedans ne sçauoient quel seroit le jeu des assaillans; mais ils s'aprestoiét à tout euenement, pour leur donner beau retour. Tous estoient des-jà disposés, chacun en son poste; & les demyes lunes & dehors renforcés de compagnies de surcroit; quand le feu prit à la premiere

Premiere mine éuétée.

mine, laquelle on vit s'éuanoüir comme vne fusée, parce que nos contremineurs luy auoient donné vent. Elle fut bien tost suiuie d'vne seconde, plus serrée & plus furieuse, qui fit entrouuir & sauter en l'air auec vn horrible fracas vn grand quartier du chemin couuert, & de nos ouurages voisins.

Seconde mine dómageable aux assiegeans.

Les assiegeans en furent seruis les premiers; parce que la violence de la poudre, poussant son plus grand effort contre la cápagne, jetta si prodigieuse quantité de terre embrasée sur eux, qu'elle estouffa & enseuelit plus de quarante des caualiers armés, qui s'estoient postés trop pres, afin de donner plus promptement dans les contrescarpes; si tost que

cette

LE SIEGE DE DOLE.

cette gueule beante d'Enfer auroit mis ceux du dedans en desordre, ainsi que le mineur s'estoit infailliblement promis: mais il auoit mal pris ses mesures. Nous ne fumes pas pourtant exempts de disgrace: car ce funeste fourneau enleua & enueloppa dans ses ruines dix-huit ou vint tant soldats que mineurs & pionniers des nostres. Cette perte nous eut esté moins sensible, sans la mes-auenture du Sieur de Grandmont Vellecheureux, Capitaine de valeur incomparable, qui aiant sa compagnie en garde sur ce dehors, en estoit allé reconnoître l'estat, & affermir les courages par sa presence. Il s'estoit moqué du premier fourneau, qui n'auoit fait que secoüer la terre en s'éuaporant, & s'estoit aussi tost aduancé d'vne hardiesse nompareille, pour aller au rencontre de l'ennemy, qui faisoit ferme attendant l'effect de la seconde mine. Comme elle joüa, il en fut enleué de la hauteur d'vne pique; & retomba parmy le bouleuersement de la terrasse, plus moulu que playé, auec l'Alfere Iaques, qui le suiuoit de prés, & de pas & de courage. Il se dégagea promptement, & tout esbloüy & estourdy qu'il estoit, d'vne si furieuse secousse; il s'en alloit jetter dans les tranchées de l'ennemy, l'espée au poing; quand quelques vns de ses soldats, qui le virent chanceler, le ramenérent dás la ville. Il marcha iusques à la seconde porte, ou les foiblesses du corps accablans les

Dommage qu'elle porte aux assiegés.

Disgrace du Capitaine de Grandmont.

Cc.

forces de l'esprit, le coucherent entre les bras des siens pour le porter en vne maison voisine. Iaques son Enseigne fut pareillement reconduit entre les deux portes, ou reuenant à soy, & se prenant garde, que son espée estoit demeurée au lieu de sa cheute, il voulut y retourner, pour la recouurer, tout froissé qu'il estoit, & tellemēt défiguré de sang & de terre, qu'on auoit peine de le reconnoître, & luy de se soustenir sur les bras de ses cōpagnons : on le contenta par l'asseurance qui luy fut donnée, qu'on la luy raportoit apres, & ainsi se laissa plustot trainer qu'acompagner en son logis. Ces piteux spectacles ne firent perdre ny la resolution ny le iugemēt des autres Officiers & soldats, qui estoiēt restés entiers. Ils firent teste genereusement, & furent bien tost secondés & secourus par d'autres, que le Maistre de camp, pouruoyant à tout auec vne dexterité & prudence merueilleuse, leur enuoia de renfort. Les bourgeois y acouroient & se mesloient parmy les soldats, & par vne genereuse emulation combattoient, à qui remporteroit plus grande part de la gloire. Le Conseiller Toitot s'y fit voir, ainsi qu'en d'autres occasions, la cuirasse sur le dos, la bourguignotte en teste, la rondache & le coutelas entre les mains, & s'engagea bien auant dans la meslée. Vne troupe de soixāte bourgeois, en teste desquels marchoit le Procureur General Brun auec le plastron deuant & derriere, & la longue arquebuse sur

Iaques Enseigne de Grandmont.

Assaut & courageuse resistance des assiegés.

Cōseiller Toitot & sa valeur.

LE SIEGE DE DOLE.

le col, s'en vint du quartier du plat fond, auec vne extraordinaire resolution presenter à la porte d'Arans, & passa sur le lieu du combat, pour y signaler son courage. Là meslés auec la soldadesque, ils renouuellerent l'escarmouche, qui dura deux grádes heures, par vn continuel rafraichissement qu'on faisoit passer du dedans au dehors; l'ennemy s'obstinant à vouloir gagner le poste que la mine luy auoit ouuert, & les nostres à le maintenir. Le Procureur General apres auoir consumé toute la munition de poudre & de plomb qu'il portoit, & celle que son seruiteur luy auoit aprestée surabondamment, voulut encor vser celle du mien, qui l'auoit suiuy: il luy en presta quelques charges, iusqu'à ce qu'aprehendant qu'vne si démesurée ardeur de côbattre, ne perdit en fin vne personne tant importante, qui s'oublioit de soy-mesme, il luy en refusa & s'excusa de n'en auoir plus. L'Aduocat Iantot, à present Conseiller de ville, donna des preuues non cōmunes de sa hardiesse en cette sortie, cōmme en plusieurs autres où il se poussa tousiours au premier rang sur les ennemis & dans leurs retranchemens. On compta en celle cy iusques à trois cens habitans. Cependant les canons des assiegeás tonnoient sans relasche, en sorte qu'en ce peu de temps on en compta cent septante-six volées. Leur visée butoit principalement aux parapets des bastions d'Arans & du viel chasteau, & de la courtine

Le Procureur general Brun, & son ardeur au combat.

entre les deux ; d'où la bourgeoisie découurant les aproches des ennemis, faisoit vn grand carnage par sa mousqueterie. Dez qu'ils voioient brûler l'amorce de l'artillerie des assiegeans, dequoy les sentinelles apostées pour cela leur donnoiét aduis ils se couuroient du parapet roial ; & puis se releuans instamment apres le coup donné, ils faisoient leurs décharges, pendant que l'ennemy s'en-besongnoit à recharger. Il en prit mal à quelques vns qui méconnoissoient ou méprisoient le peril. Vne desastreuse canonade donnant sur l'orillon du bouleuard d'Arans, entre neuf ou dix habitans qui estoient rangés dessus, attentifs à piquer l'ennemy ; en tua deux, laissa la bale amortie dans la manche du troisieme, & precipita dans le fossé les deux autres plus prochains du bord, qui furent treuués au fond tous roides morts : mesme le ieune fils du Cóseiller Briot, qui estoit Aduocat de grande esperance, & qui fut extraordinairemét regretté de tous, & pour la perte du fils, & pour l'affliction du Pere. Le canon de la ville ne chommoit pas ; mais il ne pouuoit égaler le nombre ny la frequence des coups de l'ennemy, quoy que parauenture il ne fist pas moins de rauage. Durant ce chamaillis opiniastré les femmes ne rabatoiét rien de leur ferueur acoustmée, à porter sur les dehors des munitiós de guerre, & des cailloux pour assener les François, auec du vin pour encourager les

Mespris des canonades ennemies.

Desastreux coup de canon.

Ferueut des fémes pendant l'assaut.

LE SIEGE DE DOLE.

noſtres; ny les Religieux à touſiours animer les combattans, & ſecourir ſpirituellement les bleſſés. La nuit & la laſſitude terminerent en fin ce genereux conflict; au bout duquel, les aſſiegés ſe treuuerent n'auoir pas quitté vn pied de terre, hors de ce que l'ouuerture de la mine auoit bouleuerſé & rendu inutile pour l'vn & l'autre party. Outre ceux qu'elle enleua & engloutit au commencement, on ne reconnût que cinq autres morts au combat de la part de la ville, & quelque peu de bleſſés; mais on ſçeut que les aſſiegeans en auoient perdu plus de deux cens, dont la pluſpart eſtoient gés choiſis & d'authorité, deſquels les noms me ſont inconûs; parce que les François diſſimulerent cette perte par leurs nouuelles, ou la confondirent auec les ſuiuantes. Le Capitaine de Grandmont ne ſembloit auoir eſté atteint que d'vne petite pierre, qui luy eſtoit entrée dans la greue: mais en effect l'interieur eſtoit offenſé par vn general eſbranlement. Il fut malade dix-huit iours, & dóna ſouuent eſpoir d'vne prompte gueriſon; laquelle il attendoit auec impatience pour retourner aux coups. Il fut apporté en ma maiſon aſſez voiſine de la porte, pour y eſtre ſoulagé plus promptement, & y demeura neuf iours: ſi toſt qu'il me vit retourner, il me demáda ſi nous n'auions rien perdu; & ſur l'aſſeurance que ie luy en donnay, témoigna qu'il ſentoit ſon mal alegé de cette heureuſe nouuelle; & tout

Perte des aſſiegeans & aſſiegés en cet aſſaut.

Maladie du Capitaine de Grandmont.

le long de sa maladie son plus agreable entretien estoit des discours de charger les assiegeans, les recoigner en leurs tanieres, & les faire sauter à leur tour. Mais vne fieure maligne, qui le saisit au neufieme iour, non sans soubçon de contagion, le nous rauit au dix-neufieme. Il fut porté en terre auec grande pompe, ayant la teste couuerte d'vn pot à l'Hongroise, qu'il auoit raporté des despoüilles ennemies en vne sortie; & fut enseuely dás la Sainte Chapelle, au sepulchre des Aduocats, qui rédirent volontiers cet hóneur à la memoire d'vn caualier, qui auoit également aimé & estimé les armes & les lettres.

Sa mort & son enterrement.

Deux iours apres ce remarquable assaut, les Officiers du regiment de Conty vindrent faire vne boutade du mesme costé; mais elle fut bien tost rabatuë par les nostres qui les obligerent à la retraitte, sans suiure dauantage : parce que l'ordre auoit esté donné à nos gés, de soustenir & repousser viuement l'ennemy s'il faisoit ferme; & en cas il tourna le dos le laisser aller, & se retirer eux mesmes derriere la trauerse plus prochaine du chemin couuert, crainte que la fuite des assaillans ne fust vne feinte, pour attirer les nostres dans les pieges d'vne troisieme mine.

Boutade du regiment de Conty sás effect.

Le lendemain, pour leur rendre le change, la compagnie du Capitaine du Thauc conduite par Picard son Enseigne, & bon nombre de bourgeois

Sortie du Capitaine Thauc & Cauchois.

commãdés par Cauchois Aide de camp de la ville, s'en allerent donner vne serenade au regiment d'Anguien, qui gardoit les nouueaux ouurages de l'ennemy. Les nostres sortans du rauelin & des contrescarpes d'Arans donnerent d'vn costé, & les pousserent brusquement contre la riuiere. Le Capitaine Georget, qui pendant les nuits precedentes auoit fait tirer vne tranchée sur le pré Marnoz, dez la maison des arquebusiers iusques au bord du canal qui coule le long des rempars, auec vn petit quarré pour s'y loger ; y ayant jetté trente ou quarente mousquetiers, les fit descharger en mesme temps sur ces fuiards. Les bourgeois rangés sur le bouleuard du viel chasteau, & sur la tenaille qui le flanque, en firent le mesme; & auec grenades & cailloux forcerent ceux qui estoient dans les galeries voisines d'en débusquer. Le canon planté sur l'orillon du bouleuard du pōt perça tout à trauers, & redoubla leur frayeur; de sorte que tout ce regiment se mit à vau de route,& fut chaudemēt poursuiuy par les nostres. Le regiment de Picardie y accourut, & faisant teste vaillamment, donna quelque loisir à l'autre de se reconnoîrre & rallier ; là s'eschaufa le combat, qui fut opiniâtré iusques à la nuit serrée, laquelle obligea les vns & les autres de se retirer. En cette sanglante chasse,& au relancement, le Comte de Chabannes, & le Baron de la Tour du Bau Capitaines; d'Aubigny Lieutenãt;

Capitaine Georget.

Regiment d'Anguien mis en route.

Perte signalée des assiegeans

Pinſſon a Enſeigne, & fils de l'vn des Preſidens des comptes de Dijon; & plus de cinquante autres Officiers & ſoldats du regiment d'Anguien demeurerent ſur la place; & autres trente de celuy de Picardie; ſans mettre en compte ceux qui emporterent leurs playes au quartier. Douze tant ſoldats que bourgeois de la ville y moururent glorieuſement: cinq ou ſix y furent bleſſés: entre leſquels fut l'Aide de camp Cauchois, pratticien de ſa profeſſion de paix, mais tres-ſage & tres-vaillant ſoldat, qui auoit veu les guerres eſtrangeres, & qui en toutes les autres ſorties, où il s'eſtoit treuué, s'eſtoit jà porté ſi courageuſement, que le Capitaine de Grandmont l'ayant admiré, l'en auoit publiquemét loüé & embraſſé au retour, en preſence du Maiſtre de camp & de toute l'aſſemblée. Il mourut neuf iours apres, de la bleſſure qu'il auoit receüe dans l'eſpaule; quoy que d'abord on ne l'euſt pas iugée mortelle. L'Enſeigne Picard, fort braue & vaillant ieune homme, qui l'auoit acompagné, & ſecondé genereuſement, fut auſſi compagnon de ſa diſgrace, & apres auoir languy quelques iours, entre l'eſperance de gueriſon, & la crainte de la malignité de ſes playes, ſuccomba finalement à celle cy. Le Pere Brenier Cordelier obſeruantin, qui ſe treuuant de garde en meſme temps à la demye lune d'Arans auoit voulut prédre part à l'entrepriſe; ſe jettant inconſiderément dans les

Bleſſure de Cauchois Aide de camp.

Picard Enſeigne bleſſé.

Pere Brenier Cordelier priſonnier.

LE SIEGE DE DOLE.

les trauaux des ennemis, y demeura engagé, & fut conduit prisonnier à Auxonne. La gazette Françoise qui fanfaronne toufiours, voires aux plus honteufes déroutes des fiens, s'efgaioit à dépeindre ce Cordelier, qu'elle difoit auoir efté pris, les armes en main, la plume au chapeau, & le galant à la mouftache; & qu'il eftoit de telle experience & reputation, qu'il donnoit les principaux ordres dans la ville, & prefidoit en cette fortie. C'eftoit pour aprefter à rire à ceux qui fçauoient que ce pauure Religieux n'auoit autre experience, qu'à bien reciter fes heures, & entonner fon plain chát: qu'il portoit veritablement l'efpée & l'arquebufe, mais fur fon habit retrouffé, & auec les cheueux tondus en coronne à la Cordeliere; fans autre fignal extraordinaire qu'vne petite croix de ruban rouge attachée fur fon chapeau gris; telle que la portoient les autres freres de fon conuent, lors qu'ils entroient en garde à leur tour auec la bourgeoifie de leur quartier. Le bon Pere s'eftoit coulé parmy les habitans en cette fortie, fous la genereufe refolution qu'il auoit prife de mourir pour le falut de fes compatriotes: ainfi qu'il fe vint expofer volontairement, apres fon retour de prifon, pour feruir les empeftés en fon cloiftre; ou il finit heureufement fa vie, au milieu de fes freres, que la maladie rauageante moiffonnoit en grád nombre pour le ciel. On furprit peu de iours apres cet

Fadaifes de la gazette fur la prife de ce Cordelier.

Dd

Lettre du President Pinssona de Dijon.

exploit, vne lettre du President Pinssona, lequel piqué iusques au vif du desastre de son fils, Rapportoit tous les sinistres succes qu'il voioit & presageoit pour l'aduenir aux armées de son Roy, à l'iniustice de cette mal-heureuse guerre commencée contre les Comtois ; qu'il disoit auoir merité la faueur & l'assistance de Dieu, pour auoir tousiours vescu doucement, & traitté franchement auec leurs voisins.

Estat des dehors apres plusieurs assauts.

Au bout de tous ces memorables assauts, & valeureuses resistances ; les choses furent reduites à vn tel point, que les assiegeans s'estans logés à couuert de leurs gabions, de tonneaux, de sacs, & de palissades sur le haut du reuers de cette motte de terre, qui alloit aboutir en vn fond prés la riuiere, au deuant du bastion du viel chasteau : les assiegés estoient fortifiés de mesme : à dix-huit ou vint pas plus outre, sur la cõtrescarpe & sur le chemin couuert : la place entre les deux, que le fracas des mines auoit renduë fort inegale demeuroit neutre, comme elle fut tout le reste de la durée du siege ; aussi ne pouuoit-elle estre occupée par l'vn ou par l'autre, qu'en l'arrousant de plus de sang que toute la contrescarpe ne valoit. Pour cette occasion

Corps morts que l'vn & l'autre party ne pouuoient retirer.

plusieurs corps morts de chacun party restoient couchés sur l'explanade, à qui ceux qui eussent voulu tenter de donner sepulture, se pouuoient bien faire inscrire dez l'instant au nombre des trespassés. Et chacun par vanité cedoit à son ad-

LE SIEGE DE DOLE.

uersaire l'honneur d'auoir demandé le premier ce charitable office pour les defuncts. Cependant la grande chaleur qui faisoit fondre leurs charongnes, esleuoit vne extreme puanteur, que les vns & les autres ne pouuoient plus supporter. Il y eut en fin suspension d'armes pour cela, pendant laquelle ceux du dedans en reconnûrent & retireret trois, & ceux du camp neuf ou dix, qui furent à l'instant profondement enterrés aux enuirons de ce champ d'honneur.

Le Prince escriuât sur le sujet de cet enterremét, y adjousta vne seconde & plus pressante inuitation au Maistre de camp, & en sa personne, à tous les assiegeans, de composer & de se rédre; assaisonnant son escrit de flatterie, de promesses, & de menaces. *Songez à vous* (disoit-il) *Un Archeuesque si sage; vn Parlement remply de tant de braues gens; vn Maistre de camp si vaillant, & qui s'est si bien deffendu, ne voudroient pas par vne opiniastreté inoüie, perdre, au regret de leurs ennemis, vne ville telle que Dole. Traittés en saison. Vous estes sans secours ny de vouloir ny de pouuoir: nostre camp estant acheué d'estre tout retranché. Les mines sont sous vous. Bref en Hollande, & en Flandre on seroit rendu il y a huit iours. Tardant vous empirés vostre marché.* La responseduMaistre de camp fut aussi seche que la premiere. *Qu'il dépédoit de ses Superieurs qui songeoient plustot à repousser genereusement les efforts des assiegeans, qu'à vne honteuse capitulation: & qu'au*

Seconde inuitation du Prince à la Verne de se rendre.

Responce de la Verne.

bout il estoit dans la ville pour seconder leurs desseins, & passer le premier par le chemin de la mort plustot que de sortir hors de son deuoir.

Apres auoir ainsi tasté le pouls aux Gouuerneurs, au Chef de la gendarmerie, & aux citoiens, & donné des secousses, ores violentes, ores artificielles pour les esbranler: le Prince s'aperceuant qu'ils ne se relaschoient en rien, creut que ses atteintes porteroient plus efficacement dans les cœurs des soldats, qu'il iugeoit estre la partie la plus foible. Il fit donc jetter la nuit dans les contrescarpes & sur les explanades quantité de billets signez de la main du Grand Maistre de la Milleraye. *Pauures soldats (portoient-ils) qui gardés les dehors, & qui patissés, pendant que les bourgeois sont à leur aise dans la ville; l'on vous offre retraitte asseurée dans l'armée, vne pistole à chacun de ceux qui voudront venir, employ raisonnable pour ceux qui voudront seruir, ou sauf-conduit pour ceux qui se voudront retirer.* Les soldats qui les recueillirent au matin les aporterét à leur Maistre de camp, & luy au cōseil de guerre. On creut qu'vne si honteuse semonce, meritoit cette dédaigneuse repartie, que l'on fit jetter par semblables billetins dans les tranchées. *Mal-heureux esclaues, sçachés que nostre condition est mille fois plus heureuse que la vostre; & que nous méprisons autant vos artifices que vos armes: les habitans & nous viuons comme freres, & sommes inseparables, principalement en la volonté de repousser tous*

Billets jettés pour desbaucher les soldats assiegés.

Contre-billets des assiegés.

LE SIEGE DE DOLE.

vos efforts. Agißés en soldats, & non en seducteurs, & lors nous vous entendrons, & vous respondrons. Vn des Esleus de la Milice du Pays s'entretenant le lendemain sur la contrescarpe, couuert d'vn sac plein de terre, à discourir auec les sentinelles des assiegeans, n'eut pas mauuaise grace. Il leur crioit en son patois. *Vostre Roy nous offre des pistoles pour nous acheter à son seruice: sçaués vous pas que c'est nostre Roy, qui en donne aux autres; qu'il a des Indes inespuisables, qui luy en fournissent; & que le vostre n'en à que celles qu'il mendie d'Espagne, ou qu'il succe du sang de ses pauures sujets? Nous nous soucions aussi peu de vostre or, que de vostre fer.* Les assiegés prenoiēt ces prattiques à bon augure; cóme tesmoins affidés de la deffiance que les ennemis auoient de leurs forces. Vn seul Caporal de la Compagnie des Esleus du ressort d'Orgelet, fut si lasche, que peu de iours apres, estāt enuoyé auec six de ses camarades pour garder vn poste du dehors, fort aduancé vers l'ennemy, il les débaucha tous, & les conduisit au quartier royal, pour auoir passeport, & licence de retourner en leurs maisons. L'amour de la liberté, & l'espoir de la prochaine moisson les seduisit, plustot que la desloyauté: huit ou neuf de la compagnie colonnelle des Esleus de Dole en firent autant, & se desroberent vn à vn : mais leur action fut iugée si detestable par tous les autres, qu'elle seruit d'exemple d'horreur, & non pas d'imitation. Les Cōmandans

Mespris des sémēces des assiegeans

Desbauche de quelques soldats.

se consoloient, disans que leurs cōpagnies estoient espurées de l'escume de ces infames poltrons, qui ne seruoient qu'à corrompre les autres par contagion, & en troubler la pureté ; & qui parauanture leur eussent faussé compagnie, & mis l'honneur de leurs chefs en peril, dans vne bonne occasion.

Prince escrit des nouuelles aux assiegés. Quelquesfois le Prince, qui joignoit toutes sortes de ruses à la force, pour esbranler les assiegés, leur escriuoit des nouuelles de quelques disgraces qu'il disoit estre arriuées aux armées de la mason d'Austriche en Flandre, & en Allemagne ; & asseuroit sur son honneur qu'il les auoit receües par courriers expres : mais pour ne point offenser le respect que l'on deuoit à sa qualité, on les receuoit comme deriuées de la source de la gazette.

Les assiegés pressēt leur secours. Les assiegés cependant ne cessoient de faire passer messagers sur messagers en l'armée du Marquis, de Conflans, pour auoir du secours. Ils le prioient, ils le coniuroient, ils luy commandoient d'acourir à leur aide, & au Conseiller de Beauchemin de le presser. Ils leur donnoient ordre de tirer gens de toutes les garnisons, & de la bonne volonté des villes, & les joindre auec le peu qu'ils auoient des-jà de troupes auxiliaires, afin de faire quelque effort : du moins pour donner sur quelque quartier de l'ennemy. Ils leur promettoient de faire en mesme temps vne puissante & gaillarde sortie, & les seconder vaillamment. Ils raualoient le plus

LE SIEGE DE DOLE.

qu'il leur estoit possible les forces des assiegeans, qu'ils auoient tant de fois battus; & taschoient de les rendre mesprisables par l'impression de leur lascheté, & de leurs frequentes desroutes. Besançon, Salins, Gray, Poligny, & toutes les autres villes offroient de contribuer & leurs garnisons, & leurs bourgeois volontaires: plusieurs de la noblesse & des plus releués estoient d'aduis que l'on tentast fortune, en vne si presente & pressante extremité. Les chefs en escriuoient des promesses, mais elles n'estoient pas suiuies de leurs effects. L'Archeuesque & la Cour découurirent assés par tant de dilaïemens, de varietés, & d'ambiguités de responses, que ceux qui commandoient & conseilloient au dehors n'estoient pas resolus de venir aux mains, & mettre au hasard les troupes du Pays, auec ce peu qu'ils auoient d'infanterie Allemande, non pas mesme de s'aprocher du camp François pour le trauailler: ains qu'ils estoient aux attentes de plus grandes forces estrangeres, auant la venuë desquelles ils ne vouloient rien entreprendre. *Ceux du dehors peu resolus de hasarder.*

Toute la consolation, que les Gouuerneurs receurent, se tira des lettres que le Serenissime Infant Cardinal leur escriuit de Bruxelles en date du quinzieme de Iuin: par lesquelles ce tres-genereux & tres-debonnaire Prince disoit. *Qu'aussi tost qu'il auoit entendu l'inuasion de la franche-Comté de* *Lettres de l'Infant Cardinal aux assiegés.*

Bourgongne par le Roy de France (contre la Neutralité iurée) & le siege de la ville de Dole ; il fust acouru en personne au secours de si bons, & si fideles vassaux du Roy, si les grandes affaires qu'il auoit ne l'eussent attaché par delà, pour s'opposer à tant de forces qui le menaçoient, & qui se retreuuoient aux enuirons des Pays bas. Qu'il luy sembleroit n'auoir point satis-fait à la tendresse d'affection que Sa Majesté portoit à la Prouince, & à l'obligation qu'il auoit de soigner la conseruation qui luy auoit esté tant recommandée, si à defaut de pouuoir faire reüssir le contentement qu'il receuroit de la venir secourir luy mesme, il n'en auoit döné la charge à Monsieur le Duc de Lorraine son cousin, auec les troupes que les affaires auoient permis de luy donner, & qu'il auoit escrit au Roy d'Hongrie son frere d'enuoyer pour cet effect : esperant qe moïennāt la valeur de Son Altesse, les desseins des ennemis s'éuanoüiroient ; & que dans cette occasion la Prouince feroit voir sa valeur tant espreuuée. Qu'il les chargeoit de l'aduertir de tout ce qui se presenteroit, afin que selon les accidens il pust donner, s'il estoit besoin, vn plus puissant secours : puisque pour les deffendre & assister, il ne vouloit rien obmettre qui luy fust possible : tant pource que leur fidelité le meritoit, que pource qu'ils deuoient à l'estime qu'il faisoit d'eux. Ces lettres toutes confites en amour, leur firent respirer vn air plus doux & renouueller les protestations de s'enseuelir dans leurs cendres, pluſtot que de sortir de l'obeïssance d'vn si bon Roy, & de l'heureux gouuernement

Promesse de secours

d'vn

LE SIEGE DE DOLE

d'vn Prince tant affable; & cependant attendre auec patience le secours qui leur estoit promis.

En mesme temps leur furent renduës celles du Roy d'Hongrie, données à Donavert le quatrieme de Iuillet, dont la substance estoit. *Que puisque les François, contre la raison & les traittés, auoient enuahy la Comté: & assiegé Dole, en intention de chasser les legitimes possesseurs de leurs maisons, & les despoüiller de leurs biens: & que maintenant il estoit croiable, que moyennant le notable secours qu'il leur enuoioit de caualerie, & d'infanterie, & leur courageuse deffense, les François prendroient d'autre conseils; & ne pouuans venir à bout de leurs desirs par la force, ils tascheroient de les piper, par des traittés frauduleux, il les aduertissoit & exhortoit cordialement de perseuerer en leur constance & fidelité tant renommée iusqu'à present par tout le monde, enuers le Roy leur Souuerain son tres-cher frere, d'estouper leurs oreilles aux artifices des François, & ne traitter ou conclure quoy que ce fust auec eux. Qu'ils ne deuoient point douter que moyennant l'aide de Dieu, le secours suffisant ne leur manqueroit pas. Car non seulement l'Infant Cardinal estoit desia entré dans la France auec vne puissante armée; mais encor le Comte Galasse estoit allé auec grandes forces à la rencontre du Cardinal de la Valette & du Duc Veymar, en intention de les secourir au plustot. Qu'en cela ils feroient chose non seulement conuenable à leur ancienne loyauté, mais encor tres-vtile à toute sa tres-auguste maison & eux mesmes.*

Lettres du Roy d'Hōgrie aux assiegés.

Les inuite à ne point traitter.

E e

Premier secours enuoyé au Pays.

Les effects suiuirent de prés ses promesses, car il enuoia d'auant-garde le regiment de cuirasses du Baron de Mercy Sergent de bataille, & trois de Croates commaudés par le General Forcas. Ces troupes se rafraichissoient sur la riuiere de l'Ougnon à flanc de Besançon, quand le Marquis de Conflans se resolut de les joindre: le chemin des moutagnes luy sembla plus asseuré; mais il ne fut pas le plus auantageux, parce que l'aspreté & les incommodités des lieux firent perdre bonne partie de l'infanterie du Pays; qui d'ailleurs se dégousta

Infanterie du Pays dismādée.

voiant l'Allemande marcher à regret, à raison de l'ordre qu'elle venoit de receuoir du Côte Galasse de ne rien hasarder, auant l'arriuée de l'armée entiere qu'on auoit destinée au secours de la Prouince. Ce fut pourquoy nostre infanterie ne se treuua plus que de douze cens effectifs, quand elle joignit la nouuelle caualerie; & falut assés trauailler pour la recueillir & rassembler à Chalesoule pres de Besançon : & cependant pour ne sembler perdre téps

Mille cheuaux entrent en la Duché.

furent enuoiés mille cheuaux Bourguignons & Croates pour faire quelque sorte de diuersion dãs la France, où ils porterent bien tost le feu & la frayeur assés auant dans la Duché de Bourgogne, qui iusque lors n'auoit nullement gousté les fruits amers de cette guerre.

Les Gouuerneurs assiegés qui n'en ressentoient point de soulagement, & se sentoient serrés de pres

& incommodés en diuerses sortes; commençans d'aprehender la longueur, & le succes du siege, redoublerent leurs ordres precis & absolus au Marquis, de tenter à quelque pris que ce fust de les secourir. Le Marquis au contraire qui n'auoit pas encor rallié tous ses fantassins, & se croioit trop foible de gens de cheual, pour aller à l'ennemy, & l'attaquer dans son camp, dissimuloit son impuissance, & par le retardement ou ambiguité de ses responses, tiroit les affaires à la longue.

Instances redoublées des assiegés pour estre secourus.

L'Infant Cardinal auoit escrit au Conseiller de Champuans estant à Gray, *Qu'en cas de continuation du siege de Dole, ou de violence faite aux Commis Gouuerneurs, il eust à representer leurs personnes & en exercer la charge, auec les autres Conseillers du Parlement, s'il y en auoit aucuns, non assiegés ny violentés & viuans en liberté au seruice du Roy; afin de conseruer la Prouince, à l'assistance de tels autres qu'il treuueroit conuenir; dequoy il luy donoit plain pouuoir iusques à autre ordre.* Les Commis au Gouuernement qui en furent aduertis, luy manderent d'aller joindre l'armée, & d'y trauailler autant qu'il se pourroit, pour haster le secours tant de fois promis, & si long temps retardé. Il se porta promptement à Beauprel, ou estoit campé le Marquis; lequel luy descouurit franchement les causes de son dilaïement: que les regimens Allemands ne vouloient mettre leurs drapaux en peril, ny abandonner leurs malades, & leur bagage: qu'il

Pouuoir donné au Coseiller de Chapvans.

Coseiller de Chapvans presse le secours.

auoit befoin de gés de pied, & d'artillerie : & qu'au bout les Colonnels n'eſtoient pas bien d'accord, s'il conuenoit marcher. On aſſemble là deſſus en conſeil de guerre tous les Chefs de l'armée, qui apres auoir entédu l'eſtat des affaires, & les preſſantes ſemonces & ordonnances de l'Archeueſque & du Parlement, códeſcendirent à cette concluſion.

Reſolutió de ſecourir la place. Que ſans attendre dauantage le venüe du Comte Galaſſe, que l'on ſçauoit eſtre occupé par la Valette & par Veymar, il falloit faire tous efforts de ſecourir Dole. Et tous auec alegreſſe promirent par eſcrit ſoubſigné de leurs mains, de ſe porter à cette expedition, au premier commandement. Entre les Seigneurs qui ſe treuuerent en l'armée & au cóſeil le Baron de Scey ſur tous autres, conſeilla puiſſam-

Baron de Scey anime les autres à cette entrepriſe. ment & genereuſement de tout haſarder, s'il en eſtoit beſoin, pour ſauuer vne partie ſi principale, qui deuoit par le ſucces de ſa fortune perdre ou conſeruer tout le reſte : animant les raiſons qu'il en donnoit, & par la fecondité d'eſprit, & par la grace de bié dire qui ſont nées auec luy. Il s'offroit d'y paroître le premier l'eſpée à la main, comm'il a fait tant de fois aux Pays bas, au Palatinat, & ailleurs, auec autant de valeur que de bon-heur.

Ses qualités. Auſſi eſt il reconnû dans la franche-Comté pour Chef du nom & des armes de la maiſon de Bauffremont, celebre dans les hiſtoires, ſignalée au rang des cinquante premiers Cheualiers de la Toiſon

LE SEGE DE DOLE.

d'or, & illuſtrée par des emplois continuels aupres des perſonnes des Rois & des Princes, en Eſpagne, en Flandre, & aux deux Bourgongnes. Il faiſoit lors l'office de Bailly d'Amont, & commandoit à la Nobleſſe cōuoquée au Riereban, auec vne compagnie de cheuaux legers, & vn regiment d'infanterie: comm'il fait aujourd'huy à toute la caualerie du Pays en qualité de Lieutenāt general. Il ne ceſſa pendant tout le ſiege de Dole, de ſolliciter les moyens, & aduancer les effects de ſa deliurance: mais d'autant plus qu'il dōnoit viuement l'eſperon par l'ardeur de ſon zele & de ſon courage, d'autre retiroient la bride par les conſiderations du peril, & de l'eſpoir prochain des troupes auxiliaires.

Pour couper aux eſtrangers tout pretexte de reculer, on accorda aux troupes Allemandes la ville de Gray, pour dépoſer leurs eſtendarts au dedans, & loger leur bagage au dehors. On enuoia pour auoir du canon & des munitions à Beſançon; ou les Gouuerneurs de la Cité en fournirent en preſt auec vne grande affection & promptitude; & y adjouſterent de ſurabondant, vn renfort de ſix cens pietons, qu'ils auoient leués à leurs frais, armés, & ſoudoiés pour ſix ſemaines. *Diſpoſitiō des eſtrāgers pour le ſecours.*

La nouuelle de cette reſolution fut ſçeüe par les aſſiegés, & receüe auec vn indicible contentemét. Ils reueillent & releuét leurs courages; prouoquent celuy des entrepreneurs; promettent vne hardie & *Nouuelle de cette reſolution eſioüit les aſſiegés.*

vigoureuse sortie à l'arriuée du secours; en marquét le signal; aprestent des prouisions & des viures, que les bourgeois côtribuent auec largesse & franchise; remercient les Gouuerneurs de Besançon; & animent vn chacun à cette glorieuse action. Le Conseiller de Champuans, se seruant du pouuoir que le Cardinal Infant luy auoit donné, conuie par affiches toute la Noblesse, les villes, & le peuple de concourir à ce champ d'honneur & de merite; ou chacun se portoit de gayeté de cœur. Le Marquis cependant dépesche courriers sur courriers iusqu'au nombre de sept, au Roy d'Hongrie, au Duc de Lorraine, & au Comte Galasse, specialement pour obtenir renfort de gens de cheual, auec vn Sergent de bataille des armées Imperiales, à l'effect de distribuer plus efficacement, & auec plus d'authorité les ordres à la nation Allemande, puis fait mouuoir son camp iusques à Marnay sur la riuiere de l'Ougnon, où il fait quelque sejour; obseruant la contenance de l'ennemy, qui se tient reserré dans ses quartiers. Les Allemands passent à Gray, pour y déposer leurs drapeaux, auec commandement de gagner le poste de Pesmes, s'il se pouuoit sans peril, pour loger toute l'armée aux euuirons : car quoy qu'on pust dire, le Marquis n'estoit point determiné de venir attaquer les Fráçois dans leurs tranchées, s'il n'auoit de plus grandes forces. Il mit de rechef en deliberation le lo-

LE SIEGE DE DOLE.

gement que l'armée deuoit prédre en cette attéte. Celuy de Pesmes estant recogneu se treuua mal asseuré, & moins propre à incommoder l'ennemy. Fraisans sur le Doux qu'aucuns remettoient en terme, estoit plus seur, & plus à la main pour assister Dole: Mais au conseil la pluralité emporta, qu'on sa saisiroit de celuy des Pontaillier sur Saone en la Duché de Bourgongne, à demie lieüe d'Auxonne: afin de par vn mesme coup entreprendre sur la France, courre la frontiere ennemie, trauailler les assiegeans, & leur couper les viures & les fourrages. De Mandre Cómissaire de la Caualerie eut ordre d'executer ce dessein auec cinq cés cheuaux & deux mille hommes de pied, moitié Bourguignons, moitié Allemands. L'Infanterie Allemande qui auoit l'auant-garde pour ce iour là, s'aperceuant qu'vne pauure femme trauersoit la riuiere pour s'eschaper, remarqua le gué, & le passa sans marchander, puis attaquant impetueusement la place l'emporta d'emblée & commença de butiner. Les Bourguignons la suiuirent de pres, & se souuenans de l'embrasement de Quingey, mirent le feu en diuers endrois, qui deuora en moins de demie heure plus de moitié des maisons, sans qu'il fust possible d'en arrester la fureur. Ces desordres furét cause que les entrepreneurs quitterent ce logemét, où il ne restoit plus aucune commodité, & se rendirent en leurs premiers quartiers. Le Marquis de

Deliberation sur le logement de l'armée

Prise & embrasement de Pótaillier sur Saone.

Conflans logea lors son infanterie en campagne pres de Gray, & sa caualerie à Aspremont pour se rendre maistre du pont sur la Saone. Il fit aduácer les Croates au voisinage de Pesmes pour harceler les assiegeás, & leur barrer le commerce des viures & prouisiõs, qu'en leur fournissoit dez Auxonne: & donna ordre que la caualerie Allemande & Bourguignone courust & rauageast d'autrepart de la Saone, portant le feu, le fer, & l'effroy dans la Duché. Quand à Dole sur l'aduis qu'il auoit eu, qu'il y auoit disette d'hommes & de munitions de guerre, il essaya d'y jetter six cens pietons, dont quatre cens estoient armés de mousquets & de piques, & deux cens de demy picques, auec chacun son sac de cuir remply de poudre. La conduite en fut donnée au Maistre de camp Raincour, vaillát, vigilant, & discret, qui trauersant la forest de Chaux les rendit à vne lieüe pres de la ville, où il sejourna quelques heures, espiant l'oportunité de les y faire entrer par la prairie basse, sous le voile de la nuit. L'ennemy qui traquoit les bois les descouurit, & quoy qu'il n'eust pas l'asseurance de les assaillir, il serra le pas à leur entreprise, & les obligea de se retirer, comm'ils firent sans perte. Pendant cela les Croates, qui sont tousiours en queste, ne cessoient de harasser les assiegeans, & en leur camp & en leurs conuois, & auoient percé iusques dans le quartier de Gassion, duquel ils auoient enleué

Dessein de faire entrer gens & munitions de guerre à Dole.

Est descouuert & sans effect

LE SIEGE DE DOLE.

enleué plusieurs cheuaux. Les ennuis que l'armée Françoise receuoit de ces frequentes camisades firent resoudre la Milleraye de se porter en personne auec Gassion conduisant douze cens cheuaux & pareil nombre de gens de pied, à dessein de surprendre Forcas au lieu de Valay, où il estoit logé auec deux cens cheuaux seulement, & le meilleur de son equipage. Forcas qui ne dormoit pas, & qui n'oublioit rien de ce que peut & doit vn Chef vigilant & pratique, pour se garder d'estre pris au dépourueu, en fut aussi tost aduerty par ses vedettes, & se disposa de les bien receuoir. Pour le faire plus auantageusement il rappella ses troupes, se desembarassa du bagage qu'il fit passer à Gray, & y enuoia quelques Bourguignons pour aduertir qu'il auoit l'ennemy en teste, qu'il l'alloit charger, & se promettoit de le tenir en ceruelle iusques aux huit heures du matin du lendemain, pour lequel téps, s'il estoit assisté, il mettroit les François comme vne gauffre entre deux fers, & les tailleroit tous en pieces. Il leur alla donc au rencontre, & apres les auoit harcelé cinq ou six heures par des courses à la desbandade, selon la façon ordinaire de cette sorte de caualerie, il les chargea en fin de furie, estant à la teste des siens, & se mesla si auant, qu'vn caualier François eut le moyen de jetter la main sur son escharpe pour le penser arrester, mais il luy fit bien tost lascher prise. La meslée fut sanglante

François pensent surprédre Forcas & ses Croates.

Forcas se prepare à los receuoir.

F f

Les bat & les contraint de se retirer auec pert

& dura plus d'vne heure auec telle disgrace des François qui estoient tous recreus, qu'ils y laisserent grand nóbre d'Officiers, mesmement le Maistre de camp Bourdonné, & la Cressonniere Capitaine de cheuaux legers. La Milleraye y fut serré de si pres, qu'il vit tuer à son costé l'vn de ses domestiques quil auoit reuestu de son capot & de ses armes; luy mesme fut blessé ou si fort trauaillé qu'il en chargea la fieure, au rapport de l'vn des tâbours de nostre ville qui le vit deux iours apres febricitãt en son lit à S. Ylie. La deffaite eust esté plus grãde, si Forcas eust receu le réfort qu'il attédoit de Gray; mais l'aduis qu'il en auoit enuoié, estant arriué la nuit à la muraille, ne fut pas porté au Marquis auec la diligence requise; de sorte que la caualerie qu'il destina pour y acourir, si tost qu'il en fut aduerty, ne faisoit que mettre le pied à l'estrieu, quand la nouuelle vint de la retraitte & déroute de l'énemy.

Les assiegeãs acheuent l'enceinte de leur camp.

Apres cet eschec les assiegeans ne pensérét plus qu'à se se renfermer en leur camp, trauaillans iour & nuit auec vne incroiable diligéce, à joindre tous leurs quartiers, forts, redoutes, & retranchemens par des lignes de cómunication, auec leurs pointes aduancées, & destours necessaires, tant d'vn costé que d'autre de la riuiere; si bien que sur la fin du mois de Iuillet, la ville se vit entieremét enceinte & bouclée de toutes parts par cette circonuallation, dont le contour estoit de plus de vint quatre mille

LE SIEGE DE DOLE.

pas, & le camp fortifié contre le secours du dehors.

Pour assaillir le dedans ils s'estoient attachés à vn seul dessein, qui estoit de faire sauter la pointe du bouleuard du viel chasteau, combler le fossé de ses ruines jointes à celles de la contrescarpe opposée, & ainsi se dresser vn pont pour venir à l'assaut. A cet effect ils auoient muny de flancs & courtines fossoiées, vne place d'armes pour loger mille hommes, à deux cens pas de la contrescarpe, & de là auoient tiré quatre treschées en galeries eslongnées de trente pas seulement l'vne de l'autre, s'aduançans droit contre le chemin couuert, pour le pouuoir aprocher & attaquer auec grādes forces vnies. Ils creusoient vne autre galerie contournée par derriere la motte le long de la plaine d'embas qui costoie le fleuue du Doux, laquelle se partageant en deux branches, en conduisoit l'vne à droit fil cōtre la tenaille, & destournoit l'autre pour aboutir à la face du bastion regardant la riuiere, à trois toises pres de la pointe, ce qui leur estoit d'autant pl⁹ facile que le fossé estoit tout ouuert de ce costé là. Mais parce que la tenaille qui fait vn angle retiré auec le bouleuard, & flanque cette mesme face, incommodoit leurs aproches, & demeurant en estat auec ses parapets & embrasures, estoit pour massacrer autant d'hommes qu'il s'en fust presenté à l'assaut; ils pointerent trois nouuelles batteries contre cette tenaille pour en leuer

Derniere resolution des assiegeās pour auoir la ville.

Leurs diuerses galeries.

Ils ruinent la tenaille qui defēd le bouleuard du chasteau.

Ff 2

la deffense; l'vne deçà la riuiere à la diſtãce de cent cinquante pas, vne ſeconde ſur l'autre riue de l'eau eſlongnée de deux cens pas au plus, & la troiſieme encor d'autrepart de la riuiere au deuant de la Bedugue qui raſoit la tenaille, & embouchoit quelques canonieres ouuertes dãs la face du bouleuard qui pouuoient eſſuyer celle de la tenaille. Chacune de ces bateries eſtoit fournie de deux gros canon, & donnoient toutes continuellement en meſme endroit: de ſorte que le parapet & de pierre & de terre en eſtant abatu, il eſtoit impoſſible de rẽdre combat deſſus, ſans vn peril irremediable de ſe perdre. Pluſieurs ſe perſuadoient que le but des aſſiegeás eſtoit de faire breſche au pan de cette tenaille, qui eſt vne piece de vielle maſſonnerie, des reliques de l'ancien chaſteau, laquelle a eſté conſeruée pour tenir place de flanc à la face orientale du bouleuard, & à la courtine deuers la riuiere, en l'attente d'vn ouurage plus regulier & de plus grande perfection. Les argumens qu'ils prenoient pour croire que l'ennemy ſe vouloit donner entrée en la ville par cet endroit, eſtoient tirés de la foibleſſe de la piece, & de la galerie qu'il alloit continuant droit au rẽcontre. Pour moy ie ſouſtenois touſiours, que tant de batteries pointées & furieuſement deſchargées contre cette place n'auoient autre objet, que d'en oſter la deffenſe, & la rendre inutile, afin d'auoir meilleur marchef du bouleuard, & l'affaillir fans eftre battus à flanc ny a dos. Mes raifons eftoient, que quand cette tenaille feroit entierement ruinée & rafée par le pied, le rempart refteroit en fa force : & que la place de la tenaille eftoit de fi difficile abord par le bas, & fi eftroitte par le haut, que trois hommes de front auroient peine de s'y prefenter à l'affaut. Ce neantmoins afin d'en ofter l'ombrage, & pouruoir à tous euenemens, nous y fifmes efleuer deuers la ville vn retranchement, qui fermoit cette tenaille par vn angle retiré, ayant fon parapet de cinq à fix pas d'efpaiffeur, auec vne bône fraife de pieux pointus faillans en dehors, & vn foffé au deuant large de huit à neuf pas, & profond de cinq à fix. Mais ma creance eftant qu'il y auoit plus à craindre pour le bouleuard; nous le retranchâmes pareillement à la gorge, par vn parapet de bône terre à la preuue du canon, foffoié au deuant, & mifmes la partie fuperieure qui luy fert comme de caualier, en eftat de flanc, pour pouuoir battre à plaifir ceux qui entreprendroient de monter par la pointe ou par les faces; puifque apparemmét il n'y auoit rien à douter du cofté de l'orillon. Il falloit remedier à la mine. Pour cela nous fimes vn creufage trauerfant de l'vne des faces du bouleuard à l'autre iufqu'à la chemife, continuans de le profonder fi bas que l'on puft rencontrer l'endroit ou les mineurs ouuriroient leurs mines & fourneaux, & les éuen-

Retrâchemens faits par les affiegés en la tenaille.

Et encor au baftion voifin.

Creufage pour contréminer.

Ff 3

ter par contremines.

Aproches des assiegeans incommodées.

Il y auoit sur l'espaule du bouleuard du pont, vn gros canon de quarante liures de bale, acompagné d'vne demie coleurine, qui ne cessoient de foudroier la galerie d'enbas, & retardoiét merueilleusement les ouurages des assiegeans, lesquels n'y pouuoient trauailler qu'à la faueur de la nuit, & souuent auoient peine de reparer ce qu'on leur auoit fracassé le iour. D'autrepart la tranchée que les soldats auoient tirée au deuant de la courtine entre le pont & le chasteau, dez la demie lune qui est au bout du pont de bois iusqu'au deuant de la tenaille, où elle estoit repliée en quarré pour y loger de la mousqueterie, descouuroit la mesme galerie, & faisoit vn grand meurtre de ceux qui paroissoient aux enuirōs. Il y auoit encor des recoins sur le bouleuard du chasteau, dez lesquels quelques bourgeois estoient continuellement aux aguets, pour piquer ceux que montroient tant soit peu le nez : tellement que l'ennemy n'aduançoit qu'auec vne merueilleuse perte, & détrempoit plus souuent de son sang ces dangereux trauaux, que de la sueur de son visage. Aussi maintenant que nous trauaillons aux mesmes endrois, pour remedier aux defauts que le siege nous à fait connoître, nous y rencontrons quantité de corps morts enterrés, & entassés l'vn sur l'autre. Les grenades, les feux, & les pierres ne luy furent pas espargnés dez

LE SIEGE DE DOLE.

qu'il commença d'aprocher le fossé. Cette tranchée quoy que precipitamment taillée sur le sable de l'isle, les incommodoit le plus; quelques caualiers voulurent passer au gué pour charger les nostres qui estoient à la pointe; mais ils furent si bien receus qu'ils furent contrains de repasser en diligence à la veüe des bourgeois, qui commençoient de les salüer dez les remparts; en sorte qu'ils n'entreprindrent plus d'y retourner.

Les assiegés ne pouuoient souffrir de voir gagner leur fossé pied à pied, & prindrent resolution d'empescher ou retarder ce progres de l'ennemy en l'affrontant teste à teste. Le Capitaine Dusillet qui auoit succedé à Legnia en la compagnie des Esleus d'Orgelet, eut commandement de sortir à cet effect sur les dix heures en nuit du vintieme de Iuillet, suiuy de quarante soldats, & vint bourgeois choisis, auec vne vintaine de charpentiers & gens de labeur portans coignées, pioches, & autres outils propres à couper, rompre, & combler les ouurages: ceux qui gardoient les dehors auoient ordre de se tenir prests au premier mandement. Dusillet se coula le long du fossé auec les siens; & ayant gagné la pointe du bouleuard s'eslança brusquement, & à l'impourueuë sur ceux qui trauailloient & commandoient dans ces galeries. Il bouleuerse d'abord tout ce qu'il rencontre, met le feu

Assiegés se resoluét de desloger l'ennemy du fossé.

Furieuse serenade donnée aux assiegeás.

aux fascines & aux bois, assomme les fossoieurs & leurs gardes, donne la chasse à ceux qui estoient dans les trachées, les enterre dans leurs fondrieres, & fait vne sanglante boucherie de tous ceux qui ne sçauent pas se garantir de vitesse. Pendant que ses pionniers terreplanent les creusages, renuersent les tonneaux, gabions, palissades, & mantelets des assiegeans, & s'efforcent de reduire tout en cendre; il suit sa pointe, & à coups de fleaux herissés de grands clous de fer, de haches d'armes, & de grenades terrasse ce qui luy veut resister, tirant droit au canon qu'il alloit aborder, si les boües qu'vne bourrasque du iour precedent auoit causées ne luy eussent aporté du destourbier. Ses gens s'animans l'vn l'autre & poursuiuans l'ennemy jettent de si haut cris que l'air en retentit, & par leurs voix confuses, parmy les meurtres, & les flammes qui leur seruent de torches, rendent la nuit effroiable. Cependant les assiegans y accourent de toutes parts & attachent vne furieuse escarmouche, leurs canoniers se reueillent & tonnent contre les remparts, où la bourgeoisie estoit en deuoir ; les grenades volent de part & d'autre ; le Capitaine Dusillet est blessé en diuers endrois & contraint de se retirer, son Sergent tomba roide mort, Guillegard tresvaillant Ecclesiastique est atteint d'vne grenade sur les dents ; & en fin les nostres, ayans executé ce qui leur auoit esté commandé, apres deux heures

Capitaine Dusill et blessé.

de cha-

LE SIEGE DE DOLE.

de chamaillis font leur retraitte par le mesme fossé, qui leur auoit donné l'entrée. Ils ne treuuerét autre perte, auec celle que ie viens de dire, que de trois morts & cinq ou six blessés. Dusillet & Guillegard guerirent dans peu de iours aussi prests à combattre que iamais. Quelques bourgeois furent renuersés sur le bouleuard du chasteau par les continuelles canonades des assiegeans. Le Ieune de Renans de noble maison de Dole, âgé de vint & vn à vint-deux ans, vertueux & aimable à merueilles, y eut la iambe emportée, & souffrit cet accident auec tant de courage, qu'il disoit à tous ceux qui estoient autour de luy, que ce n'estoit rien, les priant seulement de le retirer en arriere, de peur qu'il n'épeschast les autres de bié faire. Il en mourut le lédemain auec vn extreme regret de toute la ville. Pendant la retraitte de nos genereux assaillans, les François qui s'estoient amassés de diuers quartiers, se vindrent presenter iusques sur le bord de l'explanade. Vne troupe des plus vaillans s'aduance sur la premiere trauerse du chemin couuert & saute dedás. Donneuf Caporal du Capitaine de Grandmont en auoit la garde auec son esquadre, de laquelle il se voit abádonné à ce premier choc. Il ne perd point courage pourtant, ains se deffend l'espée au poing, & frappant d'estoc & de taille fait voler sa lame en deux pieces. Alors il se jette à corps perdu sur les deux premiers, embrasse

Renans le ieune tué.

Valeur extraordinaire du Caporal Donneuf.

Gg

l'vn & le ſerre du bras gauche, & happe l'autre de la main droite pas la longue touſe de cheueux qui luy flottoit ſur la jouë; puis s'acculant au coing de la terraſſe, pare auec les corps de ſes deux priſonniers, aux coups de leurs compagnons, qui luy lardoient les bras pour luy faire laſcher priſe,& luy hachoient la teſte à grandes taillades: cependant les ſiens honteux de l'auoir quitté,& reconduits au combat par le Capitaine des-Gaudieres, ſe raſſeurent, & s'aduanceans auſſi courageuſement qu'ils s'eſtoient laſchement reculés, le ſecourent auec nouueau renfort, pouſſent les François dehors,& luy donnent moyen de ſe retirer en la ville, où il mourut quelques iours apres fort Chreſtiennemét auec vne merueilleuſe conſtance. Il eſtoit l'vn de ceux à qui le Parlement auoit ouuert les portes des priſons criminelles, & qui effacerent les taches de leurs vies libertines par vne glorieuſe mort. Pédant que l'on menoit ainſi les mains ſur la côtreſcarpe, le Sieur d'Araucour fort vaillant gentil-homme,& qui fut depuis Capitaine, ſottit le long du grand chemin de Saint Ylie auec trente mouſqetiers, pour aller charger l'ennemy à flanc & à dos: mais s'eſtant pouſſé bien auant dans les tranchées, il les treuua vuides, & ſe contenta d'y donner l'alarme par vne deſcharge, afin d'obliger les aſſiegeans par cette diuerſion, à retourner en arriere, comm'ils firét bien toſt. En la ſortie de cette nuit, l'ennemy

LE SIEGE DE DOLE.

auec la ruine de ses trauaux de plusieurs nuits precedentes, regretta le desastre de grand nombre des siens qui furent grillés ou estropiés par les feux, grenades, & fleaux des nostres, & enseuelis dans ces estroites galeries, qui leur furent renuersées dessus. Vn de leurs Sergens fut amené prisonnier, qui ne fut pas chose peu remarquable, parce que les assiegés à la chaleur des assauts ne songeoient point au quartier, & n'en vouloient ny donner ny receuoir. C'est la raison pourquoy, durant tout le temps du siege, on a veu fort peu de prisonniers des assiegés au camp, ou des assiegeans en la ville. *Perte de l'ennemy par cette sortie.*

Le vint & vnieme au matin le Prince de Condé fit amener à la porte d'Arans par vn de ses tabours vn messager Suysse, reuestu d'vn manteau miparty de la liurée de Berne, lequel aportoit à l'Archeuesque & au Parlemēt des letttes des treize Cantons, & pour cette cause estoit desia passé aupres du Marquis de Conflans, qui l'auoit adressé au quartier du Prince, auec prieres de luy donner sauf-conduit, & le faire introduire en la place. Sitost qu'il se fut presenté au bout de l'explanade sur le chemin de Saint Ylie, où l'vn des Caporaux l'alla receuoir & entretenir attendant les ordres, les assiegés cesserēt de tirer comm'il estoit acoustumé en pareilles occasions, dez que le tambour auoit sonné la chamade, & se presenterent à descouuert sur les rápars regardans auec confiance & curiosité *Messager Suysse enuoyé par les treize Cantons à Dole.*

ce que c'estoit : les assiegeans au contraire lascherent quelques volées de canon, non seulement dez la batterie de Naymont, mais encor dez les plus voisines qui auoient entendu la chamade, auec des mousquetades dont l'vne atteignit vn tambour de la garnison ordinaire dás la demye lune. Les bourgeois irrités de cette desloyauté crierent hautemét que si ces tireurs n'estoient retenus, ils dóneroient tout à trauers. Le Suysse mesme s'en plaignit, & s'escria aux François des tráchées prochaines qu'il d'eussent surseoir, autrement on le feroit tuer. En ces entrefaites vn soldat de la garnison qui faisoit sentinelle sur le bastion d'Arans, donna le feu à son mousquet sans ordre, & peut estre sans dessein, mais non pas sans disgrace, car la bale porta dans l'espaule du messager qui n'auoit rien demerité. Tous ceux qui commandoient à la ville en ressentirent vn extreme déplaisir ; on fit emprisonner & chastier le soldat sans faire compte de ses excuses ; on alla receuoir le blessé auec toute courtoisie & tesmoignage de cópatir grádemét à son infortune; on le fit loger aux despens du public & traiter par tous les plus experts medecins & chirurgiens. Les lettres qu'il rendit estoient des Magnifiques Cantons à l'Archeuesque & au Parlement, & disoient *Que non seulement deuant l'entrée des François dans la franche-Comté, mais encor depuis, ils auoient en consideration de leur alliance, sollicité & par escrit & de bouche*

Messager est blessé & comme

Lettres des treize Cantons aux Gou-

le Roy Tres-Chrestien, prémierement pour le destourner d'y porter ses armes, & puis par courrier expres pour moyenner vne trefue, pendant laquelle se pust traitter vne bonne paix, & renoueller vne entiere vnion. Ayans aussi pressé le Sieur Mellian son Ambassadeur aupres d'eux, de faire entendre à son Roy les raisons pourquoy ils desiroient cet accommodement. Qu'ayans esté informés là dessus des causes de ses mouuemens, & ayans entendu le miserable estat de la Bourgongne, touchés de compassion pour elle, ils n'auoient rien souhaité dauantage, que de pouuoir par leur entremise la restablir en son premier repos, & dans vne concorde asseurée. Qu'à cette fin les Cantons de Berne, Fribourg, & Soleure, au nom de tous les autres auoient dépesché ce massager, pour induire l'Archeuesque & le Parlement au consentemēt d'vn bon accord; mais que n'en sçachans pas leur sentiment, ils les prioient de leur faire sçauoir l'estat de leurs affaires, & si l'interposition des treize Cantons leur seroit agreable; auquel cas leurs Deputés se mettroient promptement en chemin, & feroient tout leur possible pour ajuster vne composition qui seroit proffitable à la franche-Comté. Les Commis au Gouuernement respōdirent. Que la franche-Comté auoit vne obligation tres-grande aux Seigneurs des Ligues de l'affection qu'ils luy tesmoignoient, & du soin qu'ils prenoient de s'enquerir de l'estat present de ses affaires, & de s'employer pour y restablir, s'il estoit possible, la paix & la tranquillité. Ils excusoient par apres le sinistre accident suruenu au messager, en expliquoiēt les causes, & rejettoiēt

uerneurs de Bourgongne.

Responce des Gouuerneurs.

Gg 3

la faute sur qui l'auoit commise. Pour le point principal. Nous ne sçauons (disoient-ils) quelle information on peut auoir donné aux Seigneurs des Ligues sur les causes pourquoy le Roy de Frāce à fait entrer ses armes hostilemeut dans ce Pays, & fait assieger la ville capitale; mais nous pouuons asseurer en toute verité deuant Dieu & les hōmes, que nous ne luy en auons donné aucun sujet, ains auons si saintement & religieusement obserué la Neutralité traittée auec la France, que si l'on nous pouuoit imputer quelque faute à ce regard, ce seroit celle d'auoir eu trop d'aprehension de la voir enfraindre. Car quelque déguisement que les François puissent aporter à leur inuasion, il n'en faut point rechercher d'autre cause, que le dessein qu'ils font esclater par tout, d'agrandir les bornes de leur Royaume. Ce qu'ils feroient si Dieu n'arrestoit le cours de leurs entreprises, qui laissent assés à penser à tous ceux à qui la Comté à seruy de barriere iusqu'à maintenant. Le siege de cette place a esté commencé par l'embrasement general des villages que sont aux enuirons, & se continuë par la ruine attentée de toutes nos maisons & bastimens publics & particuliers, & semble que les assiegeans n'aient autre but que de reduire, s'ils pouuoient, toute la ville & ses habitans en poudre: Nous esperons neantmoins que Dieu protecteur des innocens nous en garentira. Nous auons fait entendre d'abord au Prince de Condé, que nous n'auions rien à traitter auec la France, que pour l'affermissement de l'ancienne Neutralité iurée & authorisée solemnellemēt par les Souuerains, & moyennée par l'entremife des Magnifiques Cantons; mais ce n'eſt pas ce que les François demandent, ains de s'emparer de nos villes & de noſtre Pays. Cela nous auoit fait eſperer, & rechercher quelque prompt & efficace ſecours aupres de Vos Seigneuries, comme nos bons & anciens confederées, & intereſſés auec nous en cette rupture, & non pas de ſimples interceſſions & entremiſes : quoy que nous n'ignorons pas que celles cy ont touſiours eſté bien agreables à S. M. noſtre Prince & Seigneur Souuerain, & fort auantageuſes à cette Prouince. Mais cōme nous ſommes tres-humble, tres-fideles, & tres-obeïſſans ſujets, nous ne pouuōs rien traitter de nouueau ſans la permiſſion du Roy, ou du Sereniſſime Infant Cardinal ſon Lieutenant general & Gouuerneur des Pays bas, & de Bourgongne, à qui nous donnerons aduis de tout ce qui ſe paſſe. C'eſt tout ce que nous pouuons vous reſpondre, & vous ſuplier de nous aſſiſter en des neceſſités ſi preſſantes, où vos libertés propres ſe treuuerōt en fin endommagées. De noſtre coſté nous teſmoignerons par tout, l'eſtat que nous faiſons de l'ancienne & loüable Ligue hereditaire, & la confiance que nous y prenons, ſous offre d'y correſpōdre en toute ſincerité.

Si toſt que le Prince de Condé eut aduis de la bleſſure du Meſſager Suyſſe, il eſcriuit à l'Archeueſque & au Parlement, Que ſe ſentant reſponſable de la perſonne de ce Courrir, puiſque l'vn des trompettes de l'armée de Bourgongne le luy auoit mis en main ſain & ſauue; & ayant apris à ſon grand regret, qu'vn de la ville l'auoit griefuement bleſſé, il dépeſchoit vn tambour pour

Prince de Condé repete le meſſager.

les prier de le luy renuoier, afin qu'il le fiſt traitter à Auxonne: que s'il vouloit demeurer aupres d'eux, il demandoit vn proces verbal ſigné de la main du meſſage en preſence du tambour, ou atteſté de teſmoins s'il ne ſçauoit ſoubſigner. On conduiſit promptement le tambour vers le malade, en preſence de deux Peres Ieſuites François, auſquels on auoit permis de demeurer en leur college, qui l'oüirent declarer franchement; *Que ſa diſgrace eſtoit arriuée par la faute de ſoldats François, qui contre le droit de guerre, & ſes prieres & remonſtrances, auoient tiré contre ceux de la ville pendant qu'on pourparloit de l'y faire entrer; & qu'il auoit eſté traitté auec autant d'honneur & de courtoiſie qu'il pouuoit deſirer.* Dequoy fut couché vn verbal par eſcrit qu'il ſigna de ſa main auec le Notaire & les teſmoins. Il en voulut eſcrire luy meſme au Prince, & l'aſſeurer ſur ſon hôneur de la verité de la declaration, & du deſir qu'il auoit de ſe retirer en ſon Pays par le chemin de Salins & de Pontarlier, où il auoit des amys & des connoiſſances. Ce que les Gouuerneurs prierent le Prince d'agréer, & d'acorder ſauf-conduit pour le bleſſé, & pour ceux qui le conduiroient en litiere iuſqu'à Salins. Il repartit. *Qu'il ne pouuoit croire qu'ils euſſent peû ou deû s'imaginer qu'en l'extremité, & au déplorable eſtat où ſe treuuoit leur ville, il puſt permettre de faire ſortir perſonne d'icelle, pour en porter la nouuelle à ceux de leur party. Et que pource, ils euſſent à luy renuoir le Suiſſe auec leur*

Le meſſager atteſte qu'il a eſté bleſſé par la faute des François.

paſſeport

LE SIEGE DE DOLE. 241

passeport & leurs dépesches pour les Cantons. Qu'il leur promettoit de le faire conduire, ou par la France, ou par la Bourgongne à son choix, & de ne point voir ce qu'ils respondoient aux Seigneurs des Ligues. Il en fit encor le lendemain vne recharge, qui fit resoudre les Gouuerneurs à le luy confier. Ce ne fut pas sans repliquer. Qu'il estoit mal informé de l'estat de la ville qui n'estoit ny en extremité ny deplorable; que l'adresse n'auoit iamais manqué à ceux du dedans pour faire entendre à leur armée du dehors ce qu'ils leur auoient voulu faire sçauoir, sans en implorer son congé. Qu'il leur importoit peu qu'il vist leur rescription aux treize Cantons, pourueu qu'elle leur fust fidelement renduë, & qu'ils sceussent le soin qu'on auoit pris pour la santé & seurté de leur messager. Le pauure homme sortit tres-satisfait de la ville, & fit mille protestations, qu'il rédroit témoignage par tout de la franchise des Commandans & du Magistrat. Il fut conduit à Auxonne où il mourut peu de iours apres.

Le Prince ne veut pas permettre que le messager s'é retourne par la Comté.

Mort du messager.

Le iour mesme de sa sortie, quatre messagers venans de l'armée du Pays rentrerent dans la ville & aporterent les asseurances du puissant secours qui se preparoit pour sa prochaine deliuráce. L'ennemy ne trauailloit plus qu'à redresser ses galeries qui à la suitte de quelques iours auec vn labeur infatigable estoient arriuées au pied du bouleuard, qui est fondé sur viue roche taillée par dessus le sol du fossé de la hauteur de sept à huit pieds. Les

Asseuráce du secours à Dole.

H h

Mine cō-mécée par les assie-geans sous le boule-uard du chasteau.

mineurs en choisirent vn endroit pour l'entailler, & y creuser vn fourneau à la pointe du marteau. Afin de s'y loger à couuert ils coucherent de biais plusieurs grosses poutres contre la face du mur renforcées de planches & soliueaux de chesne, qu'ils auoient arrachés des bastimés du voisinage. Vn ieune homme de treize à quatorze ans qui auoit esté retenu pendant quelques sepmaines dans le camp au seruice d'vn Officier principal, & s'estoit eschappé pour se rendre dans la ville comme originaire du Pays, tenant assés bon cōpte de ce qu'il auoit remarqué, nous racomptoit. *Que le Prince auoit ressenty vne ioye si extraordinaire, quand il sçeut que ses gens auoient atteint le pied du bastion, & s'y estans couuerts commençoient à tailler la roche, qu'il auoit voulu la peine & le peril d'y aller luy mesme en personne durant la nuit, & auoit baisé le pied de la muraille.* Nous prîmes cela pour vne sornette: mais vn des assistans ne rencontra pas

Plaisantes railleries. mal à mon aduis. *C'est bon augure* (dit-il) *car on fait baiser la porte à ceux que l'on condamne de ne rentrer iamais plus en la maison.* Vn tambour du Capitaine des-Gaudieres de l'aage de quinze à seize ans seulement, auoit esté souuent enuoyé auprés du Prince, & luy auoit fait mille gentiles reparties, ausquelles le Prince prenoit plaisir. Il luy dit en ce mesme temps. *Aduertis serieusement ces Messieurs du Parlement que la bresche sera bien tost faite,*

LE SIEGE DE DOLE. 243

& que s'ils attendent iusques lors d'implorer ma clemence, qu'y que i'en prenne compaßion, ie ne me puis pas me promettre de retenir la fureur des soldats. Monsieur, repartit soudain ce petit fripon, Ne soiés pas en peine de cela, on les retiendra bien sans vous.

Auec toutes ces railleries le progres de l'ennemy nous tenoit en grand foucy : On propofa dans le conseil de guerre de l'aller débufquer de viue force du pied de la muraille, à la faueur de la nuit, & du foßé fec & profond, qui nous fournißoit vne feure & large galerie pour aller à luy. Le courage & l'efperance n'en manquoit pas aux foldats & bourgeois, qui en faifoient de grandes inftances ; mais le Maiftre de camp y treuuoit de dangereux inconueniens, parce que l'ennemy faifoit double garde aux enuirons, qu'il s'y eftoit retranché & fortifié d'eftacades, de palißades, & de gabions ; & que ce coup ne fe pouuoit faire fans perte de grand nombre des plus vaillans & plus determinés, dont on auoit befoin, pour les vigoureufes forties qu'on auoit promis de faire quand les noftres nous vindroient fecourir : & qu'il eftoit à craindre que ces grandes & frequentes faignées du meilleur & du plus genereux fang, n'affoibliffent trop ; & quelque fucces qu'elles peuffent auoir, n'ébranlaffent la conftance de tout le refte. I'auois propofé de faire des côtregaleries le long du foßé,

Côfeil de defnicher l'ennemy du foßé.

Hh 2

à couuert des côtrescarpes, pour aller couper celles des assiegeans, mais l'entreprise en estoit longue & perilleuse, & ne sembloit plus de saison ; on projettoit quelques autres remedes ; mais de fort peu d'effect. Le discours d'vn honneste homme m'en suggera vn, que i'enuoiay aussi tost communiquer au Maistre de camp, qui le treuua bon & sans peril ; de sorte qu'il fut desseigné & heureusement executé en moins de six heurs, à l'ayde du Capitaine Trebillet garde des munitions, homme plein d'esprit, de zele & de courage, de Preuost Controleur des fortifications, & d'autres qui les seconderent auec vne grande diligéce & affection. Nous fismes charger & amorcer deux des plus puissantes bombes de l'ennemy qui estoient tombées entieres dans la ville sans prendre feu ; & preparer deux tonneaux remplis de retailles de menus bois secs, de poix, de souffre, & d'autres matieres propres à prendre bien tost la flamme, & la nourrir longuement, liés de chaines & cordes pour les pouuoir descendre dans le fossé. Nous enuoiâmes ramasser par la ville quantité de faisseaux, de sarments, & de fagots, qu'on nous rendit promptemét sur le lieu à pleins chariots dez toutes les ruës & pour faire attacher le feu plus librement & plus violemment aux sarments, nous fismes tremper les bouts de quelques vns dans de l'huile & de la poix boüillante. On renforça les gardes du bouleuard

Inuention de debusquer les François au fossé.

du viel chasteau, de la demie lune & contrescarpe d'Arans, & du retranchement sur l'isle du prel Marnoz : & fut commandé à tous de se tenir prests auec leurs armes pour les neuf heures du soir, & aux canonniers de mettre leur canon en batterie & disposition de bien faire. Ce fut le vint-sixieme de Iuillet sur les dix heures en nuit, que nous fismes planter la premiere bombe sur le bord de la chemise du bouleuard, iustement à l'endroit de l'enboucheure de la mine, & de l'ouurage qui le couuroit; puis estát le feu mis à la fusée, dez qu'elle fut à demy brûlée, le Controleur la poussa luy mesme aux deux mains & la culbuta dans le fossé. Elle fit de son poids, & peu apres de son esclat vn prodigieux fracas dans cet assemblage de terre & de bois qu'elle creua & en escarta quelques pieces. La seconde bombe qui la suiuit de bien pres redoubla ce debris, & donna ou la mort ou la fuite à tout ce qui estoit aux enuirons. Le mineur qui piquoit la roche citoien de Geneue à racópté depuis à quelques vns de nos bourgeois, qu'il se treuua tellemét engagé parmy cet embarras, qu'il fut contraint de ramper sur son ventre pour passer sous des poutres abattuës & se sauuer en diligence. La place estant ainsi nettoyée, nous fismes descendre nos deux tonneaux à feu tous embrasés & suspendus à vne pique pres de terre, iusques à ce qu'ils fussent allumés par tout. Quelques Officiers & soldats Fran-

Fracas & embrasement des trauaux des assiegeans au pied du bouleuard

çois genereusement auec des crochets, pour les penser rompre & escarter ; mais se voians viuemẽt acueillis de quantité de grenades à main, de mousquetades, arquebusades, & puissantes pierres, ils quitterẽt bien tost l'entreprise ou la vie. On auoit encor jetté dãs le feu en diuers endroits des falots de feu d'artifice, qui esclairoient tout au large, & exposoient l'énemy à la veuë des nostres. Dez que les tonneaux furent tout à fait embrasez, on les laissa choir, briser, & esparpiller sur l'ouurage, & à l'istant on y jetta quantité de sarments, qui estãs huilés & poissés firent bien tost esleuer vne grande flamme, dans laquelle on lança pour plus solide aliment force fagots, qui ne tardoient gueres à s'allumer dans ce brasier. Ainsi le feu prit premieremẽt aux menuës pieces, & puis aux plus massiues des trauaux de l'ennemy, & en fin au bout d'vne heure, il causa vn si violent embrasement de tout ce qui se treuuoit combustible alẽtour, & fit monter les flammes si haut que toutes les campagnes en estoient allumées : les bourgeois ne cessans cependant de combler fagots sur fagots pour nourrir & acroistre le brasier. Le Capitaine Perrin qui cõmandoit dans la demie lune d'Arans, & aux contrescarpes voisines, faisoit en mesme temps escarmoucher chaudement, pour diuertir l'ennemy, & l'estourdir en l'incertitude de nos desseins. L'alarme estoit donnée par tout le camp François,

LE SIEGE DE DOLE.

qui n'y treuua point de plus prompt & de plus puissant remede, que la fureur de ses canons, qu'il fit aussi tost retantir de toutes parts, & descharger leur rage contre le bouleuard qui les auoit mis en desarroy : le nostre qui estoit sur l'orillon du bouleuard du pont leur respondoit gaillardement. Plusieurs tant soldats que bourgeois qui estoient acourus dans le retranchement sur le sable du pré Marnoz, pour s'y donner le contentement de considerer ce feu de ioye, que nous auiós allumé pour la consolation de la ville, & pour la frayeur des assiegeans, faisoient merueilles auec leurs arquebuses & mousquets, pour descocher sur ceux de l'ennemy qui auoient l'asseuráce de paroître. Mais comme cette tranchée estoit faite à la haste auec du sable seulement & de peu d'espaisseur, le canonnier de l'ennemy, qui estoit d'autrepart de la riuiere, donna dedans, & la perceant à iour, offença par le rejaillissement du menu grauier, plusieurs de ceux quis'y estoient engagés. Le Sieur de Cendrecour enfant de la ville fort vaillant ieune homme y fut griefuement atteint, & en mourut peu de iours apres : le Sieur Demongenet Lieutenant general au Bailliage de Dole, en eut des ressentimens moins dágereux, ainsi que nombre d'autres : Dieu preserua l'vn de mes fils qui estoit de la partie. La violence de l'embrasement dura iusques aux deux heures apres minuit, & trauailla si bien que le len-

blessés par le canon François.

demain matin l'on vit à defcouuert le pied du baſtion, & l'enfonfure que le mineur y auoit jà entaillée, de la profondeur de peu moins de deux pieds. Nous fufmes grandemét aidés en cette occurréce, comme en plufieurs autres, par le Sergent Maieur Dufillet, duquel ie ne puis oublier la diligence, l'adreffe, & la hardieffe, qu'il a fait paroître en tous les plus perilleux exploits contre les ennemis. Ce fut luy qui dez le cómancement du fiege deffeigna prefque tous les nouueaux ouurages faits du cofté d'Arans, qui les aduança par fa prefence & par fon affiduité de iour & de nuit, qui les pouffa fort auát contre les tranchées Françoifes, y conduifant de petites brigades, afin de faifir les poftes auátageux & les garder, pendant que les ouurieres remuoient la terre. On le vit en toutes les forties commander fagement & courageufement la vielle garnifon, & porter les ordres aux Efleus, les animant par fon exemple à prodiguer leur vie & mefprifer la mort, & faifant joüer ores la prudence, ores le courage, pour les pouffer ou retenir où il conuenoit. Au cómencement de Iuillet, pendant qu'il s'emploioit à faire efleuer vne efpaule de terre pour couurir l'entrée deuant la porte d'Arans entre deux corps de garde, vn coup de canon de l'ennemy brifa l'arc de la porte, & en abattit les pendans & l'arriere vouffure, dont il fut prefque acrauanté, & en eut deux coftes enfonfées, outre plufieurs meurtriffures

par le

LE SIEGE DE DOLE.

par le corps. Il pressa de sorte sa guerison, pour rentrer en ses premiers exercices, qu'il sortit trois sepmaines apres, & quoy qu'il ne pust souffrir le poids de son espée sur le flanc, se porta auec le baston en main pour donner les ordres aux plus dangereux endrois dedans & dehors. Il ne máqua pas en l'occasion que ie viens de raconter, d'y rendre les preuues de son zele & de sa dexterité.

Les iours suiuás l'ennemy pour reparer sa perte fit battre incessamment les lieux, d'où le redressement de sa galerie, & le percement de la mine pouuoient estre retardés, & vsa de telle diligence, que dans trois iours il arma de rechef les aueniies & l'œil de la mine, & les fortifia tellement par poutres redoublées, & quantité de terre par dessus, qu'il estoit impossible de les forcer: mais le creusage estoit de longue haleine, parce que le mineur ne pouuoit penetrer dans la roche gueres plus d'vn pied par iour: bien qu'il se seruist du fer & du feu, pour attédrir le rocher, & le faire sauter par esclats d'heure à autre, & que ce trauail fut continué iour & nuit sans aucun relasche. Nos côtremineurs foüissoient de leur costé & alloient cherchans le fond du bouleuard, qui à plus de soixante pieds de profondeur pour rencontrer les autres & ne perdoient point de temps; mais leur labeur fut souuent retardé pas la cheute du terrain, & specialement par vne nuit de violente pluye, qui remplit

Les assiegeans redressent leurs ouurages au pied du bouleuard

Contremines.

le creux qu'on eut bien peine d'épuiser. La secheresse neátmois qui fauorisa les desseins des François, durant trois mois de ce siege, fut extraordinaire; veu qu'il ne tomba goutte de pluye, que trois ou quatre bourrasques de peu de durée, & à diuers iours. Quatre iournées pluuieuses de suitte pouuoiét noyer tous leurs trauaux. Car leurs deux batteries sur le bord de la riuiere eussent esté bouleuersées, leurs galeries conuerties en torrents, leurs ponts entrainés aual l'eau, & leurs pietons mis hors de cōbat. Apres vne lauasse de trois ou quatre heures ils ressembloient tous à des fossoyeurs de mines, ou des tireurs d'ocre; & ne sçauoient comme eschaper parmy le terrain gros & visqueux, ny où affermir le pied dans ces estroites tranchées, dont ils estoient contrains de rehausser le fond auec des clayes ou escheles & des ais par dessus, s'ils y vouloient marcher sans y pestrir la bouë, & laisser les souliers.

Secheresse extreme durant le siege.

Tandis que la mine s'alloit aduançant pied à pied, le Prince rencontra vne occasion qu'il creut bien auantageuse pour dresser des pieges aux assiegés. Il auoit surpris vn porte-lettre de la ville auec dépesches des Commis Gouuerneurs au Marquis de Conflans & au Cōseiller de Beauchemin escrites en chiffre, par où ils estoient inuités & cōmandés de donner sur quelque quartier de l'ennemy, auec promesse qu'en mesme téps se feroit vne puissante

Le Prince de Condé surprend vne lettre chiffrée des assiegés.

& courageuse sortie du dedans, Il les fit déchiffrer: comm'il fut assés aisé, parce que le secretaire qui auoit eu charge de les transcrire se treuuant pressé, n'y auoit pas entremeslé l'artifice des lettres nulles & redoublées qui pouuoient rendre son chiffrement inextricable, ou de tres-dificile déuelopement : & auec le mesme chiffre il fit contrefaire vne autre lettre sous le nom des mesmes Marquis & Conseiller, à l'Archeuesque & au Parlement. Il leur faisoit dire. *Qu'ils auoient sujet de s'estonner & de se plaindre de ce qu'ayans chargé le quartier des Allemands, ils n'auoient pas esté secondés par la sortie qui leur auoit esté promise, asseurãs que s'il eust esté fait, ils eussent infailliblement enleué ce quartier :* Puis adjoustoient, *Qu'encor que ce manquement les eust grandement rebutés, ils estoient resolus de faire vn second effort, pourueu qu'on leur tinst parole à ce coup: prians pource les Gouuerneurs de leur marquer le temps, l'endroit, & le nombre des hommes auec quoy les assiegés pourroient entreprendre leur sortie, moyennant laquelle ils promettoient d'agir puissamment & courageusement à point nommé.* Auant qu'adresser cette lettre simulée, il fit feindre vn combat nocturne dans son camp, specialement au quartier des Allemands où se fit vne escarmouche qui dura partie de la nuit, auec quelques coups tirés de menuës pieces, & vn remuëment general en tous les logemens de l'armée, comme à vne occasion de surprise: dequoy ceux de la ville ne pou-

La fait deschiffrer.

En côtrefait vne autre auec le mesme chiffre.

Feinte pour surprédre les assiegés.

Ii 2

uoient pour lors penetrer les motifs. Au bout de trois iours trente caualiers fortis du camp, coururent iufques aupres du village de Chiſſey à quatre lieües, & arreſterent vn payſan, auquel ils dirent qu'il falloit qu'il allaſt porter des lettres dans Dole de la part du Marquis de Conflans & du Conſeiller de Beauchemin, pour choſe importante au ſalut de la place. Le villageois s'excuſe ſur ſon ignorāce & l'impoſſibilité d'entrer en vn lieu ſi eſtroittement ſerré : ils le preſſent & le menacent de la corde, s'il refuſe ce ſeruice à ſon Roy, & à ſa patrie; & au contraire promettent de le recompenſer largement, s'il entre & rapporte reſponſe; & s'offrent de le guider en ſorte qu'il pourra ſe couler dans la ville ſans peril. Le pauure homme ne pouuant autrement eſquiuer, & croiant bonnement ce que ces caualiers, qui ſe diſoient Comtois, luy affermoient ſi conſtámment, ſe reſout de les ſuiure. L'vn d'eux luy fait paſſer la riuiere à Criſſey, & trauerſer les gardes iuſques à la ſentinelle plus voiſine de la ville, qui ayant pris ordre de ſon Caporal, donne paſſage au payſan inſtruit par ſon guide de s'aduancer ſur l'explanade, & reſpondre au premier *Qui va là*, qu'il apporte des lettres du Marquis de Conflans à l'Arheueſque & à la Cour. Il eſt receu & introduit, & deliure ſon pacquet au Procureur General, auquel il fut premierement conduit, ainſi qu'il eſtoit acouſtumé en cas pareil.

Artifice pour leur faire tenir la lettre déguiſée.

LE SIEGE DE DOLE.

Le Procureur General ayant déchiffré & consideré la lettre, y remarqua grand nombre de soubçons, & en fit raport au conseil de guerre, qui les iugea legitimes. Car outre que le papier estoit de mesme marque que celuy de toutes les lettres escrites par le Prince durant le siege, & fort differend de celuy des escrits adressés par le Marquis de Conflans; les caracteres de quelques nombres faisoient voir des diuersités tres-apparentes, de ceux couchés aux escrits du Marquis, qui furent conferés ; en cette lettre desguisée tout y estoit chiffré iusques à la soubscription mesme, ce que les correspondans n'auoient iamais prattiqué; & puis la chose en soy tenoit apparemment de la fourbe : Mais l'artifice en fut mis au iour par les responses du messager qui raconta naïfuement, comme & par qui les lettres luy auoient esté confiées, comm'il auoit trauersé le camp ennemy, & receu adresse & instructions pour repasser par le mesme chemin auec la responce : il y auoit assez d'autres circonstances qui firent aussi tost prendre le vent de cette ruse, à ceux qui auoient bon nez. On met donc aussi tost sur le tapis la question, comme l'on en vseroit ? Aucuns treuuoient bon qu'on renuoyast la lettre au Prince de Condé par vn tambour , ainsi qu'il nous auoit autrefois renuoyé l'vne des nostres. Il sembloit à d'autres qu'on en deuoit proffiter, & par vne contre-ruse

La finesse est descouuerte par les assiegés.

Ii 3

surprendre nos ennemis au trébuchet qu'ils nous auoient dreſſé: les attirant en lieu où l'on pourroit leur preparer des embuſches. Le premier moyen fut rejetté côme inutile, & le ſecond comme dangereux. Mais pour faire voir au Prince qu'on ne prenoit pas les autours à la pipée, & donner de l'exercice à ce ſubtil deſchiffreur; on fit à l'inſtant & ſur le tapis, dreſſer par le Procureur General auec les meſmes caracteres vne forme de reſponſe, qui en apparence montroit eſtre ſerieuſe, mais en effect n'eſtoit qu'vne hapelourde & vn galimatias, car les mots y eſtoient diſtingués, la ſuperſcription & ſoubſcription de la main de celuy qui auoit tranſcrit la precedente, & ſans aucun deſguiſement: mais au corps de la lettre, il n'y auoit ny ſans ny liaiſon; car c'eſtoient figures aſſemblées au haſard, & ſans autre deſſein, que de ſe mocquer du déchiffreur, & luy faire diſtiller la ceruelle ſur ce chiffre qui eſtoit inextricable à celuy meſme qui s'en ſeruoit. Le meſſager fut remis en chemin auec cette dépeſche; fut bien receu au camp, ſalarié & congedié, pendant que le Prince faiſoit ſuer au denoüement de ce nœud Gordien, qui eut mis Alexandre meſme au roüet.

Les aſſiegés donnent le change au déchiffreur, & s'en mocquent.

En l'attente de la grande mine, le Prince auoit fait creuſer vn fourneau ſous la terraſſe deuant le meſme bouleuard, qu'il fut contraint de precipiter, ſur le raport qui luy fut fait, que les contre-

Fourneaux des aſſiegeās éuentés.

LE SIEGE DE DOLE.

mineurs estoient sur le point de le rencontrer. Il le fit serrer & y donner le feu le vint-neufieme de Iuillet, auec l'appareil ordinaire de sa gendarmerie rangée en bataille, & de caualiers assemblés sur les costaux pour en remarquer & seconder l'effect: mais tous l'ayant veu éuaporer vainement, se retirerent auel leur courte honte. Il en arriua tout autant le second du mois d'Aoust, par l'éuent d'vne autre mine, qui ne fit que redoubler leur vergongne, & la risée de assiegés.

Tous les iours se passoient quelques petites attaques. Vn Capitaine Prouençal, son Sergent, & vn soldat choisy; vindrent s'eslancer dans la contrescarpe d'Arans où estoit le Capitaine des-Gaudieres. Celuy cy fait teste au François & le tuë de sa main, le Sergent est arresté prisonnier, le troisieme regagne le haut, & porte la nouuelle à ceux qui les deuoient suiure, qu'il y faisoit trop chaud, & leur conseille la retraitte. On auoit quelques aduis que les assiegeans ouuroient encor vne mine du costé de Besançon. Courcaud genereux Enseigne du Capitaine Georget y fut enuoyé auec neuf soldats pour en reconnoître la verité: il s'y porte courageusement, & estant chargé par plus grand nombre se defend en valeureux soldat & se retire; mais auec vne blessure mortelle qui luy donnant de l'honneur, luy rauit peu apres la vie. Le peuple alloit au fourrage couper de l'herbe,

Diuerses escarmouches & récontres.

Hardiesse des assiegés à fourrager & moissoner à la veüe de l'ennemy.

cueillir des fruits, & moissonner à plus de six cens pas de la contrescarpe, & à la portée du mousquet du quartier des Allemands, sous l'asseurance seulement de deux ou trois vedettes. Il y couroit quantité de femmes & de ieunes garçons, acompagnés de quelques arquebusiers & mousquetiers, qui se tenoient dans les vignes, & se retiroient les derniers en escarmouchant quád l'ennemy venoit à eux, & bien souuent en portoient par terre des plus deliberés. Ceux qui s'enhardissoient de les suiure, & d'auoisiner les contrescarpes, estoient si promptement acueillis des fauconneaux & de la mousqueterie des bouleuards & du chemin couuert, que la plufpart y demeuroient ou morts ou prisonniers. On a veu des garçonnets de treize à quatorze ans, sortis de la ville pour couper de l'herbe, raporter des dépoüilles ennemies, & se joignans deux ou trois contre vn, amener prisonniers des soldats robustes & hommes faits, qu'ils auoient desarmés.

Canonades des assiegeans & leurs effects.

Les assiegeans n'entreprenoient plus d'attaquer de viue force; ils se contentoient d'acroistre les ruines des bastimens par leurs continuelles canonades & eslancemens de pots à feu. Nos canoniers n'oublioient rien aussi de leur deuoir. Le canon du bouleuard du pont perçoit souuent les galeries joignantes à la riuiere, & y l'aissoit tous les iours quelque chose à refaire. Celuy de la courtine d'A-
rans

LE SIEGE DE DOLE.

rans hauſſant ſa viſée pouſſa iuſques dans les pauillons du Prince. Cinq volées furẽt deſchargées ſur la hutte du Marquis de Villeroy, dont l'vne coupa la pique dans la main de ſa ſentinelle, vne autre tua trois mulets dans ſon eſcuyerie, vne troiſieme mit en pieces la marmite qui boüilliſſoit ſur ſon foyer, pluſieurs ſoldats en furẽt atteints & demembrés. Nous deſcouurions dez le ville à l'aide des lunettes de Hollande les ouuertures que les coups auoient faits dans les tentes, que les aſſiegeans furent contrains d'aſſeurer, en eſleuant de grandes eſpaules de terre, pour oppoſer aux coups de cette batterie. Le canon ennemy des retranchemens de Lambert s'amuſoit à eſcorcher le haut du bouleuard des Benys, où il reconnoiſſoit à ſa confuſion la durté de nos murailles, & la foibleſſe de ſes efforts, qu'il deſtournoit par interualles contre quelques hautes maiſons qu'il choiſiſſoit pour butes; mais tour cela ne faiſoit que grauer par tout les marques glorieuſes de la reſolution des citoyés. L'artillerie plantée au joignant du Doux pouſſant ſes bales par deſſus la tenaille, les portoit à trauers de la ville iuſques ſur le bouleuard qui eſt à l'oppoſite appellé Bergere, ou quatre bourgeois furent tués d'vn ſeul coup, & vn cinquieme precipité dãs les foſſés: trois autres furent maſſacrés d'vn ſecond coup de pareille diſgrace; ſans que le canonier qui auoit la tenaille en viſée s'en puſt aperceuoir, por-

Ceux du canon de la ville.

K k

tant plus de dommage par ses fautes que par ses atteintes. Tout cela se voioit à yeux secs par la bourgeoisie, en l'espoir d'vne heureuse deliuráce, apres tant de mal-heurs.

Causes de l'ennuy & impatiéce de Prince de Condé. Le Prince de Condé s'impatientoit d'auantage. Il auoit aduis que le Cardinal Infant estoit entré dans la Picardie, qu'il s'estoit rendu maistre de la Capelle, du Catelet, & de Courbie; qu'il auoit porté la frayeur de ses armes iusques aux portes de Paris. Il aprenoit que le Roy son Maistre estoit contraint de faire flesche de tout bois, assemblant tumultuairement, non pas seulement la Noblesse & la gendarmerie, mais encor les pratticiens, les crocheteurs, & les courtaux de boutique, pour opposer vne digue à ce torrent victorieux qui l'alloit engloutir. Il auoit eu diuers commandemens de presser ce desastreux siege, & le terminer vne fois ou par force, ou par accord, ou par vne honneste retraitte. Il auoit asseuré plusieurs fois qu'il emporteroit la place, fust par violence, fust par amour dás le quinzieme d'Aoust qui le talonnoit. Il voioit affoiblir son camp de iour en iour, bien qu'il y fist appeller de temps à autre du renfort & du rafraichissement, iusques à y conuoquer la milice de la Duché de Bourgongne, & de la Bresse. La Noblesse peu duite à vne si longue patience s'eslongnoit; les soldats estoient recreus & raualés de courage; ses prouisions estoient trauersées par les courses des nostres: l'effect de la mine qu'il faisoit piquer dans la roche estoit fort douteux; la longueur de cet ouurage le faisoit languir, & l'aprehension de la voir éuenter comme les autres en redoubloit son chagrin. Ses mineurs luy raportoient qu'ils entendoient le bruit sourd de nos contremines; & les espies que nous aprestions de nouueaux rempars au dedans, & ne songions qu'à nous bien deffendre. Il aprenoit le voisinage & le grossissemēt de nos troupes auxiliaires, & preuoioit beaucoup de choses, qui conspiroient toutes à luy faire boire la hôte de leuer ce siege. Il enuoia pour vne troisieme fois vn tambour auec lettres au Colonel de la Verne, pour l'exhorter à ne se point opiniâtrer d'auantage, & luy donner quelque impression de crainte. *I'ay vn extreme regret* (dit-il) *que Dole attende les extremités. Quoy que vous croyiés & fassiés, vous estes à la veille de vostre entiere ruine. Je crois que Messieurs les Commis au Gouuernement sont si prudens, qu'ils la preuiendront tandis que les choses sont en estat de capitulation. Et puis qu'ils sont si bons seruiteurs de leur Maistre, ils ne souffriront pas, en attendant de capituler, leur perte ineuitable.* Mais toutes ces menées artificielles confirmoient plustot la creance du desespoir des assiegeans, que d'ébranler la confiance des assiegés.

Le Sieur de Valay Gentil-homme Bourguignon qui auoit esté pris en passant dans sa maison par

260　*LE SIEGE DE DOLE.*

Le Prince se veut servir d'vn Capucin pour gagner la ville.

des coureurs Suedois, & conduit prisonnier au camp, se treuuoit extrememét malade, & demandoit auec passion l'assistance spirituelle d'vn Pere Capucin, & particulierement du Pere Ferdinande de Dole son parent, qui estoit dans la ville. Le Prince luy accorda de le faire venir à Saint Ylie, & luy dépelcha vn tambour, auec sauf-conduit pour cela; de sorte que par licéce des Gouuerneurs le bon Pere s'y achemina. Apres qu'il eut veu, & consolé le malade, & par cósiderations spirituelles, & par l'espoir de le faire racheter au premier iour; le Prince se vint presenter dans la tente, & obligea le Religieux à luy faire la reuerence. Il s'enquiert de l'estat de la place, blasme l'obstination des Gouuerneurs & des citoiens, le charge neantmoins de les asseurer de sa clemence, & les inuiter d'en faire la preuue, plustot que de l'extreme desolation, où les plongeroit irremediablement leur opiniâtrise, dans huit iours tout au plus tard. Qu'il aime la ville & les Comtois, & par inclination & par raison, & qu'il leur fera gouster les fruits de sa bien-veuillance, s'ils s'en rendent dignes; comme ceux de son indignatió, s'ils mesprisent ses faueurs. Et au surplus luy donne parole qu'on traittera de la rançon de son Cousin à sa discretion. Le Pere qui n'auoit ny langue ny oreille que pour son Roy, & pour sa patrie, s'en reuint tout dépité, & ne put iamais estre persuadé d'y retourner le lendemain

Le Capucin refuit & deteste cette entremise.

LE SIEGE DE DOLE. 261

nonobstant les instáces du malade, les inuitations du Capitaine qui l'auoit en son pouuoir, & les pressantes prieres de ses parés; qui se promettoient par son entremise la prompte deliurance du prisonnier à rançon moderée : tant il ruminoit auec horreur cette pensée, qu'on l'eust estimé capable instrument d'vne si detestable lascheté. Cepédant la violéce de la maladie deliura le Gentil-homme de la prison du corps. Le Baron de Guenfeld Allemand Colonel de caualerie en voulut vendre les reliques qu'il feignoit encor viuantes, & fit amener le corps sur le bord de la contrescarpe, enfermé dans vne litiere, de laquelle il faisoit sortir vne voix empruntée, comme d'vn homme languissant: mais les parens ausquels on fit voir la tromperie, en leur refusant la veüe de ce malade simulé, renuoierent les conducteurs chargés de leur voiture & de confusion, & aussi legers de pistoles qu'ils estoient venus.

Suedois pése tirer rançon d'vn prisonnier mort, cóme s'il estoit viuant.

On auoit informé le Prince que le frere Eustache d'Iche Capusin estoit parfaitement guery de ses blessures, & qu'auec vn zele & courage nompareil, il se treuuoit en toutes les occasions, & dirigeoit luy mesme les contremines ausquelles il s'estoit rendu pratique dans la Motte. Il luy fit escrire par le Pere Gardien des Capucins de Dijon qui suiuoit le camp, vne lettre pleine de reproches. Elle disoit *Que le zele du frere d'Iche estoit criminel deuant Dieu &*

Remonsf. ace d'vn Capucin François au Pere d'Iche.

LE SIEGE DE DOLE.

les hommes; qu'il tachoit la robe de Saint François du sang des Chrestiens qu'il s'aidoit à meurtrir ; & diffamoit sa profession. Il l'exhortoit à se renfermer dans sa cellule, ou bien à son exemple se donner tout au salut des ames, s'il vouloit sauuer la sienne, & son corps d'vn seuere traittement à la prise de la ville. Frere d'Iche qui sçauoit allier l'humilité religieuse auec la generosité de sa naissance, fit vne respôse qui me semble meriter d'estre icy transcrite. *Mon tres-cher frere* (disoit-il) *quelque fonction que vous exerciés en vne armée de boutefeux, & si sacrilege que celle où vous vous treuués, vous ne sçauriés y estre qu'auec la damnation de vostre ame, & le scandale des gens de bien. Et moy combattant pour vn peuple innocent & oppreßé, & pour conseruer la Religion Catholique, ie crois aller au martyre, quand ie vay contre la persecution. Reseruéz, s'il vous plait, vos remonstrances pour Monsieur le Cardinal de la Valette, ou ceux de nos ordres qui couchent dans vne mesme tente auec les ennemis de nostre sainte foy, & portent leurs armes impies à la destruction des autels & des sanctuaires. Dieu par sa grace vous vëuille esclairer, & inspirer en vostre cœur des plus iustes & salutaires mouuemens de Charité que ceux dont vous tesmoignés à present estre touché pour moy, qui suis Vostres tres-humble frere & Seruiteur en nostre Seigneur.* Quelque temps auparauāt pendant que les playes receües par ce braue Capucin le tenoient encor alité on luy fit raport, que le Prince disoit estre déplaisant de sa disgrace, & en apre-

Sa respôse memorable.

Repartie genereuse du Pere

LE SIEGE DE DOLE.

hender la perte, autant de l'ame que du corps ; croiant que ce bon frere n'estant pas né Comtois, ne pouuoit sans offense mortelle de Dieu, porter les armes, qui parauëture seroient excusables aux Religieux natifs du Pays. Il respondit promptement. Qu'il se mette plus en peine de ma vie que de ma mort ; & de sa conscience que de la mienne. *d'Iche sur les discours du Prince.*

La nuit entre le septieme & huitieme d'Aoust, qui auoit esté deuancée par vn iour d'vne extraordinaire chaleur, s'esleua tout à coup vne tempeste effroiable : elle commença par des esclairs si frequens, & s'entresuiuans de si pres que tout l'air parut en feu l'espace de demie heure : puis se firent entendre des grondemens & esclats de tonnerre si horribles, qu'on n'a point de souuenáce d'en auoir ouy de pareils, & vn orage tellement violent & furieux, qu'il sembloit vouloir bouleuerser les fondemens de la terre. La grande tour du clocher de l'Eglise Nostre Dame, qui auoit souffert plus de mille coups de canons, & par le brisement des pilastres & angleries panchoit & s'entr'ouuroit desia, estant poussée par les tourbillons qui s'engouffrerent dans les mattelas qu'on y auoit attachés, comme dás des voiles déploiées au milieu de la tourmente, fut renuersée en vn instant ; dez le sommet iusques à la premiere galerie, de la hauteur d'enuiron deux cés pieds communs. Les puissans quartiers de pierres qui fondoient du haut en bas, & rencontrans quelque obstacle bondissoient *Effroiable tempeste dans la ville & au camp.* *Renuerse le grand clocher de Dole & fait autres grandes ruines.*

de toutes parts, enfoncerent la moitié du couuert de l'Eglife, creuerent l'vne des plus hautes voutes, & quatre des allées & chapelles qui la coſtoioient, auec vn grand eſbranlement des voiſines, renuer-ſérét le front d'vne maiſon prochaine du clocher, & partie de l'entrée des haſles, qui font au deuant; & couurirét toute la place de maſures. Les cloches quoy que deſcenduës plus bas quelques iours au-parauant, furent la plus part briſées par la cheute des voutes enfonſées; quatre hômes qui veilloient en cette tour y demeurerét acrauantés & enſeuelis dans ſes ruines;& vne femme auec ſon petit enfant froiſſés & moulus dans vne petite boutique du voiſinage. En diuers endrois de la ville les chemi-nées dont aucunes auoient eſté percées & ſecoüées du canon des aſſiegeans, furent abbatuës à fleur du toit, & firent vn merueilleux rauage de tuiles; les couuerts d'aſſeles eſtoient enleués tous entiers & portés emmy les ruës. Le tintamarre eſtoit ſi grád, & le meſlange des vents, des tonnerres, des pluyes, & des ruines tellement confus, qu'on ne ſçauoit ou fuïr ny ou ſe mettre en aſſeurance. Ceux qui eſtoient ſur les remparts, dans les demies lunes, & parmy les retranchemens des chemins couuerts, voioient bien que cet aſſaut venoit de l'air & des elemens, deſquels ils auoient plus à ſe deffendre que des aſſiegeans: mais ceux qui eſtoient en leurs maiſons & ſortoient parmy les ruës, en eſtoient

extre-

extremement effrayés, & ne pouuoient s'imaginer
d'où cela prouenoit. Ils s'efmerueilloient que les Refolutiõ
guettes du clocher ne fonnoient point arme, des bour-
comm'ils auoient acouftumé en de moindres oc- geois en
cafions, & les accufans de trahifon, alloient criant currence.
aux armes par les carrefours. Quelques maifons
religieufes firent retentir leurs cloches, de forte
que chacun courut en diligence à fon rendés vous;
on penfoit aller à l'ennemy la tefte baiffée, & cette
imagination effaceant toutes autres aprehenfions,
on paffoit l'efpée à la main à trauers les ruines, les
fanges, & les torrés & rauages d'eau, qui rouloient
fur le paué & fur les entrées & fonds des remparts.
J'y fus iufques à trois fois auec tous les miens & le
refte de la ville, car autant de fois fut renouuellée
l'alarme; & treuuay à chacune fois les parapets &
retranchemens bordés d'hommes en bon ordre,
auec leurs armes autant preftes, qu'vne fi prodigieufe bourrafque le pouuoit fouffrir; chofe que
i'aurois eu peine de me perfuader fi ie ne l'euffe
veüe. Nous paffions en quelques endrois dãs l'eau
iufques à my-iambes, & découurions à la lueur des
efclairs la cheute déplorable de ce beau clocher, &
de partie de ce grand vaiffeau d'Eglife, jadis le plus
riche ornement de noftre ville, le plus agreable à
la veüe, & le plus auantageux à la defcouuerte pour
la feureté de la place. Et c'eft merueille que ceux
qui eftoient venus des maifons fur la place toute

Ll

prochaine de cet horrible fracas n'en sçauoient rien, tant auoit esté grande la confusion des vents bruyans, des tonnerres, des bouleuersemens, & des cris. Sur la demande que nous faisions à ceux qui estoient de garde, pourquoy se redoubloient ces grandes alarmes, ils nous respondoient n'en rien sçauoir, sinon que tout le camp ennemy estoit alarmé sonnoit les cloches en tous les quartiers; montrant estre en vn extreme desarroy. Aucuns qui venoient des dehors tous percés des pluyes, & souillés des fanges iusques à la ceinture nous en raportoient autant, ce qui nous faisoit retirer en nos maisons : mais tost apres, l'effroy redoublé & les crieries de quelques femes estourdies & autres de la populace nous obligeoient de sortir & acourir de nouueau sur les murailles : pendant que les plus sages & plus pieuses dames demeuroient en prieres au pied de leur lict. Les assiegeans estoient en plus estrange desordre. Au quartier de Crissey le bastiment de la maison voisine du moulin auoit esté acablé, & auoit escarboüillé la teste & froissé les mébres à plus de quarante soldats, qui tenoient corps de garde la dedans : en celuy du Prince tous les pauillons estoient culebutés sens dessus dessous, & en la plaine entre la riuiere & le costau de Saint Ylie, les hutes & boutiques des marcháds & viuandiers fracassées, comme nous descouurîmes à la pointe du iour : il n'y en auoit pas moins aux autres

Rauage de la tempeste au camp des assiegeás:

logemens. Les trancheés & galeries eſtoient des ruiſſeaux & torrens; les ſoldats tant de pied que de cheual tous eſperdus alloient fuyans & courans à l'égarée. L'alarme ſonnoit par tout auec vne confuſion telle, qu'ils penſoient que la vengeance du ciel leur tomboit deſſus: auſſi furent-ils battus d'vne furieuſe greſle, qui ne ſe fit point ſentir dans l'enclos des murailles, ains ſeulement ſur le camp, où pluſieurs hommes & quantité de beſtail en reſterent affolés ou griefuement meurtris: l'on voioit le lendemain les vignes aux enuirons de leurs quartiers auſſi ſeches & dépoüillées de verdures & de feüilles qu'au plus fort de l'hyuer. Vn de leurs caualiers à raconté depuis, qu'eſtant monté ſur ſon cheual il auoit eſté porté à plus de ſoixante pas par la violence d'vn tourbillon, & croioit qu'il alloit eſtre englouty de la terre. Ne voulans pas auoüer que les foudres & les véts combatoient pour nous, ils diſoient. *Que nous auions attiré ſur eux cette rage des elemens par ſorcelerie.* On fit courre vn bruit parmy le peuple, que le Prince eſpouuanté d'vn ſi eſtrange & ſi prodigieux orage, & n'en pouuant penetrer les cauſes, s'eſtoit proſterné à genoux deuant l'image d'vn Crucifix, & y auoit fait mille proteſtations, *Qu'il n'eſtoit pas coulpable de cette iniuſte entrepriſe; priant Dieu la larme à l'œil de deſtourner ſa iuſte cholere ſur les autheurs.* Ie ne me porte pas pour garant de ce conte;

Le Prince de Condé s'eſmeut de ce prodigieux orage.

mais on a bien sçeu qu'en d'autres occurrences le Prince auoit fait entendre que le siege de Dole auoit esté resolu contre son sentiement. Les bourgeois pouuoiét bien prendre la liberté de s'esgayer sur ce sujet: puisque la gazette Françoise se dônant carriere publioit. *Que la ruine inopinée de ce haut edifice, venant à ceux de Dole en suitte de tant de maux, auoit fort abattu leur orgueil, & leur auoit fait connoître que quand la Justice des hommes differeroit la vengeance de leurs offenses, celle du ciel armée du foudre (qui auoit tousiours esté de bon augure à la France) ne les laisseroit pas impunies.* Nous eusmes cela de fort differend, que cet orage fut receu de nous sans trouble & sans estourdissement ; & de l'ennemy auec vne terreur & consternation remarquable. Nous confessions auoir merité le chastiment d'en-haut, mais nous nous consolions que Dieu nous vouluft chastier de sa main, côme ses enfans. Nos ennemis auoient battu nostre tour, & Dieu l'abattit, pour leur en oster la gloire & la vanité. Ces foudres presagerét nostre deliurance, & furent, comme en d'autres occasions que l'on remarque en l'histoire de Fráce, les auant-coureurs de la fuite & du debris de l'armée, qui mesconnoissoit la Iustice diuine.

D'autre-part le mal contagieux qui auoit jetté son mortel leuain dans la ville auant le siege, y faisoit vn cruel progrés, trompant la vigilance du Magistrat plus attentif à repousser la force ouuerte

Discours de la gazette sur ceste tempeste.

Ce qu'en sentoient les alliegés.

LE SIEGE DE DOLE.

de l'ennemy du dehors, qu'à se preseruer de la secrette violence de ce domestique. Il se glissa & cómuniqua parmy les ouuriers, qui se messoient necessairement aux trauaux, & emporta la plus grãde partie des intendans & payeurs des ouurages: de là se coulant à trauers la soldadesque & la bourgeoisie, il penetra bien tost dans l'hospital. Le Pere Chifflet, & le frere Milson Iesuites, qui s'y estoiét engagés pour le soulas des ames & des corps, ne voulurent pas fuir plus loin que iusqu'à la porte, se logeans en la maison qui est vis à vis, afin d'acourir auec plus de promptitude & moins de mélange au secours des blessés & des láguissans. Cette maladie meurtriere, qui décoche ses traits inuisibles à tort & trauers, ne tarda gueres apres le siege leué d'atteindre le Pere Chifflet, qu'elle poussa iusqu'au bord du cercueil. Sa guerison inesperée luy parut vne nouuelle vie, que Dieu luy auoit prestée pour la prodiguer vne autre fois au salut de son prochain: comm'il fit durant cette rauageante peste, qui deserta presque la ville en l'Automne suiuant Il s'y exposa sans reserue dedans & dehors les maisons empestées, à toutes sortes de perils, pour en retirer les autres s'il luy estoit possible, en vne extremité, où les plus proches & les plus affectionnés abádonnoient leurs parens & amis, pour se sauuer eux mesmes. D'autres de la mesme Compagnie, & des autres Ordres Religieux le seconderent genereufement ; mais cela demanderoit vne hiftoire à part : reprenons le fil de la noftre.

Il fembloit bien aux affiegés qu'il eftoit temps qu'ils fuffent fecourus. Ils auoient perdu vn tier de leurs meilleurs foldats, & grand nombre des plus vaillans bourgeois : les munitions de guerre s'en alloient confumées : toutes fortes de viures eftoient demefurément encheris : la feule graine eftoit demeurée au mefme pris par la pouruoiance des Gouuerneurs, mais depuis que les magafins publics auoient efté efpuifés, & que l'on auoit efté contraint d'en exiger des particuliers au pris reglé, plufieurs fe roidiffoient contre les ordonnances, & treuuoient fort eftrange, que pour auoir efté meilleurs mefnagers, on les forçaft de contribuer d'auantage, que les nonchalans, aux neceffités publiques ; & pour couurir leurs mefcontentemens, fe figuroient des inegalités, & des excufes qui donnoient affés de peine aux Commiffaires des viures. Le Parlement pour authorifer d'auantage la contribution du grain, auoit deputé quatre Côfeillers de fon corps, qui en faifoient les repartemens, pouruoioient aux neceffités des foldats & du peuple ; & fe portoient en perfonne aux maifons de ceux qui fe rendoient difficiles à fournir, pour les y obliger fans replique. Le fourrage eftoit fi rare, que les cheuaux fe nourriffoient de farments de vigne hachés menu, au lieu de foin ou de paille,

Incômodités des affiegés.

LE SIEGE DE DOLE. 271

& rongeoient le bois, comme i'ay veu non sans admiration, auec autant d'auidité qu'ils eussent mangé l'auoine en temps d'abondance. A defaut de foin, l'on fut côtraint de bourrer le canon auec des rogneures de papier, & puis auec des vieux proces, ce qui fit dire à quelqu'vn qui s'en railloit: que s'estoit pour faire plaider nostre cause à nos canons, & preuuer l'ancienneté de nos drois, contre des demandeurs mal fondés.

La peste s'estoit espanduë & eschauffée de sorte que l'on cômençoit d'aprehender autant les aproches de l'amy que de l'ennemy, & la plus grande partie du fossé estoit couuerte de logettes de pestiferés: Le percement de la mine sous le bouleuard s'aduançoit pied à pied, & menaçoit en fin de quelque pernicieux accident. Le courage ne defailloit pas, mais les forces s'amoindrissoient de iour à autre. C'est pourquoy l'Archeuesque & le Parlement manderent & cômanderent aux Chefs de l'armée, qu'ils eussent à s'aduancer sans plus de delay, & faire voir vne fois les effects de leurs courages, & de leurs promesses tant de fois reïterées. *Nous sommes fort resolus* (disoient-ils) *de nous enseuelir dans nos cendres, plustot que de nous rendre ou composer, mais si vous tardés plus longuement de nous secourir, il ne vous restera point d'autre consolation quand vous entrerés en la ville, que la souuenance que nous y aurons combattu iusques au dernier souspir, pour le seruice de Dieu & du Roy,*

Peste rauageante en la ville.

Ordre precis à l'armée du dehors de s'aduancer au secours.

pour vostre liberté & la nostre, & pour celle de toute la Prouince. Toutes les villes secondoient ces plaintes & animoient ces poursuites: mais les Chefs venans de receuoir des courriers qui portoient nouuelles d'vn costé que le General Galasse par ordre du Roy d'Hongrie enuoioit le Sergent de bataille Lamboy auec deux mille cinq cens cheuaux, & d'autre costé que le Duc de Lorraine venoit en personne auec toute sa caualerie, iugeoient qu'il estoit meilleur de temporiser encor en l'attente d'vn secours certain, que de se presser en la precipitation d'vn douteux; & aimoient mieux se défier de leurs propres forces, que de la constance espreuuée des assiegés.

Villes du Pays contribuent à la deliurāce de Dole.

On vit bien tost arriuer Lamboy auec sa caualerie, qui marchoit assés lentement, & sejourna deux iours aux enuirons de Gy pour se refaire. Le Duc enuoia par aduance le Baron de Vateuille auec cinq cens cheuaux, & suiuit en extreme diligence. Il fit en quatre iours vint-quatre lieües, & rompit en passant quelques parties de l'ennemy, pour arres de la prochaine victoire. Ce Prince extraordinairemét actif & genereux, ne fut pas plustot dans le Pays, qu'il demāda s'il seroit si heureux que d'estre arriué à temps pour secourir Dole. Cependant Lamboy s'estant rendu en la place d'armes pres de Pesmes, il fut resolu d'aller recouurer Balançon, & promptement executé. Huit cens fantassins

Arriuée du secours d'Allemagne.

Arriuée du Duc de Lorraine.

Bour-

LE SIEGE DE DOLE. 273

Bourguignons & Allemáds emporterent d'emblée le fort & la barriere. Celuy qui estoit dedans, & qui sur la sommation auoit fait le determiné, se treuuans serré de si pres, & voiant le canon pointé, rendit la place à composition, & en sortit auec armes sans bagage.

Le Marquis aduerty de la venuë du Duc, le va récontrer à Champuans à vne lieüe deçà de Gray, luy porte la nouuelle de la prise de Balançon, & le conduit au camp suiuy des deux mille cinq cens cheuaux & de quelque infanterie qu'il auoit amenés quant & soy. Ainsi l'armée se treuua cóplette de huit mille cheuaux, & autant de fantassins, tous bien deliberés de combatre pour la deliurance de Dole. Les villes de Salins & de Poligny y auoient enuoyé chacune trois cens hommes ; les autres moindres villes y en auoient pareillement fourny, l'vne plus l'autre moins, concourans toutes au mesme dessein de s'exposer, ainsi que la nature enseigne aux membres, pour le salut de la capitale du Pays. La Cité de Besançon mesme outre les six cens hómes de pied leués & soudoiés à ses frais, auoit presté six pieces de campagne ; le Prince de Cantecroix en auoit adjousté quelques autres, qui auec le canon qu'on auoit tiré de Gray, de Salins, & de Lonslesaunier, faisoient en tout quatorze pieces, parmy lesquelles estoient deux canons raisonnables que le Cheualier de Cleron Maistre de

Ionction des armées du Pays & auxiliaires

Besançon & toutes les autres villes y fournissét.

Mm

l'artillerie auoit amenés. Auec cet attirail l'armée se vint camper à vne lieüe pres des ennemis, donnant aux assiegés le signal de sa venuë par trente volées de canon, qui furent entenduës dez la ville. Il n'y eut à ces premieres aproches autre exploit que quelques legeres escarmouches, parmy lesquelles le Marquis de Varambon poussant son cheual auec le courage qui luy faisoit mespriser tout peril, le sentit percé d'vne mousquetade ennemie, & tomber mort dessous soy.

Signal donné aux assiegés des aproches du secours.

Ce secours ayant esté preueu par le Prince de Condé, il amassoit gés de toutes parts pour refaire & renforcer son armée. Il auoit fait venir quatre regimens de Bresse tout gens nouueaux, que l'on vit passer sur le pont de Crissey. Vn des canons de la ville porta du bond iusques à eux, & les mit en tel desarroy, n'estant pas coustumiers de se voir caresser de pareilles bien-venües, que peu s'en fallut qu'ils ne fuïssent tous à vau de route. D'autre costé le Prince pressoit iour & nuit le trauail de ses mineurs sous nostre bouleuard, que ceux du dedans retadoiét par tous moyens possibles. Louys Preuost Controleur des fortifications y cótribuoit ses soins, ses sueurs, & ses veilles. Il choisit deux bombes de celles que l'ennemy auoit enuoiées toutes entieres, & en poussa heureusement la premiere dez le haut du bastion en bas, où elle tarda quelque temps à consumer son amorce auant que

Prince de Condé réforce son armée.

Presse l'aduancement des mines.

LE SIEGE DE DOLE. 275

se briser: les soldats qui estoient tapis dans leurs galeries comme renards pressés des chiens, s'escrierent, *Que la poudre estoit mouillée*, mais elle les fit bien tost taire, esclatant si séchement qu'elle fit vn prodigieux rauage. Preuost courut à la seconde, & treuuant qu'elle auoit esté maniée, & la fusée à demy vuide la rajusta, la porta au mesme endroit que la precedente, & sans marchander luy donna le feu; en presence de plusieurs bourgeois; dont aucuns luy dissuadoient ce perilleux exercice, où il auoit à craindre non seulement les canonades & mousquetades ausquelles il s'abandonnoit, mais encor la fureur de cet outil impitoiable; d'autres en attendoient l'effect auec impatience portés du zele de voir les assiegeans foudroiés & poudroiés de leurs propres carreaux. Il creut que la fusée seroit aussi lente que la premiere, & se donna le loisir de l'attendre, iusqu'à ce que par vne disgrace deplorable, ainsi qu'il la poussoit auec les deux mains, elle creua deuant le temps, & volant en cent pieces le demembra luy mesme, esparpillant ses membres sanglans qui çà qui là bien loing de la place. Le tambour maieur du regiment de la Verne, homme d'execution qui estoit compagnon de cette hardie entreprise, le fut de son infortune; les autres en furent quittes pour l'horreur & la fraïeur d'vn si desastreux accident.

Perte de Preuost Côtroleur des fortifications de Dole.

C'est merueille comme ce vertueux Cõtroleur fut regretté d'vn chacun: son esprit, sa hardiesse, sa vigilance, & la discretion de son procedé luy auoient acquis le cœur des hommes, & faut croire qu'il gagna celuy de Dieu par cette mort precieuse, plustot que precipitée pour le seruice de son Roy & le salut de sa patrie.

Le Prince n'attendoit plus que le combat sousterrain de sa mine, où il mettoit son dernier effort. Il auoit escrit à Paris, que dés le quinzieme d'Aoust il emporteroit la ville, ou par amour ou par force. Il se deffioit assez de ce second moyen, encor voulut-il vne fois tenter le premier. Il sçeut que les Câtons de Berne, de Soleure, & de Fribourg au nom de tous les treize, enuoioient des Deputés pour moyenner vn accord entre les assiegeans & la ville, dont nous auons creu qu'il auoit procuré ou aduancé le voiage. Il les alla receuoir à Bellegarde où il les regala & instruisit de ce qu'il desiroit estre proposé, Sçauoir. *Vne promesse asseurée, que donneroient ceux de la franche-Comté, de demeurer neutres, & de ne donner aucun secours, passage, ny aide d'argent au Roy d'Espagne, qu'ils n'en fissent autant pour le Roy de France.* Les Commissaires principaux ne voulurent pas venir d'abord à la ville, mais enuoierent trois des plus releués de leur suitte, pour rendre leurs lettres auec celles du Prince, & sonder le gué, s'ils treuueroient quelque inclination à vn pourparlé

Entremise des Suisses pour quelque accómodemét auec la ville.

LE SIEGE DE DOLE. 277

d'accómodement. l'Archeuesque & le Parlement pour s'en démesler auec bien-seance, pendant que leur secours s'aprochoit, respondirent, par des remerciemens de la peine que les Seigneurs Deputés vouloient prendre, d'appaiser les troubles qui veritablement ruineroient non seulement les Prouinces au parauant neutralisées : mais encor les voisines pour les raisons qui estoient essés cogneuës : mais qu'ils ne pouuoient rien negocier en ce fait, sans la participation de ceux qui estoient en campagne Commis auec eux au Gouuernement de la Prouince, par charge particuliere du Serenissime Infant Cardinal, tant que le siege dureroit : que si l'on procuroit vn sauf-conduit du Prince de Condé pour ceux qu'ils enuoieroient à cette fin en l'armée du Pays, ils ne manqueroient de contribuer à l'aduancement de ce bon œuure tout ce que l'on pourroit raisonnablement desirer d'eux. Ils n'ignoroient pas que le Prince n'aprehédoit rien d'auantage, que de souffrir que quelqu'vn sortist de la ville, pour aller porter dehors les nouuelles de son estat. *Responfe des Gouuerneurs aux Deputés de Suisse.*

Ces enuoyés ne pouuoient assez admirer l'alegresse & la resolution, qu'ils descouuroient aux visages, aux paroles, & aux deportemens des Cōmandans, de la bourgeoisie, & des soldats, apres vn siege violét de pres de trois mois ; & que parmy la bonne chere qu'on leur faisoit, comme en temps de plaine paix, tous dédaignassent l'amitié & mesprisassent les armes des assiegeans. Ils en discou- *Diuerses affections des Deputés de Suisse.*

Mm 3

roient selon que la diuersité de leurs affections & Religions leur suggeroient. Les vns treuuoient estrange que cette petite ville persista opiniâtrement (comm'ils disoient) de vouloir resister à l'armée Royale de la France & de ses alliés, qui estoit jà dás le fossé ; les autres loüoient sous main ce grand courage, & leur eschapa de dire, que si nous tenions coup iusqu'au lendemain nous verrions joüer vne puissante mine sous nostre bouleuard, & vn fourneau sous la contrescarpe ; mais que si les François ne treuuoient cette porte assez large pour se donner entrée dans la place ; il estoit conclu dans le conseil de guerre, que le siege se leueroit dez le lendemain.

Aduis de la resolution des assiegeás.

Vn caualier Lorrain qui auoit seruy dás le camp François, se vint rendre en la ville le mesme iour, & fit tous les mesmes discours, qu'il asseuroit au peril de sa vie, se soumettant de la perdre par le dernier suplice, si son raport ne se treuuoit veritable. Le mesme aduis nous estoit aporté par ceux des nostres qui s'eschapoient des mains des assiegeans, & disoient le tenir d'eux mesmes ; soit qu'ils le publiassent à fin de nous effraïer, ou par la confiance & presomption qu'ils auoient de reüssir ; ou bien parce que les desseins de cette nation sont de la nature du feu ; qui ne peu estre longuement tenu secret ou renfermé, il faut qu'ils esclatent & agissent promptement, ou qu'ils s'estouffent.

Confirmé par vn qui se vient rendre du camp en la ville.

LE SIEGE DE DOLE.

L'armée mesme de Bourgongne estoit informée par lettres surprises, de la resolution de faire voler ces mines, & donner vn furieux assaut ; & nous en auoit esté confirmé l'aduertissement de leur part. Tant d'aduis vniformes ne permettoient pas de douter de cette verité, que nous touchiós au doigt par maniere de dire, puisque nostre contremineur entédoit desia resonner l'entaillement de la roche, & se promettoit dans deux ou trois iours d'atteindre au percement ennemy. On se preparoit donc dans la place à tous euenemens, auec vne merueilleuse confiance qu'elle seroit deliurée pour le iour de l'Assomption de la glorieuse Vierge, de laquelle & de sa sainte Mere, qui sont les patrones de la ville & de l'Eglise, on obseruoit toutes les solemnités, cóme iours qui n'esclairoient que pour son salut.

Diuerses confirmations de ces aduis.

Confiance de la ville que Dieu & la glorieuse Vierge la deliureroient.

Le voisinage de nostre armée donnoit de viues aprehensions aux assiegeans ; la presence du Duc de Lorraine leur sembloit fatale à la ruine de leur entreprise, il auoit esté en personne reconnoître leur camp, acompagné du Marquis de Conflans, du Baron de Scey, & de plusieurs autres, & s'estoit cápé entre Rochefort & Authume le treizieme du mesme mois. Le Prince de Condé dans ce destroit se treuue obligé de tirer son dernier coup. Il estoit commandé d'enuoyer le meilleur de ses troupes, pour arrester les proges de l'Infant en Picardie, & mettre fin à ce siege desastreux, ou d'vne façon ou

Raisons qui chauffoient les esperons aux assiegeans.

d'autre : tout espoir de composition luy estoit retranché ; les prouisions luy manquoient ; il falloit venir aux mains dez le lédemain & joüer son reste, auec vne gendarmerie recreüe & dégoustée, contre des troupes fraiches & deliberées : celuy qui creusoit la mine sous le bastion estoit allé protester en plain conseil, que si l'on la poussoit plus auant elle s'en iroit en fumée, parce qu'il sentoit les aproches du côtremineur. Il fut donc arresté qu'il vaudroit mieux la precipiter, que de perdre tout à fait le fruit d'vn si long trauail, & d'vne excessiue despense : si bien qu'elle fut chargée, serrée, & amorcée le mesme iour, & renduë preste à y mettre le feu, & de mesme aux fourneaux qu'il auoit fait foüyr sous la contrescarpe.

Aprests des assiegeās pour les mines & l'assaut.
On ne voioit qu'allées & venuës de gens de cheual, qui passoient par les ponts d'Asan & de Crissey de l'vn des quartiers à l'autre, comme pour porter des ordres & aduis en diligence. Dez les quatre heures du soir la colline de Plumont parut couuerte de caualerie rangée en escadrons ; & de mesme au plus haut du Tertre entre Crissey & la Bedugue se faisoient voir des gros de caualerie & d'infanterie en ordonnance. Huit ou neuf cens fantassins sont aperceus filans dans les tranchées d'Arans, armés de piques, halebardes, & mousquets, & quelques vns cuirassés & le pot en teste ; on les voit suiuis de nōbre de pionniers ou soldats chargés

LE SIEGE DE DOLE.

chargés de gabions, tonneaux, clayes, planches, & semblables aprests d'vn assaut: tout cela se musse à couuert des tranchées, ruelles, & vallées voisines, entre la demie lune d'Arans & la riuiere. Du costé des assiegés l'on jette trois cens hommes dans le rauelin & la contrescarpe prochaine; l'on en tient autant de prests en reserue deuant la porte; tous les autres postes sont fournis selon la necessité: la bourgeoisie garnit les rempars & les rendez-vous, auec le renfort de cent soldats au bouleuard menacé, & à la tenaille y joignant: On ordonne en cet endroit aux soldats & habitans de quitter la pointe & le dedás du bastion pour se placer sur l'orillon releué en caualier, le long des retráchemens faits sur la gorge, à ceux de la tenaille, & encor sur l'espaule de la batterie qui seruoit comme de place d'armes: on fait porter des munitiós suffisantes par tout, auec quantité de grenades, brassats, & autres feux artificiels: les canons sont pointés & assortis de prouisions & de gens de seruice: ainsi ny a rien qui ne conspire à vne genereuse deffense. Nostre contremineur ne se vouloit resoudre à quitter son ouurage; se persuadát que la mine ennemie n'estoit pas encor serrée, parce qu'il n'y auoit pas deux heures, disoit-il, qu'il auoit encor entendu resonner les coups de marteau: mais on ne voulut pas souffrir que son zele le perdist, & que le creux qu'il auoit foüy pour le salut de la place luy seruist de sepulture

Preparatifs des assiegés pour soustenir l'assaut.

En fin sur les six heures du soir l'ennemy donna le feu à la saulcisse, qui devoit embraser ce Montgibel à trois cuves remplies de quantité de barrils de poudre. Il creva d'vne telle violence, que tout ce qui restoit du rocher & de la massonnerie au devant de l'entaillure, fut porté à plus de cent cinquante pas au delà du canal de la riuiere, en gros quartiers, dont aucuns passoient le poids de trois milles liures: mais ayant treuué plus de resistance par le haut, il ne put faire sauter le pan de muraille qui estoit de la hauteur de plus de cinquante pieds, & de dix à douze d'espaisseur auec de puissans contreforts, il en fit seulement des-joindre & détacher vne partie sur la pointe, qui se treuuât sans fondement s'abbattit & se coula le long du terrain en grosses masses: les plus grandes se treuuerent plantées toutes debout sur le sol du fossé à cinq ou six pas pres de leur premiere assiete; portás encor la terre verdoiante & vn tonneau plein de terre à la sommité; les moindres roulerent vn peu plus loing, ou s'arresterent sur le penchant de la terrasse. En quoy parut l'extraordinaire bonté de cette massonnerie, en laquelles les pierres ne se treuuoient pas des-jointes, ains plustot brisées & arrachées, en sorte qu'elles ont plus cousté par apres à separer l'vne de l'autre, qu'à tirer de nouueaux quartiers dans vne viue carriere: Et comme par le dedans la pointe du bouleuard estoit em-

Le feu mis à la mine sous le bouleuard.

Ses effects

Ruines au bouleuard & sa prodigieuse resistance.

braffée d'vne feconde muraille baftie en quart de rond, qui demeura entiere pour la plus grande part, le parapet qui ne repofoit pas fur le maffif du mur mais fur les contreforts n'en fut aucunement endómagé, au grand eftonnement des affiegeans, qui virét côme ce coup foudroiant, n'auoit fait que defpoüiller le baftion de fa chemife à l'angle, & à neuf ou dix pas de face de part & d'autre. La fecouffe neantmoins en auoit efté fi horrible, qu'elle fe fit fentir comme vn tremble-terre par toute la ville, iufques aux quartiers plus reculés. Les foldats & bourgeois qui eftoient arrangés à la gorge du mefme bouleuard, & aux retranchemens alentour, n'en furent ny efperdus ny intereffés, ains enuoierent auec alegreffe porter la nouuelle par tout, que cette prodigieufe mine auoit lancé fon coup fans effect, & que les parapets eftoient en leur entier. Le Maiftre de camp en receut les affeuráces au retour de ceux, qu'il chargea de l'aller reconnoître, qui tous raporterent que dez le haut & par le dedans du bouleuard à peine fe pouuoit-on prendre garde, que cette gueule d'enfer euft vomy fa rage. Il falu encor voir le dehors, à quoy furent deftinés quelques Officiers que le frere Euftache d'Iche voulut acompagner auec mon fils aifné. Ils pafferent iufque tout au bout de la contrefcarpe, où l'ennemy, qui attendoit encor le fpectacle d'vn fecond jeu, ne faifoit point conte-

Affiegés recónoiffent le peu d'effect de la mine.

nance de s'aduancer. Les Officiers retournent, & mon fils auec eux, & racontent ce qu'ils auoient veu; que la bresche estoit inaccessible, & qu'il n'y auoit rien à craindre; mais bien à loüer Dieu qui auoit amorty le coup à la confusion des assiegeans.

Frere d'Iche Capucin va reconnoistre par dehors.

Le frere d'Iche, qui n'estoit pas pressé de faire raport, & qui ne se pouuoit assouuir de la contemplation de cette merueille, s'y arresta, & voulut dez le plus haut de la côtrescarpe considerer encor la posture de l'ennemy, qui sembloit estre rebuté: quand voilà tout à coup vn autre fourneau creusé sous la terrasse où il estoit, qui s'ouure & darde parmy l'air vne pluye de flammes & de souffre, meslée d'vne espaisse gresle de pierres & de quartiers de terre embrasée. Elle s'espandit sur le bouleuard, le long de la courtine, & encor au dedans de la ville, sur la place d'armes deuant la porte, où ie me treuuay auprés du Maistre de camp; & eusmes assez de peine, tout tant que nous estions, de nous mettre à couuert de cette effroiable bourrasque.

Seconde mine qui l'éseuelit.

Le bon Religieux d'Iche & sept ou huit soldats qui se rencontrerent sur le mesme dehors y demeurerent engloutis; vn autre par incroiable eslancement fut esleué par dessus le viel chasteau de la hauteur de plus de trente toises, & alla tomber dans le iardin des Peres Carmes assommé & tout moulu de cette horrible cheute.

Effect merueilleux de cette mine.

Apres l'esclat de la grande mine, plusieurs s'estoient aduancés

LE SIEGE DE DOLE.

iusques sur le parapet du bouleuard songeans plus à souſtenir l'aſſaut des François, s'il leur prenoit enuie de monter à la breſche, qu'à ſe couurir de ces braſiers infernaux. Ceux qui eſtoient les plus aduancés, parmy leſquels ſe treuua le Procureur General, que ſa valeur & ſon zele y auoit porté auec quelques autres, en reſſentirent moins les effects: les plus eſlongnez en furent plus dangereuſement aſſaillis, & trois ou quatre tués ou griefuement bleſſés par les cailloux & mottes de terre enflammée qui leur tomberét deſſus. Le Pere Albert de Beſançon Capucin qui ſoignoit ſans relâche aux ouurages du dedans en eut la iambe tellement froiſſée; qu'il la luy falut couper: ce fut le meſme raſoir qui luy trancha le filet de la vie, que ce ſaint Religieux s'eſioüiſſoit de perdre pour vne ſi iuſte cauſe. Le Sieur de Baſan gentil-hôme fort ancien de la ville, y fut auſſi bleſſé au bras, moins dangereuſement. Il auoit auec le Pere Albert aporté vn ſoin incroiable & preſque ſurnaturel, pour l'aduancemét des contremines & retranchemens; ayant veillé quinze nuits de ſuitte à cet effect, parmy le ouuriers bien ſouuent empeſtés, ſe contentant de dérober quelques heures ſur le iour pour ſon repos neceſſaire; & de meſpriſer ſon ſalut pour celuy de ſa patrie. Les aſſiegeans auoient encor preparé vne troiſieme mine voiſine de l'autre, que nos contremines firent eſuanoüir. Ils s'eſtoient

Pere Albert Capucin à la iabe froiſſée & en meurt.

Troiſieme mine éuétée.

promis que ces foudres fousterrains, éuentrans la terre sous nos fortifications, combleroient le fossé des ruines du bastion d'vn costé, & du bouleuersement du terrain de la contrescarpe d'autre, & leur feroient planche pour venir à l'assaut : mais quand ils eurent recogneu la bresche, ils en treuuerēt l'acces trop perilleux, & la montée inaccessible; & descouurirent d'ailleurs les bourgeois & gens de guerre en bon ordre sur les rempars & retranchemens, qui les attendoient en grād silence, determinés de faire sentir la vigueur de leurs courages, & la roideur de leurs bras, à quiconque en voudroit faire l'essay. Cependant la nuit qui suruint voilà la honte & la retraitte des assiegeans; qui ne remportérēt en leurs quartiers, que le dépit, & le desespoir de venir à chef de cette entreprise infortunée.

Assiegeās reconnoissent la bresche & desesperēt de venir à l'assaut.

On ne sçauroit assés dignement representer la feruëur, la vigilance, & le courage du Magistrat de la ville, en cette occasion, & en toutes autres qui se sont presentées durant le siege : specialemét du Sieur de Saint Mauris Vicomte Maieur, qui se sacrifiant au public, redoubloit auec vne extraordinaire contention la vigueur de son esprit, au dommage signalé de sa santé corporelle : & quoy que le trauail immoderé l'eust par deux fois alités il ne cessa, tant qu'il put souffrir le cheual, de courir par tout les quartiers de la ville, mesmes aux postes

LE SIEGE DE DOLE.

plus dangereux; & aux lieux des assauts & des alarmes, s'y treuuant tousiours des premiers aupres du Maistre de camp, afin d'encourager les bourgeois, caresser les soldats, & pouruoir à toutes les necessités occurrétes. Aussi estoit-il secondé par les Sieurs Petremand, Froissard, & de Malpas Mantry, Escheuins, & par les autres du Conseil de ville, qui tous y rendoient sans relasche les deuoirs de tres-soigneux & tres-prudens Officiers. La peste nous rauit ce sage Maieur deux mois apres, lors que sortât de desgager sa vie des serres de la mort, où elle auoit esté reduite par vne extreme maladie dans la Cité de Besançon, il la vint immoler pour la derniere fois dans la ville de sa naissance, au salut de ses concitoiens.

Tandis que le Prince de Condé s'empressoit à l'auancement de son dernier effort, nostre armée qui s'estoit campée à vne lieüe pres, deliberoit en quelle sorte elle deuoit secourir la place. Au conseil de guerre qui en fut assemblé, vn personnage releué d'esprit & de condition, requis d'en ouurir son sentiment le premier, fut d'aduis. *Qu'il conuenoit temporiser, & se contenter d'incommoder l'ennemy en luy coupant les viures & les fourrages : que c'estoit trop hasarder que de vouloir attaquer le François dans ses forts & ses tranchées : que la perte du combat perdroit auec la ville le Pays, & la fleur de l'armée Imperiale & de Lorraine, & parauenture la personne du Duc qui estoit*

Aproches de l'armée du secours

Deliberation en conseil sur ce secours

Aduis qu'il falloit temporiser & ne rien hasarder.

inestimable : qu'apres le gain d'vne bataille le François victorieux pousseroit plus auant ses conquestes, que l'on pouuoit arrester sans courir si grande risque : que la prise de Dole ville frontiere n'empescheroit pas que le reste de la Prouince ne fust conserué; qu'il valoit mieux lascher cette piece pour sauuer le surplus, que tout exposer en la pensant retenir : que quand l'ennemy l'auroist conquise elle l'obligeroit à y laisser grosse garnison & des prouisions qui l'affoibliroient d'autant & luy rendroient sa prise dommageable : l'ardeur du discours qui emporte souuët les esprits boüillans au delà de leur dessein, luy fit conclure par des protestations contre ceux qui conseilleroient le contraire. Il fut bien tost re-leué, & ses raisons contrepointées par de plus puissantes, de ceux qui opinerét apres luy, & dirét.

Cótraires aduis qu'il falloit forcer les assiegeás.

Que le Duc n'auoit pas couru cēt lieües auec vne extreme diligence pour s'arrester tout court, comme vne personne acculée à la veuë de son ennemy : qu'il auoit esté prié par Son Altesse Royale de secourir la place, & que n'ayant iamais refusé le collet, il n'estoit pas pour se retirer de la lice, en laquelle il s'estoit si genereusement poussé : que le Sergët de bataille Lamboy estoit enuoyé par le Roy d'Hongrie pour courre la mesme carriere : que ce soulas estoit deû à vne ville si fidele, qui tendoit les bras pour estre secourüe apres auoir fait de sa part plus qu'ō n'en eust iamais esperé : que toutes les forces de la Bourgongne s'estoient jointes pour remettre en liberté ce genereux Archeuesque, & ce Sage Parlement, vrays Peres & protecteurs de la patrie;

& tant

& tant de vaillans soldats & bourgeois, qui s'estoient engagés pour racheter la Prouince : que c'estoit se tromper de croire qu'apres la perte de Dole l'on pouuoit conseruer le reste ; puisqu'au contraire Dole estant enleué par defaut de secours, il n'y auoit plus rien à garder au Pays ; qu'il ne falloit pas esperer vne courageuse deffense des autres places, qui sçauroient que Dole auroit esté abandonnée au besoin, & que sa longue resistance n'auroit seruy qu'à sa finale desolation : qu'aussi tost que les Bourguignons de l'armée auroient descouuert qu'on ne vouloit pas combatre, ils se retireroient mal contens, & que la Prouince descouragée refuseroit l'entretien des troupes estrangeres, qu'elle croiroit ne pouuoir plus rien contribuer qu'à sa ruine : que temporisant on perdoit Dole, le Pays, & l'armée, & qui pis est la reputation des armes de l'inuincible maison d'Austriche : qu'en vain l'on projettoit d'incommoder le passage des viures à l'ennemy, qui en auroit tousiours abondance par la Saone & par le Doux, à la faueur des villes de Verdun, Bellegarde, Saint Jean de Losne, & Auxonne ; puisque nostre armée en auoit plus grande disette & ne pouuoit longuement subsister elle mesme : que le mal estoit arriué en vn point que les medicamens palliatifs n'estoient plus de saison, il falloit faire vn dernier effort ou perir ; que les retranchemens de l'ennemy n'estoient pas impenetrables, puisqu'il auoit esté recogneu qu'on les pouuoit attaquer par trois endrois : que les assiegeans ayans leurs quartiers tous détachés ne pourroient se joindre en corps de bataille, sans laisser la ville libre d'vn costé, où

O o

les assiegés donneroient infailliblement auec l'ardeur & le bon-heur qui les auoit tousiours acompagnés : quel'ennemy branloit, & lascheroit le pied à la premiere charge : que Dieu & la Iustice de la cause estoient pour nous. Ces raisons que le Conseiller de Champuans, le Baron de Scey, & quelques autres animérent puissammēt furent apreuées de tous les autres, & embrassées parle Duc, comme plus reuenantes à son humeur & à sa resolution. Il commande à tous de se tenir prests pour combatre le lendemain; à quoy chacun se dispose auec alegresse. Ce fut le soir mesme qu'ils entédirent le tonnerre effroiable des mines, qui fit croire à plusieurs que les François dōnoient vn assaut general : mais comme le tintamarre qui à coustume de s'esleuer en pareilles occasions, ne suiuit pas, ceux qui estoient plus pratiques, iugerēt que l'ennemy n'auroit pas treuué prise, & qu'il demeuroit rebuté : ce qui acreut le desir & l'impatience de luy aller chausser les esperons de plus prés.

Resolutiō generale d'attaquer les assiegeans dās leurs tranchées.

On entēd dez le cāp l'effort des mines.

Le lédemain veille de l'Assomption nostre Dame, l'armée en ordonnance marcha cōtre les tranchées, elle estoit composée de deux mille cinq cés cheuaux Lorrains, autāt d'Allemands que Lamboy auoit amenés, deux mille du Baron de Mercy & des Croates de Forcas, & quinze cens du Pays. L'Infanterie estoit de huit cens Lorrains, dix-huit cens Allemands, six cens mousquetiers venus de

Estat de l'armée du secours.

LE SIEGE DE DOLE.

Besançon; huit cens fantassins tirés de Gray & de Salins, trois cens de Poligny; sept ou huit cens des autres villes, auec les Regimens dont nous auons cy deuant parlé; en sorte qu'on y comptoit plus de huit mille cheuaux, & plus de huit mille pietons effectifs, tous bié deliberés d'aller à la charge.

Il n'auoit pas esté besoin de baloter cette controuerse, si l'on attaqueroit l'ennemy dans ses retranchemens, pour l'obliger à leuer le siege. Car il auoit jà pris cóseil de trousser bagage, si ses mines ne faisoient beau jeu; la bresche qui le deuoit inuiter à tenter l'entrée dans la ville, luy en fit quitter l'esperance & presser son délogement. Dez le matin ceux de la ville qui gardoient les dehors de la porte de Besançon s'aperceurent que les tranchées qui les auoisinoient demeuroient extraordinairement paisibles? d'où ils prirent occasion de les faire reconnoître par douze soldats, qui les treuuerent vuides. Aussi tost & soldats & bourgeois y courét & pillent ce qu'ils y rencontrent de reste; on y met des trauailleurs pour combler & renuerser les ouurages, à quoy se passe la plus grand part de la iournée. En mesme temps nous descouurons que ceux du quartier delà l'eau repassent leurs ponts & se rejoignent au quartier royal deuers Saint Ylie; ce qui nous confirme la creance du voisinage de nostre armée, & de la terreur qui a saisy nos ennemis. En fin sur les sept heures du soir se presente à

Les assiegeans auoient jà resolu de leuer le siege.

Assiegeās abandonnent les tranchées du costé de Besançon.

nos yeux le spectacle agreable, & tant desiré, de nos gens en bataille sur la colline au deçà d'Archelanges à trois quarts de lieüe de la ville, & à la portée du canon prés des tranchées des assiegeans. Ceux cy au lieu de leur aller au rencontre, ou de les attendre de pied ferme, d'estendent leurs pauillons & desbagagent de tous costés. Les feux s'esleuét par tous leurs quartiers pour consommer leurs poudres & prouisiós, & embraser leurs hutes; chacun y pense à desloger & personne à combatre: les forts seulement plus voisins de nostre armée, particulierement ceux des Allemands, demeurerent garnis d'hommes & de quelques pieces de campagne, & leurs d'rapeaux arborés. Le Duc s'en aproche tout le premier & marchant en teste l'espée à la main, fait mettre pied à terre à ses dragons pour attacher l'escarmouche, & commande quatre cens mousquetiers du regiment du Sieur d'Arbois pour les soustenir; les Bourguignons s'aduancent auec d'autant plus d'ardeur & de passion qu'ils ont plus d'interest à la cause, & plus de desir de venger l'iniure faite à leur patrie, & de mettre leurs compatriotes en liberté. Quelques menuës pieces que l'ennemy auoit pointées en vn fort deuers Breuuans deschargerent sur les nostres, & portérent leurs coups autour de la personne du Duc, sans autre effect, que de le piquer d'vn plus grand desir d'aller droit à eux & de les serrer de

Armée du secours paroit à la veuë de la ville.

Les assiegeans se preparent à la retraite.

Le Duc de Lorraine veut donner sur l'ennemy dés le soir.

LE SIEGE DE DOLE.

plus prés. Il y alloit; quand Lamboy inuité de se joindre, luy vint representer, que le reste de l'infanterie estoit trop reculé & le iour trop aduancé; qu'il estoit dangereux de s'engager dans des tranchées ennemies à l'entrée de la nuit, qui rend les combats tousiours douteux & souuent infortunés: que puisque tout apparemment l'ennemy abandonnit son camp, il luy falloit plustot dresser vn pont que contester le passage: qu'obtenant sans peril ce pourquoy l'on estoit venu, il n'y auroit point de raison de precipiter vne personne si precieuse, & vne si florissante armée dans des dangers inutiles: qu'en chargeant dez le soir on auroit à faire à tout le gros encor joint & fortifié: au lieu que luy donnant la nuit pour gagner pays & commencer sa retraite, on pourroit dez le lendemain matin le poursuire auec auantage & le battre en queuë sans risque & sans confusion. Ces propos mirent le frein à l'ardeur du Duc alentie par la froideur de l'Allemand. Ainsi la partie fut remise, & les troupes commandées de se reposer & tenir prestes pour mener les mains à la pointe du iour.

En est détourné par Lamboy qui fait remettre au lédemain.

En ces entrefaites, les assiegeans ne perdoient pas vn moment de temps, ils faisoient retirer leur artillerie en diligence auec tout son attirail & le bagage, & neantmoins pour desguiser leur fuite, ils continuerent de tirer dez la

Les assiegeans leuent le siege.

batterie qui eſtoit au bord de la riuiere, iuſques à deux heures en nuit. Dez lors tous commencea de marcher, la lune eſtant pleine & l'air fort ſerain;& au leuer de l'aube, le quartier du Roy ſuiuit, apres auoir embraſé vne mienne maiſon où le Prince & le grād Maiſtre de l'artillerie auoient logé tout le long du ſiege, & qui pour cette ſeule cauſe auoit eſté conſeruée en l'embraſement general de Saint Ylie. Les canons qui auoient tiré iuſques bien auant dans la nuit, pour diſſimuler le deſlogement, ne pûrent eſtre retirés à temps; la piece qu'on appelloit la *Louyſe*, parce que le Roy de France, ainſi que l'on diſoit, auoit pris plaiſir à la faire mouler & fondre en ſa preſence, & l'auoit honorée de ſon nom, demeura ſur le penchant de la colline pres du chaſteau de Saint Ylie. Ceux qui en auoient la conduite s'efforcérent de la creuer, l'ayant chargée de poudre iuſques au renfort, & de cinq ou ſix bales chacune du poids de trente trois liures, & fait vne trainée pour luy donner le feu de loing; mais il ne prit pas, & l'alarme eſtoit ſi chaude qu'ils n'eurent pas le loiſir de redoubler. Nous auons creu qu'ils auoient enterré ou precipité dans les eaux mortes qui ſont en meſme endroit deux ou trois autres pieces, parce qu'il y en eut autant qui joüérent encor contre la ville entre les dix à vnze heures du ſoir, & que pluſieurs de ceux qui ſe retreuuoient pour lors au camp ennemy l'ont ainſi

Canō des aſſiegeans abandonné.

LE SIEGE DE DOLE.

declaré par apres ; quoy que iufques aujourd'huy elles n'ayent pas efté retreuuées. Durant la nuit les coureurs de noftre armée entrerent dans les tranchées ennemies, fans aucune refiftance, le Confeiller de Champuans y fut en perfonne, & rencontra des bourgeois de la ville qui butinoient defia dans les forts : & à l'aurore tout le gros en bataille marcha, & fe vint planter dans le camp que les François auoient defemparé. Le Duc & tous les Chefs entrerent dens la ville pour y entendre la Sainte Meffe, & rendre actions de graces à Dieu & à fa tres-fainte Mere de ce fauorable fucces. Ils furent receus auec les eflans de ioye que l'on peut imaginer, & admirerent les marques glorieufes que dix mille coups de canon, cinq cés bombes grenades, & dragons volans, & fept tant mines, que fourneaux auoient grauées dans les ruines des murailles & des baftimens : ceux qui auoient veu la place auant qu'elle fut bloquée, s'eftonnoient des prodigieux remuëmés de terre que les affiegés auoient faits tant dedans que dehors pendát qu'ils eftoient ferrés : & tous fe confoloient à voir les vifages alegres de ceux qui auoient fouffert & furmonté les trauaux d'vn fi long & fi cruel affiegement.

Coureurs de l'armée du fecours entrent la nuit dans les tranchées.

Le Duc de Lorraine entre au camp ennemy, & puis en la ville.

Si toft que le Duc eut rendu fes deuoirs à Dieu, & receu ceux de la ville, il reprit la campagne, fe mit en tefte de fa caualerie, & auec les Croates

Le Duc fort pour aller apres l'ennemy.

qu'il fit aduancer se resolut de suiure l'ennemy, & luy donner à dos en sa retraite. Plusieurs caualiers des assiegés embrasserent cette occasion pour combatre en champ ouuert ceux qu'ils auoient si souuent batus en champ clos. Ils aborderent sur les huit heures du matin l'ennemy, qui acheuoit de gagner les bois qui separent les deux Prouinces, & donnerent dessus. L'infanterie du regiment de Nauarre, & la caualerie de celuy du Cardinal de Richelieu qui auoient la riere-garde, tournerent teste, & soustindrent courageusement le premier effort des Croates, auec peu de perte de part ny d'autre, puis enfilerent l'espais de la forest & tirerent pays apres le reste; pendant qu'on attendoit nostre infanterie qui tardoit à venir pour charger en gros. Le Duc voiant la franche-Comté libre d'ennemis, la ville à plain deliurée & les assiegeans en fuite, retourna triomphant dans Dole, & comme la soldadesque s'y fourroit inconsiderement, il fit donner le boute-selle & sortit dehors, pour tirer apres soy toute cette gendarmerie & en descharger les bourgeois assés foulés des fatigues passées; puis rentra auec son train & y vint coucher, laissant pour logement à l'armée le camp & les forts que les François auoient quittés. On y recueillit quantité d'armes, d'affusts & d'attirail de canons, de puissantes charettes auec les essieux de fer, de bales, de plomb en masses & en boulets,

de bom-

LE SIEGE DE DOLE.

de bombes & grenades, de grains, de pains de munition, & autres prouisions de viures & de guerre qui auoient eschapé les flammes, & qui furent en partie aportées en la ville, tant par les bourgeois qui couroient à ces despoüilles, que par les soldats qui les vendoient. Quelques pietons malades, goujats & autres de la suitte du camp François qui estoient demeurés derriere passerent par la rigueur des armes, & acreurent le nombre des corps morts & charongnes dont les tranchées regorgeoient. Le canon fut amené au pied de la contrescarpe, & puis rédu dans la ville. Le gros des ennemis arriua le soir à Saint Iean de Losne comblé de hôte & des sourdes mesdisances & maledictions du peuple, qui ne se pouuât persuader que la ville de Dole eust esté capable de resister trois mois à la puissance de leur Roy & de ses alliés, faisoiét courre le bruit que les assiegés s'estoient rachetés au pris de plusieurs tonnes d'or. Leur gazette asseure qu'ils auoient encor seize mille hommes en leur camp au iour qu'ils leuerent le siege. *Piece de canon ennemy amenée en la ville.*

Les troupes du Pays qui n'auoient eu autre visée que la deliurance de leur Capitale commencerent à se desbáder; celles qui auoient esté tirées des garnisons y retournerent; les Esleus & les volontaires reprindrent le chemin de leurs villes & villages; celles qui s'estoient leuées par ordre des Commis au Gouuernement; tant de caualerie que d'infan- *Les troupes de Bourgongne se desbádent, & pourquoy.*

terie, n'ayans pas esté pourueües à temps de toutes choses necessaires, & ne treuuans rien à manger à trois lieües de Dole ou l'énemy auoit fait le degast general, & d'ailleurs n'estans pas trop satis-faites du traitement des Allemands, qui se donnoient autant de licence de charger & deualiser l'amy qu'ils treuuoient foible & à l'escart comme l'ennemy, se dissiperent bien tost apres; & les chefs mesmes se retirerent presque tous en leurs maisons, pendant que le Duc de Lorraine & le Sergent de bataille Lamboy concertoient le dessein d'entrer dans la France.

Le Duc de Lorraine & Lāboy entrent en France.

Ils y allerét suiuis de quelque noblesse & de peu de troupes du Pays, mais bien de plusieurs bourgeois de Dole, & encor de la cōpagnie de caualerie que l'on y auoit leuée sous le Capitaine de Byans. Ils emporterent d'emblée le bourg & le chasteau de Chaussin, qui furent laissés à la garde des Bourguignons de cette compagnie de caualerie, & de deux d'infanterie du regiment du Sieur de Bressey.

Prise de Chaussin.

Le General Forcas auec ses troupes & quelques dragons passa iusques à Verdun, ou apres demye heure de combat il se rendit maistre de la place. Lamboy le suiuit & s'y logea auec tous les siens, & se saisissant des barques & bateaux qu'il treuua sur les riuieres du Doux & de la Saone commença d'y dresser vn pont. Ce poste estoit merueilleusement auantageux, parce que tenant ces deux riuieres qui

Prise de Verdun.

Auātages de cette prise.

LE SIEGE DE DOLE.

s'y assemblent, on pouuoit de là courre toute la Duché de Bourgongne, & la Bresse, & rauager iusques aux portes de Lyon : il mettoit au desespoir les places d'Auxonne, Saint Iean de Losne, & Bellegarde qui restoient coupées & separées du cômerce & du secours de Lyon. Les Commis au gouuernement trauailloient auec vn incroiable zele & diligéce pour rallier les troupes du Pays, qui s'estoient desbandées contre leurs ordres, & preparoient des résorts de canons & de munitions pour faire passer le tout à Lamboy. Toutes les villes de la Duché & de la Bresse estoient en vne incomparable fraïeur & consternation : on en auoit tiré le meilleur des hommes, des armes, de l'artillerie, & des munitions pour le siege de Dole : l'armée assiegeante s'estoit deffaite en peu de iours. Le Prince de Condé retiré à Chalon sur Saone, & abádonné de tous ne sçauoit quel conseil prendre ; les bourgeois des meilleures villes les auoient quittées & cherché leur refuge qui à Lyon qui à Paris. *Effroy de la Duché & de la Bresse.*

Il sembloit que Dieu deliurant miraculeusemét la ville de Dole, auoit mis ses ennemis en proye quád il arriua vn courrier du Comte Galasse pour commander au Sergent de bataille Lamboy de ne rien entreprendre ny hasarder, mais de s'entretenir aux enuirons de Dole & de Gray, iusqu'à l'arriuée de toute l'armée Imperiale, qui passeroit bien tost en Bourgongne pour agir puissamment & en gros. *Lamboy commádé par Galasse de ne rien hasarder.*

Si tost que Lamboy eut receu cet ordre, il se resolut de tirer quelques auantages de Verdun & s'en retirer, couurant son dessein du pretexte de quelques mescontentemens de n'auoir pas esté secondé de gens, d'argent, & de canons par ceux de la frache-Comté, ainsi qu'on luy auoit fait esperer. Le Duc de Lorraine qui s'en aperceut le quitta; & Lamboy ayant fait repasser toutes ses troupes aux portes de Dole s'alla poster aux enuirons de la Saone prés de Gray. I'en laisse la suitte à vne autre histoire; mon sujet n'estant que de raconter le siege de Dole & sa deliurance, que toute la ville raporta à vne particuliere protection du ciel, & specialemét à l'Hostie miraculeuse, & à la tres-debonnaire Vierge Marie Patrone des Dolanois, qui au iour de sa triôphante Assomption par dessus l'Empirée; voulut retirer cette pauure ville sa tres-deuote vasale du cercueil & des ombres de la mort, pour faire monter la gloire de sa valeur & de sa fidelité iusques aux nuës. I'esbauchay sur ce sujet la matin de la mesme feste, à la chaleur de l'extreme ioye que ie ressentois auec tous mes concitoiens d'vne si merueilleuse conseruation, l'inscription Eucharistique que ie publiay & fis imprimer peu de iours apres, & que i'ay aucunement enrichie & fait afficher en la Sainte Chapelle, attendant que le Magistrat en y fasse appendre vne plus releuée.

Lamboy quitte Verdun & retire son armée dãs la Comté.

Iour heureux de l'Assomptiõ nostre Dame.

TERSANCTO DOMINO DEO SABAOTH
ET VICTRICI FLAMMARVM HOSTIÆ
ATQ. INTAMINATÆ DEIPARÆ
PIORVM PRÆSIDIO
IMPIIS VELVT ORDINATA CASTRORVM ACIE
TERRIBILI.

VRBS DOLA SEQVANICÆ BVRGVNDIÆ CAPVT.

Quod ipsorum incomparabili beneficio
Post octoginta dierum arctissimam & urgentissimam
à regiis Gallorum & fœderatorum Protestantium exercitibus obsidionem
post mœnia & ædificia tam sacra quam profana
supra decies mille ingentium tormentorum muralium pilis
& in sublime vibratis ollis ferreis plusquam quingentis inauditi ponderis
ipso casu & fragmentorum cum flammis eructatione
ædium intima plateásq; strage & horrore complentibus
atq; effossis etiam cuniculis & Ætnæis fornacibus septem
ignes & ardentia saxali telluris eruptione vomentibus
per summam rabiem impetita ac ruinis deformata
cæteris omnibus extra urbem circunquâq; ferro vel incendio vastatis
omnimodis ab arte Martévè dolis & machinationibus assiduè tentata
Invictis semper immotísq; Civium animis
Illustrissimi Præsulis FERDINANDI DE RYE Archiepisc. Bisuntini
& æquissimi prudentissimíq; SENATVS simul Prouinciam moderantium
ac NOB. LVDOVICI DE LA VERNE militiæ præfecti vigilantissimi
Exemplo Consilio Manu roboratis
PIETATE IVSTITIA & ARMIS eximia
durauerit

Et faustâ tandem triumphantis Assumptionis B. MARIÆ luce
adcurrentis in suppetias CAROLI Lotharingiæ Ducis fortissimi
cum Imperialibus Suis & Burgundicis copiis aduentu
hostilibus faucibus erepta
Sub auitâ fortunatissimâq; PHILIPPI IIII, Hispaniarum Indiarumq;
Monarchæ invictissimi dominatione
ac FERDINANDI Hispaniarum Infantis Belgij ac Burgundiæ Proregis
auspicatissimâ procuratione
Victrix & impenetrabili fide spectanda permanserit
Hoc æternæ gratitudinis monumentum Patronis ac Liberatoribus Suis.

L. M. D. D. D.

*A*o. Sal. ↄ. IↃCXXXVI.

Ie l'acompagnay de ces deux vers chronographiques qui vont au mesme sens.

*IgnIbVs InVarIata DoLaM neXV hostIa soLVIt
eXVLtat plaVIrgo, DoLá fVgIt IMpIVs hostIs*

Plusieurs autres encherirent sur mes pensées, & mirent au iour par apres des Eloges & inscriptions plus elegantes, plus delicates, & plus dignes de memoire: mais il ne m'a pas semblé à propos d'en grossir ce discours, non plus que de mille gentils Epigrammes & pointes des beaux esprits qui s'égayerét alentour d'vn si riche & si agreable object: leur zele & la licence de la poësie, dont la saulse n'est iamais meilleure que quand elle pique, rendit leur aigre douceur sauoureuse; mais toutes choses ne sont pas tousiours de saison.

Perte des François en ce siege. Les François aduoüent que ce siege leur à cousté la vie de plus de cinq mille soldats tués par le canon & la mousqueterie de la ville, par leurs propres mines, & par les furieuses sorties & courageuses defenses des assiegés; & qu'en ce nombre on à compté plus de six cés Officiers & gentils-hommes de marque, de differêtes Prouinces. Dans la place *Perte des assiegés.* on à fait le calcul de sept cens ou abatus sur le champ, ou morts de leurs blessures: trois cens du regiment de la Verne; six vint des Esleus du Pays, quarente de la garnison ordinaire, trente de la

LE SIEGE DE DOLE.

compagnie du Tauc, & vint de celle de Byans, le reste des bourgeois du lieu ou des voisins retirés en la ville, peu plus, peu moins: parmy tous lesquels on n'a perdu que deux Capitaines, deux Aydes de camp, trois Enseignes, neuf Sergens, & quelque peu d'autres Officiers; vn Conseiller du Conseil de la ville, & petit nombre de personnes de consideration, dont il a esté parlé cy deuant.

L'Archeuesque & le Parlement dépescherent aussi tost des courriers au Serenissime Prince Cardinal & au Roy d'Hongrie pour leur rédre compte de tout ce qui s'estoit passé, & leur porter la ioyeuse nouuelle de l'éuenement, qui fut receüe & transmise par tout auec vn aplaudissement nompareil. On en fit des festes d'alegresse extraordinaire en Espagne, en Flandre, en Allemagne, en Italie. La ligue Catholique recogneut ce bienfait de la main secourable de Dieu pour le bien de son Eglise, aussi vit-on dez lors visiblement prosperer ses affaires. Le Roy n'en eut pas si tost l'aduis asseuré, qu'il escriuit à tous les Prouinciaux des Ordres religieux de ses Royaumes, pour en rendre les actions de graces, releuant comme *vn miracle ineffable, & vn euident effect de la misericorde infinie,* (c'est ainsi qu'il en parloit) *cet illustre exemple de la fidelité, constance, & valeur de ses sujets de la franche-Comté, qui se treuuans serrés de si prés par le siege royal que la France auoit planté deuãt la ville de Dole Capitale*

Aduis de la deliurance de Dole enuoiés par tout.

Receües auec grande ioye & aplaudissement.

Ce que le Roy en escrit.

de la Prouince, ne pouuoient receuoir aucun secours humain, à raison du grand eslongnement de ses autres estats sinon celuy de leur courage. Que si bien il auoit commandé au Cardinal son tres-cher frere de porter ses armes en personne dans la France, cela ne pouuoit suffire, si les fideles vassaux du Pays n'y eussent trauaillé auec la resolution, vaillance & amour qu'ils auoient fait paroître en cette genereuse resistance.

Ce qu'en dit le Cõte Duc. Le Comte Duc de Oliuares disoit par vne sienne lettre au Marquis de Leganez Gouuerneur de Milan. Que la nouuelle de la deliurance de Dole auoit esté telle qu'aucun encherissement ne pouuoit arriuer à l'égal de son importance : comm'il s'estoit veu en la demonstration grande auec laquelle leurs Majestés l'auoient celebrée, s'en estant aussi tost allés à cheual au Monastere de Tocha hors de Madrid pour en chanter les loüanges à Dieu. *Tesmoignages de grãde ioye par S. M.* Qu'il pouuoit asseurer que ce iour auoit esté celuy du plus grand aplaudissement, & de la plus grande alegresse qu'il eust veu dez qu'il est en seruice. Que dez lors l'on traittoit des moyens de gratifier & fomenter la constance de ces loyaux sujets, & qu'il estimoit que ce seroit en telle sorte que l'on connoîtroit, que de si excellentes & heroïques actions se faisoient pour vn Roy qui n'en oublioit pas la recompense. Le Cardinal Infant respondit à l'aduertissement que les Commis Gouuerneurs luy en auoit donné, en ces termes.

Lettres du Prince Cardinal. Tres-chers & bien-aimés. Nous venons d'aprendre par vostre lettre, que la France à graué vn eloge à sa confusion,

LE SIEGE DE DOLE. 505

fufion, & fi profondement dans les murailles de la ville aux Gouuerneurs.
de Dole, que l'enuie ny le temps ne le fçauroit iamais
effacer. Vous n'aués en rien démenty les efperances que
nous auions conceües de voftre fidelité, prudence, & valeur; & le Roy Mon Seigneur à qui vous les aués dediées
apres Dieu, n'en oubliera iamais la reconnoiffance enuers
vous & voftre pofterité, & de toute la Prouince; &
particulieremēt de ceux que vous aués fignalés par voftre
lettre. Dequoy nous vous donnons parole de Prince de
la part de S. M. & de la noftre, iufques à en faire vne
dette hereditaire de noftre tres-Augufte maifon. Cette
refcription eftoit datée à Cambray le 3. Septembre
1636.

 Huit iours apres le fiege leué, l'Illuftriffime Ar- Mort glorieufe de
cheuefque en l'âge de quatre vints ans, ayāt gardé l'Archeuefque de
iufques au dernier foufpir vn tres-folide iugemēt, Befançon.
rendit fon ame à Dieu, difant auec le Saint & fortuné viellard Simeon. *C'eft maintenant, Seigneur,
que vous me laiffés en paix, felon voftre parole infaillible
puifque mes yeux ont veu cette merueilleufe deliurance
que vous aués eftalée à la face de tout l'vniuers:* Ce fage Eloges de
Prelat eftoit vn rameau du tige de la maifon de ce vertueux Prelat.
Rye tres illuftre par fon ancienneté, par fes alliances aux familles Soueraines, pas fes Cheualiers
de la toifon d'or, & par fes grands emplois aupres
des Princes, des Roys, & des Empereurs; mais
fur tout par vne particuliere inclination qu'elle a
toufiours eüe de fe fignaler dans les armées, où

Q q

elle a continuellement fourny des Chefs de guerre tres-renommés : Ainsi qu'elle fait aujourd'huy le Baron de Balançon General de l'artillerie de S. M. és Pays bas, autant remarquable par la grandeur de son courage, & prudence en la conduite militaire, qu'admirable en sa Pieté, de laquelle par vn alliage d'vn rare exemple, il sçait attremper la douceur & la moderation, auec l'ardeur & la violence des armes. Il auoit veu la guerre en son premier aage, mais s'en estant soustrait pour se donner à l'Eglise il fut esleué en Cour de Rome, ou la dignité Archiepiscopale luy fut deferée auec celle de Prince d'Empire en l'an quinze cens quatre-vint six, & depuis à receu diuers acroissemens de Prelatures & dignités. Il a gouuerné son Eglise cinquante ans auec vne merueilleuse tranquillité, luy destinât pour son Successeur Messire François de Rye Archeuesque de Cesarée son nepueu, & sur la fin de ses années a esté choisy pour gouuerner toute la Prouince auec le Parlement, comm'il a fait auec tant de sagesse & de bon-heur, que i'ose dire qu'on ne pourroit souhaiter vne vie plus douce, plus longue plus heureuse, & terminée d'vne plus glorieuse fin.

TABLE

DES NOMS PROPRES ET
matieres principales.

A

ABBE' de Courſan enuoié par le Roy de France aux Gouuerneurs de la Comté. page 30 Sa negotiation. p. 30. ſes artifices. p. 31. la reſponſe qu'il rêporte. 32 ſa terreur panique au retour. p. 35 trauaille pour corrompre Iouſſeau, & le porter à trahir Dole. 52. & 54

Aduocats qui ſe ſignalent aux ſorties. p. 188. Broch. 188. Sanche depuis Aide de camp & Capitaine. 188 Saint Mauris Faletans. 188 Iantot. 203. Michoutey. 195

Accord pour le rachat des priſonniers aſſiegeans & aſſiegés agrée par le Prince de Condé. 173. qui s'en depart puis apres; & ſur quelle excuſe. 175. genereuſe repartie des aſſiegés ſur ce ſujet 175. Le Prince neantmoins s'en veut ſeruir à ſon auantage. 176

Agez capitaine au Regimét de Conty tué en vn aſſaut des dehors. 132.

Allemands du Colonnel Bex & Marquis de Grana enuoyés au ſecours de la Comté 163. ont ordre du Comte Galaſſe de ne rien haſarder que le gros de l'armée ne ſoit arriué 218. depoſent leurs drapeaux à Gray. 221. Allemands & Bourguignons occupent Pontaillier ſur Saone. 223

Alſace occupée par le Ringraue Otho pour les François. 18

Andelot Cheuigney Colonnel du Regiment d'Amont. 66. 67

Aprehenſion des aſſiegés de perdre leur Religion & leur Roy. 154

Aproches faciles aux aſſiegés & pourquoy 108.

Araucour vaillant gentil-homme dône l'alarme au camp des aſſiegeans p. 234.

Archeueſque de Beſançon commis au gouuernement de la Franche Comté auec le Parlement. 12. s'enferme volontairement à Dole menaſſée de ſiege. 64. ſa genereuſe reſponſe à ceux qui l'en veüillent détourner. p. 64. ſon logis attaqué par les bôbes & n'eſt iamais atteint. 191 ſa mort heureuſe & glorieuſe. 305 les eloges de ce vertueux Prelat. p. 305.

Qq 2

A

Archeuefque de Cefarée fucceffeur deftiné en l'Archeuefché de Befançon. 306

Armées du Pays & auxiliaires jointes. p. 273. le nombre qu'elles compofent. 273. deliberent fi elles doiuĕt affaillir les François dans leurs retranchemens. 287. diuerfité d'opinions fur ce fujet & leurs raifons. p. 288. le Baron de Scey & le Confeiller de Champuans animent les raifons pour le faire. 288. Il eft refolu qu'on le fera. 290. l'eftat defdites armées fur le point de charger. 290. elles paroiffent à la veuë de la ville & la confolent. 292

Affaut à la contrefcarpe d'Arans par le Regiment de Conty. 130. preparatifs à cet affaut conduit par la Teffonniere Lieutenant. 130 Beaumont Lieutenant au gouuernement de Nantes veut eftre de la partie & s'y perd. 130. les affaillans furieufement repouffés & battus. p. 131. le bon ordre qu'y met le Colonnel de la Verne. 131 le Colonnel Ranzau donne moẽ aux affaillans de fe retirer. 131

Affaut fecond à la mefme côtrefcarpe par le Regiment de Picardie. 133 Marquis de Villeroy conduit la partie. 133. il eft furieufement foutenu & renuerfé. 135. grand carnage des affiegeans par la moufqueterie des bourgeois dez fur les remparts. p. 136. affaut terminé par le fon d'vn haut-bois, & feus d'alegreffe des affiegés. 137

Affiegeans commencent d'ouurir trã-

A

chées. 93. ne peuuent aduãcer leurs trauaux que pendant la nuit. 112 rõpent le bout du pont de pierres de la ville crainte d'eftre furpris. 127 fe refoluent d'attaquer la contrefcarpe deuant le viel chafteau. 127 auantage qu'ils ont pour l'affaillir. p. 128. font raualés de courage par leurs difgraces. 142. reduifent tous leurs deffeins à faire fauter la pointe du bouleuard du chafteau. 227 font débufqués du pied de ce bouleuard par vn violent embrafement excité par les affiegés. 246. font joüer leurs mines. 282. apres leurs mines allumées defefperẽt de pouuoir donner l'affaut. 286. refoluent d'abandonner le fiege auant qu'on les force. 291. abandonnent leurs tranchées deuers Befançon qui font auffi toft occupées & pillées par les affiegés. 291. ils leuent par effect le fiege. 293. laiffent vn gros canon, & en enterrent ou jettent en l'eau d'autres. 294. fe defbandent en peu de iours. 299. perdent pendant le fiege plus de 5000. foldats & 600. Officiers & gentils-hõmes. 302

Affiegés s'encouragent par heureux fucces, & mefprifent les affiegeans. p. 142. fe mocquent de la batterie en ruine dõt les ieunes enfans mefmes fe joüent. 143. preffent le fecours du dehors. p. 214. 271. fe preparent à le receuoir, & à faire vne gaillarde fortie. 222 defnichent l'ennemy du pied du bouleuard par l'embrafement de fes ouurages. p. 243. 244. 245

A

vont hardiment au fourrage auec femmes & petits enfans, iusques à la portée du mousquet des forts de l'ennemy. 255. sont fort incommodés sur la fin du siege, par rareté de grains & cherté de toutes danrées. 270. comm'il y est pourueu. 270. sont aduertis de diuers endrois que les assiegeans doiuent faire joüer vne mine sous le bouleuard. 279. se preparent à en soustenir courageusement l'effort & le dernier assaut. 281

Aubigny Lieutenant au Regiment d'Anguien tué en vne sortie. 207

Autrey chasteau que le Seigneur François de nation veut liurer à son maistre. 166. conserué par la vigilance du Conseiller de Champuans. 166

B

Balançon chasteau repris par force sur les François. 272

Baron de Balançon & ses vertus relevées. 305

Baron de Chastillon Capitaine du Regiment de la Verne. 138. griefuement blessé en vne sortie. 138

Baron de la Tour du Bau Capitaine au Regiment d'Anguien tué en vn assaut. 207

Baron de Sauoyeux aporte lettres du Roy d'Hongrie & asseurance du secours. 161

Baron de Scey, fait office de Bailly d'Amont, & est Colonnel d'vn Regiment d'infanterie. 67. Capitaine de 100. cheuaux legers. 68. ses qua-

B

lités & merites. 220. conseille le secours de Dole & anime les autres. p. 220. & 288.

Baron de Wilts Colonnel d'vn Regiment d'infanterie. 67

Basan gentilhomme ancien de la ville & son zele & assiduité à aduancer les trauaux du dedans. 285

Batilly chef de caualerie Françoise surprend & saccage la ville de Ionuelle. 19

Batterie premiere des assiegeans commence contre la grande Eglise de la ville. 105. batterie en ruine mesprisée par ceux de la ville. 105 n'est qu'vn espouuentail des ames lasches. 105

Batterie dressée à l'opposite de la porte d'Arans, & autre contre celle de Besançon. 112

Batterie nouuelle platée sur le Tertre en Naymont endommage grandement les assiegés. 128 difficulté d'y remedier. 129

Batteries en nombre de cinq pour ruiner l'Eglise Nostre Dame & son clocher. 143

Beaujeu Capitaine de 50. cheuaux. 68.

Beaumont Lieutenant au gouuernement de Nantes premier à vn assaut de la contrescarpe. 130. se jette dedans l'espée au poing & tué le premier qu'il rencontre. 131. est abatu d'vn coup de pique par Cauchois Aide de la ville. 131. son corps nud aporté en la ville reconnu par vne lettre treuuée en sa poche en le dépoüillant. 132. repeté & puis laissé pour ne pas donner le vin aux sol-

Qq 3

B

dats. 132. enterré folemnellement dans la ville. 132. auoit predit fon mal-heur contre fa penfée. 133

Beaumont fur Vigenne chafteau furpris par Mandre Capitaine de caualerie. 161. le faccage & le quitte & meine les enfans du Seigneur prifonniers à Gray. 161. le Prince de Condé s'en pique & menace. 161 Le Confeiller de Champuans luy refpond genereufement. 162

Bedugue fauxbourg de la ville occupé par Gaffion. 90. refiftâce genereufe des affiegés 91. Bedugue bruflée par eux mefmes. 91. perte des François en cette occafion. 92

Befançon Cité Imperiale en apparêce d'eftre affiegée. 60. eft munie d'hômes par ceux du Pays 159. contribuë librement pour le fecours de Dole. 215. mefme des gens & du canon. p. 221. 273

Billets benis pour preferuer les hommes & les maifons des canonades & des bombes. 152

Billets deuots que les foldats portent attachés fous le pourpoint au combat. 153. diuers iugemens qu'en font les ennemis, mefme les heretiques. 154

Billets jettés par les affiegeans dans les contrefcarpes pour débaucher les foldats affiegés. 212. contre-billets de mefpris femés par les affiegés. p. 212. quelques foldats s'efchapêt fur ces inuitations. 213

Blanguefort Lieutenant au Regiment de Picardie tué. 139

Bleffés nourris & medicamentés aux defpens du public en l'hofpital. 100

Bleffures la plufpart mortelles pédant le fiege. 140. font croire à plufieurs que les bales de l'ennemy font empoifonnées. 140 ce qu'il en faut croire. 141

Bombes & la defcription de celles dôt les affiegeans fe feruoient. 121. leurs effects effroiables. 121 offenfoient fort peu de perfonnes, & neantmoins rauageoient tout le refte dans les maifons. 122 la premiere qui atteignit les perfonnes coupa les deux iambes à vn petit innocent. 129. mettent le feu en deux maifons pour vn mefme iour, qui eft bien toft efteint. 129 vne tuë d'vn feul coup vn Capitaine, fon Sergent, vn Chanoine, & deux vaillans bourgeois. 145. vne renuerfe la faciade d'vne maifon tout plat contre terre. 145. vne autre tuë vne Damoifelle dans fon lit, & vne fienne fille, fans endommager vne autre qui eftoit au mefme lit. 145. celles qui tomboient fans prendre feu au dedans, eftoiêt portées en offrande fur les autels. p. 146. où biê referuées en l'arfenal pour en feruir l'ennemy. p. 146. 245. 275. leur cheute effraye les femmes, & les oblige de coucher dans les caues. 147. les hommes en fentinelle remarquent l'endroit où elles vont choir, & en aduertiffent. p. 147. le nombre de 500. bombes n'a pas tué vint hommes. 147 celles qui tombent aux Eglifes font des miracles en preferuant les ima-

B

ges de Noſtre Dame, & les hômes. p. 148. merueille d'vne bombe tôbée dãs l'Egliſe des Cordeliers. 148 autre dans l'Egliſe des Carmelites, & de la conſeruation des hommes qui eſtoient dedans. 149. pluſieurs butent au logis de l'Archeueſque & ne le peuuent atteindre. 191 contre le college des Ieſuites à cauſe des poudres y cachées. 192 contre toutes les maiſons religieuſes, & Egliſes. 192

Bourgeois qui tirent aſſiduëment dez les bouleuards ſur les tranchées & galeries ennemies, & leurs grands exploits. 195

Bourgeoiſie repartie en neuf compagnies. 101. garde les ſept bouleuards & les dedans de la place. 101 l'ordre de leurs gardes ordinaires. p. 102.

Bourguignons & Allemands occupét Pontaillier ſur Saone. 223. bourguignons le brûlent en vengeance des embraſemés des aſſiegeãs. 223

Briot ieune Aduocat fils du Conſeiller Briot jetté d'vn coup de canõ dez le haut du bouleuard dãs le foſſé. 104

Broch. Aduocat, & ſa valeur aux ſorties. 188

Brouſſaille Lieutenant Colonel du Regiment de Picardie tué. 139

Brun Conſeiller & Procureur general. Voyés. Procureur general.

Burguiere Sergent maieur du Regiment de Picardie tué. 139

C

Camremy Gentil-homme François Enuoyé par le Roy de France en la

C

franche-Comté, pour aſſeurer la Neutralité. 21. ſes menées & le ſujet de ſa legation. 22

Canonade qui donne dans l'Egliſe Noſtre Dame en vne foule de peuple & n'offence perſonne. 121. autre qui fait tomber vn doubleau de la grande voute pendant qu'on dit la Meſſe, ſans endommager qui que ce fuſt. 121

Canonnier l'vn des plus adroits des aſſiegeans en jettant vne bombe, à la teſte emportée d'vne canonnade du dedans. 124

Canon de la ville tuë nõbre de ſoldats aſſiegeans en leurs aproches. 92 deffait partie du Regiment de Picardie. 111. ſes autres grãds effects. p. 106. 107. celuy du bouleuard du pont fracaſſe les galeries de l'ennemy. 256. dez la courtine d'Arãs donne dans les pauillons du Prince de Condé & hutes du Marquis de Villeroy & y fait grand fracas. 257 celuy de l'ennemy fait grãde tuërie ſur le bouleuard Bergere. 257 canons de l'armée du ſecours. 273

Capitaines de Caualerie. Marquis de Conflans 100. cheuaux. 68

Sieur de Mandre 100. cheuaux. 68

Sieur Baron de Scey 100. cheuaux. 68.

Sieur Marquis de Varambon 100. cheuaux. 68

Sieur de Cleron Voiſey 50. cheuaux. 68

Sieur de Beaujeu 50. cheuaux. 68

Sieur de Montonne 50. cheuaux. 68.

Sieur du Prel 50. cheuaux. 68

C

Capitaines d'Infanterie logés à Dole pendant le siege.

   Le Sieur de la Verne Colonnel. 66
   De Grandmont Vellecheureux. 66
   Baron de Chastillon. 66
   Capitaine Perrin. 66
   Capitaine Georget. 66
   Sieur des-Gaudieres. 66
   Colonnelle des Esleus sous l'Alfere de Goux. 67
   Du Sieur d'Esuans. 67
   Le Sieur de Montsainligier. 67
   Le Sieur de Chassagne. 67
   Le Sieur de Legnia. 67

Capitaine du Thauc auec nouuelle cõpagnie d'Infanterie leuée durant le siege aux frais de la ville. 102

Capitaine de Byans auec nouuelle cõpagnie de caualerie leuée durant le siege.

Capitaine de Gouffans deffend courageusement Quingey & y est forcé. 163.

Capitaine Perceual surprend les forges de Drambon où se faisoient les bombes, & les brusle. 171

Capitaine du Thauc se porte vaillamment à la sortie sur le canon de Lambert. 185

Capitaine de Grandmont esleué par vne mine & fort blessé. 201. son courage en cette disgrace. 201. fort longuemẽt malade de ce coup. 205. pendant sa maladie ne respire que les combats & le salut de la place. 205. sa mort & son enterrement solemnel en la sainte Chapelle au sepulchre des Aduocats. 206

Capitaine Georget cause de la desroute du Regimẽt d'Anguien. 207

Capitaine Dusillet desloge l'énemy du fossé & fracasse ses ouurages. 232

Capitaine des-Gaudieres recõduit des soldats rebutés au cõbat, & pousse l'ennemy hors des contrescarpes. 234. il tuë vn Capitaine Prouençal & ramene vn Sergent prisonnier. 255.

Capucins feruens & infatigables aux trauaux pour la seureté de la place. 116. Pere Ludouic de Dole & ses merites. 117. Frere Eustache d'Iche Lorrain qui auoit assisté à la deffense de la Motte en Lorraine. 138 se treuue aux assauts l'espadon à la main, & y est blessé de deux mousquetades. 138. il en guerit trois sepmaines apres, & retourne aux coups comme auparauant. 138 Pere Barnabé de Dole & son extreme valeur jointe auec la pieté. 139 confesse vn caualier François blessé au combat, & s'efforce de luy sauuer la vie. 140. Capucins du couent de Dole demeurés en iceluy hors de ville sont caressés par les assiegeans. 177. qui s'en pẽsent seruir à gagner les bourgeois. 177. leur Gardien est enuoyé en la ville par le Prince de Condé auec articles d'accommodement. 178. il en declare son sentimẽt & ce qu'il a remarqué du camp ennemy. 179. les articles sont rejettés & mocqués. 180. par apres tous ceux de ce couuent sont chassés & confinés en France, & leur maison remplie de capucins François. 181 Pere Ferdinande de Dole inuité de

passer

C

passer à S. Ylie pour visiter vn prisonnier du Pays sien parent. 260
Le Prince de Condé se pense seruir de luy pour induire les bourgeois de Dole à flechir. 260. le Capucin deteste cette entremise. 261
le Gardien des Capucins de Dijon enuoie vne lettre de reproche au frere d'Iche. 261. responce memorable du frere d'Iche. 262. sa repartie sur le raport qu'on luy fait de ce que le Prince de Condé disoit de luy. 263. Pere Albert de Besançon à vne iambe froissée de l'esclat de la mine & en meurt. 285. les grands soins qu'il auoit apportés aux trauaux & contremines. 285
Carmelites de Dole inuitées par le Prince de Condé de se retirer à Dijon, s'en excusent. 177. ce qu'en escriuent les Gouuerneurs. 177
Caualerie du Pays. Voyés. Capitaines de Caualerie.
Caualerie de Bourguignós & Croates en nombre de mille cheuaux, entrent dans la Duché & portent le feu & la fraïeur. 218
Cauchois Aide de camp de la ville tuë le Sieur de Beaumont d'vn coup de pique. 131. il est blessé en vne autre occasion & meurt. 208
Chabanes Comte François tué en vne sortie. 207
Champuans. Voyés. Conseiller de Champuans.
Chantonnay chasteau fort pressé, & neantmoins secouru & rauitaillé. 167.
Chaussin emporté d'emblée par le

C

Duc de Lorraine & Lamboy. 298 laissé à la garde des Bourguignons. 298.
Cleron Voisey Colonnel du Regimét de Dole. 67. Capitaine de cheuaux. 68.
Clocher de la grande Eglise Nostre Dame est fort à cœur aux assiegés. 144. auantageux pour guetter tout ce que l'ennemy faisoit au dehors, & pour donner l'alarme. 144. le plus bel ornement de la ville. 144 est battu du canon ennemy sous des pretextes peu veritables. 144. 197 remedes excogités par le P. Ludouic Capucin pour le coseruer. 197 par le P. Marmet Prouiseur du seminaire de Cisteaux. 198 estant ja esbranlé est renuersé par vne prodigieuse tempeste. 263
Colonnels de la Verne. D'Andelot Cheuigney. de Poitiers. de Cleron Voisey. de Varambon. de Scey. de Cantecroy. de Wilts. 66 de Raincour.
Commis des Estats s'obligent pour emprunter deniers pour les necessités publiques auāt le siege. 65. font tous deuoirs pendant le siege pour treuuer deniers & munitions. 160
Communions frequentes en la ville pendant le siege, tant aux soldats que bourgeois. 147
Compagnies tant de caualerie que d'infanterie. Voyés. Capitaines.
Comté de Bourgongne. Voyés. Franche-Comté.
Comtois ont rendu combat par tout, iusques aux plus foibles places. 120

R r

C

Conference auec le Prince de Condé refuſée par ceux de Dole. 87
Cõfiance de la ville de Dole au ſecours de la glorieuſe Vierge Marie. 279
Conſeil de l'Empereur Charles V. pour conſeruer la franche-Comté en paix. p. 6.
Conſeil de guerre eſtably dans la ville & de qui il eſt compoſé. 98
Conſeillers Aluiſet & Saumaiſe, de Chaſan du Parlement de Dijon, enuoyés à celuy de Dole. 39. artfices du Conſeiller de Chaſan. 39
Cõſeiller de Beauchemin acompagne touſiours le Marquis de Conflans.
Cõſeillers Boyuin & Bereur ſurintendans des fortifications de Dole. 48
Cõſeiller de Champuans fait fortifier Gray à l'aide du Maiſtre Tiſſot. 165 reprime les courſes des garniſons de Saint Seigne & Roſieres. 170 fait ſurprendre & brûler les forges de Drambon où ſe forgeoient les bales & les bombes. 171. reçoit commiſſion de l'Infant Cardinal pour commander auec les Conſeillers libres hors de Dole. 219. va joindre l'armée du Marquis de Cõflans par ordre des Gouuerneurs. 219. aprend les cauſes des dilayemens auſquelles eſt remedié. 220
Conſeiller Toitot & ſa valeur en vne ſortie. 201
Conſeillers deputés en nombre de quatre pour la prouiſion & diſtribution des grains dans la ville. 270
Conſtance des bleſſés de la ville à receuoir la mort. 155
Contremines des aſſiegés. 194

C

contremine au centre du boulouard du chaſteau. 129. eſt retardée par vne bourraſque de pluye. 249
Contreſcarpes deuant le boulouard du chaſteau imparfaites auant le ſiege, & precipitamment fortifiées durãt iceluy. 128. les aſſiegeans & aſſiegés s'y logent & laiſſent vne place neutre entre les deux. 210
Cordelier P. Brenier eſt fait priſonnier en vne ſortie. 208. diſcours ridicules qu'en fait la Gazette. 209 quel eſtoit ce bon Religieux, ſa pieté, & ſa charité. 209
Corps morts que ny les aſſiegeans ny les aſſiegés ne peuuent retirer; & vanité de n'en demander le premier l'enterrement. 210
Courcaud Enſeigne du Capitaine Georget & genereux ſoldat eſt tué allant reconnoître les mines. 255
Coureurs de l'armée du ſecours entrét dans les tranchées ſans reſiſtance, & trouuent les bourgeois qui butinoient deſia dedans. 295
Courſes de parties détachées des aſſiegeans par la Prouince. 111. prés de Beſançon, de Gray, de Salins, ſans autre effect que de tuer les payſans, & brûler les villages. 111. courſes des bourgeois d'Auxonne & autres villes frontieres de la Duché, pour rauager les villages de la Comté de Bourgongne. 113
Croates ſe logent aux enuirons de Peſmes pour harceler les aſſiegeans & leur couper les viures. 224 percét iuſqu'au quartier de Gaſſion. 224.

D

battent les François prés de Valay. 226.

D

Declaration du Roy de France sur l'entrée de ses armes en la franche-Comté. 74. celle du Prince de Condé sur mesme sujet. 77 iugement que l'on en fait. 79
Demies lunes, deuant les portes de Dole, & leur description. 49
Demongenet Lieutenant au Bailliage de Dole blessé, & Cendrecour plus dangereusement qui en meurt. 247
Despoüilles du camp abandonné par les assiegeans. 296
Dessein des François d'affoiblir la maison d'Austriche. p. 11
Disimieux François a le chapeau emporté d'vn coup de canon. 112
Dolanois s'éjoüissent qu'on a commécé l'attaque de la Bourgongne par eux. 64
recourent premieremét à Dieu. 94
Dole & la description de son assiette. 89.
Donneuf caporal & son extraordinaire valeur. 233. combat seul contre plusieurs apres auoir rompu son espée. 233. il est blessé en diuers endrois, & en meurt quelques iours apres. 234. il auoit esté eslargy des prisons criminelles pour seruir à la deffense de la place. 234
Doux riuiere qui abreuue les murailles de Dole d'vn costé. 89
Dragons volans lancés sur la ville pour la penser reduire en cendre,

D

mais sans effect. 135
Duc de Feria fait leuer le siege de Cóstance, & passe en Alsace. 26
perd son armée par les malicieux artifices de Valstein. 27
Duc de Lorraine conduit l'armée Imperiale par l'Alsace sur Mótbeliard. 28. les Comtois procurent qu'il n'entreprend rien sur les terres neutralisées. 28. arriue auec extreme diligence au secours de Dole, & craint de n'estre arriué à temps. 272. rompt en passant quelques troupes Françoises. 272. il aproche auec son armée, & reçonnoit en personne le camp ennemy. 279. il se met en estat de charger les assiegeans dans leurs retranchemens. 292 il marche le premier l'espée à la main. 292. il est retiré & retardé par les raisons de Lamboy. 293. il entre au camp abandonné, puis en la ville, où il est receu auec grands aplaudissemens. 295. il y rend graces à Dieu, & la ville à luy. 295. il suit l'ennemy auec sa caualerie Lorraine & les Croates. 296. il est suiuy de plusieurs de la ville de Dole. 296. il atteint l'arrieregarde & luy donne en queuë auec peu de perte de part ny d'autre. 296. il entre auec Lamboy dans la France, & emporte Chauffin d'emblée. 298
Duc d'Orleans mal content de France se retire en la Franche-Comté. p. 12 vint passer à Dole, & comm'il y est receu. 14. fait quelque sejour à Besançon, puis passe en Lorraine. 15 assemble quelque gendarmerie sur

Rr 2

D E

la frontiere. 15. est empesché d'armer dans la Comté par la diligence des Commis au Gouuernement. 17
Dusillet Capitaine desloge l'ennemy du fossé, auec grand carnage. 232
Dusillet Sergent maieur son adresse & sa hardiesse. 248. directeur de presque tous les nouueaux ouurages faits sur la contrescarpe. 248. commande sagement aux Esleus, & à la garnison ordinaire. 248. est blessé de la cheute d'vn arc de la porte d'Arans abattu par le canon; & en guerit.

E

Eglise de Nostre Dame de Dole saluée de la premiere canonade des assiegeans. 105
Eglise de N. Dame de Montroland profanée, & l'image foulée aux pieds. 192. releuée & emportée à Auxonne par commandement du Prince de Condé. 192. refusée à ceux de la Comté qui l'ont repetée auec grandes instances. 192
Embrasement du village de Saint Ylie excusé par le Prince de Condé. 108
Embrasemens frequens des assiegeans en tous les villages du voisinage de Dole, & en tous les lieux où ils faisoient leurs courses. 109
Empereur Charles V. a eu vn soin particulier de la Franche-Comté, & ce qu'il en a conseillé. p.6.
Enceinte du camp des assiegeans acheuée d'enuiron 24. mille pas de circuit. 227

E F

Entreueuës & discours familiers auec railleries des assiegeans & assiegés. 141.
Escheuins de la ville de Dole. Petremand, Froissard, Mantry, les deuoirs qu'ils ont rendus durant le siege. 287
Esleus de la milice du Pays, & ceux qui estoient logés à Dole. 66. & 67.

F

Femmes de la ville vont parmy les cōbatans porter du vin aux soldats pour les rafraichir, & des pierres pour assener l'ennemy. 136. 204
femme d'vn courage prodigieux releue les pierres que sa cōpagne tuée par le canon auoit quittées & les porte à la meslée. 137. presentent les armes à leurs maris, peres, & freres pour aller aux assauts. 156 vont prier deuant le S. Sacrement pendant que l'on combat. 156 femmes desguisées en hommes se portent aux assauts. 156. femme d'aduocat veüe souuent tirer l'arquebuse contre les ennemis. 156
Fleaux herissés de pointes de fer dont se seruēt les assiegés aux assauts. 136. vn esleu de la milice atterre trois soldats François d'vn seul coup de fleau. 136
Forcas general des Croates, bat les François pres de Valay & les contraint de se retirer auec perte. 226 se rend Maistre de Verdun en demie heure. 298
Forces d'hommes preparées par les

F

Gouuerneurs pour la deffense de la Comté. 66
Forge de Drambon où se mouloient les bombes, est surprise & brûlée par ordre des Gouuerneurs. 171 execution de cette entreprise ordonnée par le Cõseiller de Champuans, & le Lieutenant au gouuernement de Gray. 171. Capitaine Perceual du Regiment de la Verne l'execute. 171. ceux de Gray en sont esioüis, & ceux de Dole soulagés quelques iours. 171. le Prince de Condé s'en fâche, à quoy le Conseiller de Champuans respond sagement. 171
Fortifications de Dole, par les Conseillers Boyvin & Bereur & general Vernier. 48
Fourneaux des assiegeans euétés. 255 Voyés. Mines.
Franche-Comté de Bourgongne, son estenduë, & ses confins. p. 1. n'a rien de commun auec la France que l'habit & le langage. 2 ses Princes Souuerains, & comme elle est entrée en differentes maisons royales par femmes. 3. apartient au Roy d'Espagne par succession legitime de trête generatiõs. 3. sa fidelité inuiolable enuers ses Princes. 3. sa constance en la Religion Catholique. 4. affectionnée & recommandée par l'Empereur Charles V. 5.
François desseignét d'affoiblir la maison d'Austriche. 11. empeschent les recreuës de la Comté de passer en Flandre par la Lorraine. 19

F

comme traittent inegalement les Comtois en la Neutralité 47 ne peuuent tenir leurs entreprises longuement secrettes. 278
Fresne Capitaine du Regiment de Picardie tué en vne sortie. 139
Fribourg Canton de Suysse accorde des leuées pour le secours de la franche-Comté sous le Colonnel Kunig. 164. sont empeschées par les trauerses de l'Ambassadeur & des partisans de France. 265

G

Galasse Comte General des armées Imperiales occupé par le Cardinal de la Valette & du Duc Veymar de Saxe. 220. mande aux troupes Allemandes venües en la Comté de ne rien hasarder que le gros de l'armée ne soit joint. 218. enuoie cõmander à Lamboy estant à Verdun de ne rien hasarder ny entreprédre, & s'entretenir dans la Comté iusqu'à sa venuë. 299
Galeries des assiegeans & leur forme. 195. percées de l'arquebuserie de la ville comme sibles. 196 galeries tirées contre le pied du bouleuard d'Arans & la tenaille qui le flanque. 227
Gassion Colonnel de caualerie Allemande passe le Doux à Crissey & gagne la Bedugue. 89 court & rauage iusques aux portes de la Cité de Besançon. 111 retournant de ses courses donne l'alarme au camp assiegeant. 414

G

Gasté Gentil-homme Comtois débauché par le Cheualier de Trailly François. 44. pretextes de ses mescontentemens. 45. veut tirer de la Comté les armes que Trailly auoit receuës du Duc de Lorraine. 46 qui sont arrestées, & confisquées, puis renduës au Duc. 46 desconseille le Siege de Gray & conseille celuy de Dole. 62

Gazette Françoise & sa descriptio. 111

Gentil-homme enuoyé auec vn trompette par le Prince de Condé à Dole. 73. sa negociation, & ses deportemés auantageux reprimés. 77. 78 feinte qu'il fait pour adjouster à sa legation vne semonce à ceux de Dole de conferer auec le Prince de Condé. 82

Gonzel vaillant Aide de camp du Regiment de la Verne tué en vne sortie. 187

Gouuerneurs de la franche-Comté détournét le Duc de Lorraine d'entrer dez la Comté aux terres neutralisées. 43. doubtent si l'on assiegera Besançon, Dole, ou Gray, & par quelles raisons. 60. pouruoient d'argét, hommes, & munitions. 65 pressent le Marquis de Conflans de s'approcher de l'ennemy, du moins pour l'incommoder. 160 redoublent leurs instances pour auancer leur secours. 219

Grains taxés dâs la ville à pris moderé pour tout le téps du siege : & gardé sans aucun changement. 100 rares dans la ville, & difficulté d'en auoir sur la fin du siege. 270

GI

Gray fortifié au dehors par la diligéce du Conseiller de Champuans & du Lieutenát d'Andelot. 166. comme muny pour attendre vn siege. 166

Guensfeld Colonnel Allemand veut donner vn corps mort pour vn prisonnier viuant, est mocqué. 261

Guerre declarée par la France à l'Espagne, quand, & pourquoy. 27. 36

Guillegard vaillant Ecclesiastique est blessé en vne sortie. 232

I

Iannon Lieutenát criminel d'Auxonne employé pour corrópre le Lieutenant de Dole de Ioussseau. 55

Iaques enseigne du Capit. de Grandmont esleué par vne mine & grieuement blessé. 202. son grand courage en cette occasion. 202

Iesuites & leurs loüables entremises au secours des ames & assistáce des blessés. 117. fournissent continuellement deux Peres en chacune demie lune à cet effect. 117. Pere Laurent Chifflet, ses emplois & sa charité à secourir les pauures & blessés dans l'hospital. 118. comme se comporte dans la peste & s'abandonne à secourir les empestés. 269 Frere Remy Milson & ses emplois à panser les blessés. 119. comme assiste courageusemét les pestiferés & s'expose à leur secours. 269 maison des Iesuites persecutée des bombes à raison de quelques poudres y cachées. 191

Ieunes garçons de la ville ramenent

I

des soldats robustes de l'ennemy.
prisonniers. 256
Impostures de la gazette Françoise, &
d'vn iournal du siege y joint. 120
Infant Cardinal d'Espagne arriue heureusement en Italie. 26. passe glorieusement en Flandre surmontant
ses ennemis au passage en la bataille de Nordlingue. 27. appaise &
esteint les rebelliós des Pays bas. 27
prend Philipsbourg, & Treues. 28
il escrit fort cordialement aux assiegés pendant le siege, & les console
grandement. 215. de mesme apres
la deliurance de la ville. 304
Infanterie du Pays se desbande dez
qu'elle voit qu'on ne marche pas
au secours de Dole. 218
Inhumanités de quelques soldats barbares du camp François. 183
Inscription Eucharistique sur la deliurance de Dole. 301
Inuitation à tous ceux qui auoient
porté les armes de les reprendre
pour la deffense de leur patrie. 68
Ionuelle saccagée par Batilly François. 19. plainte qu'en font les Côtois sans redressement. 21
Iousseau Lieutenant au gouuernemét
de Dole sollicité de trahison par
l'Abbé de Coursan & Cheuigny
François. 52. la sage & fidele conduite de Iousseau, qui communique
tout aux Gouuerneurs & suit leurs
ordres. 52. 53. reçoit lettres de
creance & de caresses du Roy de
France. 54. il se dépestre de cette
sollicitation. 55
Iournal François du Siege de Dole,

I K L

joint à la gazette, & ses impostures
120.
Issuës secrettes de la ville de Dole, ouuertes, fortifiées, & gardées. 104

K

Kunig Colonnel & Gouuerneur de
Lindau affectionné à la Comté &
s'offre à son secours. 165
ses qualités & signalés seruices à la
maison d'Austriche. 265

L

Lamboy Sergent de bataille des armées Imperiales enuoyé auec troupes pour le secours de Dole. 272
destourne le Duc de Lorraine de
charger dez le soir les assiegeans
dans leurs retranchemens. 295
commandé par Galasse de ne rien
entreprendre ny hasarder. 299
tire quelques auantages de Verdun
& le quitte. 300. retourne passer à
la veuë de Dole, & se va loger aux
enuirons de Gray. 300
Largesse de pain & vin aux soldats &
Bourgeois necessiteux dans la ville.
110.
Laurencot Comtois archer des gardes du corps du Roy en Espagne,
est arresté prisonnier de guerre à
Lyon auant la rupture. 36
Legnia Capitaine d'Infanterie des
Esleus, tué d'vn coup de bombe. 145
Lettres du Prince de Condé aux Gouuerneurs de Bourgongne la veille
du siege. 73. lettres de quelques

L

assiegeans, qui tesmoignent l'estonnement qu'ils prenoient de la valeur des assiegés. 156
Lettre des Gouuerneurs escrite à dessein portée au Prince de Condé. 181 il l'a renuoie auec le messager & se deculpe des reproches que la lettre sembloit luy faire. 182. replique des assiegés. 182. lettre du Presidēt Pinssona Dijonnois, accusent le siege de Dole d'Iniustice. 210
Lettre du Cardinal Infant aux assiegés pleines d'Amour & de consolation. 215. promettent vn prompt secours. 216. lettres du Roy d'Hōgrie aux assiegés, les exhorte de ne rien traitter auec les François. 217
Lettres des treize Cantons aux Gouuerneurs pour les inuiter à vn accomodement. 236. responfe que les Gouuerneurs y font. 237. lettre pressant des assiegés à l'armée du Pays pour aduācer leur secours. 271
Lettres du Comte Duc d'Oliuares sur la deliurance de Dole. 304
Lettres de l'Infant Cardinal aux Gouuerneurs en conjoüissance du siege leué. 304

M

Magistrat de la ville de Dole, sa vigilance, ses trauaux, & son courage. 286.
Maistre de camp de la Verne. Voyez. Verne. Maistre de camp du Regiment de Nauarre tué en vne sortie. 189. son baston garny d'argent aporté en la ville. 189

M

Mareschal de la Force entre en armes & campe dans la Comté. 28 y fait de grandes violences iusqu'à prendre des prisonniers comme de guerre. 29
Marnay gardé par les Sieurs Colōnels d'Arbois Lorrains. 167
Maroles Capitaine de caualerie Françoise tué en vne sortie. 100
Marquis de Castagneda Ambassadeur d'Espagne procure du secours au Pays. 161
Marquis de Cōflans choisy Mareschal de camp de l'armée de Bourgongne. 159. aduertit le Cardinal Infant, le Roy d'Hongrie, le Duc de Lorraine, & le Comte Galasse du siege de Dole. 159. comme conduit l'armée pēdant le siege en l'attente du secours. 159. jette huit cens fantassins dans Besançon. 159 ses principaux desseins en la campagne. 160. ayant son armée prés de Quingey n'en peut empescher la prise & l'embrasement. 163. fait aduācer son armée vers Salins. 164 se fait voir en bataille au camp volant de l'ennemy & se retire à sa veuë. 164. ne veut hazarder pour secourir la place auant l'arriuée des troupes auxiliaires. 215. dépesche nōbre de courriers de toutes parts pour aduancer le secours. 222
Marquis de Saint Martin Gouuerneur de Dole & aujourd'huy du Pays, sa valeur & ses seruices & diuers emplois. 50. 51
Marquis de Varambon Bailly de Dole, Colonnel d'vn Regiment d'Infanterie.

terie. 67. Capitaine de 100. cheuaux legers. 68

Marquis de Villeroy, surprend Quingey, y fait main basse, & brûle la ville. 163. veut entrer aux montagnes auec 4000. cheuaux 1200. pietons, & 4. pieces. 162
se presente deuant le chasteau de Montfort & le quitte. 162

Menaces du Prince de Condé mesprisées par ceux de Dole. 87

Messagers frequens que les assiegés font sortir de la ville pour porter de leurs nouuelles au camp du Pays. 158. passent presque tous & retournent heureusement. 158 ramenét par deux fois des Officiers du camp du Pays pour voir à l'œil l'estat de la place. 159. quatre en mesme iour aportent dans la ville l'asseuráce du prochain secours. 241

Milice du Pays de 5000. fantassins effectifs fort bien armés. 66

Milleraye Grand Maistre de l'artillerie de Fráce court auec 1000. cheuaux 2000. fantassins & 6. pieces du costé de Salins. 164. voit nostre armée rangée en bataille, qu'il ne peut forcer, & se retire sans effect. 164 pense surprendre Forcas pres de Valay. 255. Forcas l'harcele cinq ou six heures, & puis le bat. 225. 226. Milleraye voit tuer deuant soy l'vn de ses domestiques reuestu de son capot. 226

Mines commécées par les assiegeans. 193. font iouer la premiere auec grand appareil qui se treuue euentée par les assiegés. 200. seconde mine réuerse le terrain sur les assiegeans, & estouffe 40. caualiers principaux. 200. esleue le Capitaine de Grandmont & Iaques son Enseigne & les blesse griefuement. 200. autres effects de la mesme mine. 205. mine commencée dans le rocher sous la pointe du bouleuard du chasteau. 242. ne s'aduáce qu'vn pied par iour auec le fer & le feu. 249. aprest pour la faire iouer, & puis venir à l'assaut. 280. elle est embrasée & la façon prodigieuse auec quoy elle rompt la pointe du bouleuard. 282. 283. ne donne aucun moyen aux assiegeans de venir à l'assaut. 283. mine ou fourneau qui suit la grande sous la contrescarpe, & ensevelit le Frere d'Iche Capucin. 284. enleue vn homme plus de cent pas de haut & le jette bien auant dans la ville. 284 mines iouans sont entendues dez le camp du secours qui croit que l'ennemy donnera l'assaut general. 290 la suitte fait connoître qu'il est rebuté. 290

mine derniere euentée. 185

Minime Frere Iean François, tué en vne sortie où il s'estoit porté auec grand zele. 110

Mol Sergent de la colonnelle de la Verne & son genereux exploit. 125

Montbasin Capitaine du Regiment de Picardie tué par vne sortie. 139

Montfort chasteau attaqué par le Marquis de Villeroy & secouru. 162

Montureux chasteau conserué par le Seigneur du lieu. 167

S S

M

Moulins ordinaires de Dole peuuent eftre priués d'eau par l'ennemy. 72
Moulins à bras & à cheual dreſſés en bon nombre dans la ville. 72
Munitions de guerre diſtribuées largement auec armes aux ſoldats & bourgeois dans les occaſions. 100

N

Neutralité de la Franche-Comté auec la Duché de Bourgôgne & le Baſſigny. 6. quand elle a eſté premierement traittée, quand & combien de fois prolongée. 7. & 8.
articles de cette Neutralité. 9.
quand elle a eſté premieremēt violée, & comment renoüée. 9. & 10
traittée auec le Roy de France Louys XIII. 10. n'a ſon effect principal qu'au cas de rupture de paix entre les deux Roys. 11
permet aux ſujets de ſeruir leur Souuerain contre tous, & par tout, ſauf contre les Pays y compris. 24
à ſeruy aux François pour piper les Comtois. 48
Nobleſſe du Pays ſe porte franchemēt pour le ſecours de Dole. 160
Nouuelle de la deliurance de Dole enuoyée de toutes parts. 303
receuë auec grande alegreſſe par le Roy en Eſpagne. 303
par la ligue Catholique en Allemagne. 302
ce qu'en eſcrit le Comte Duc de Oliuares. 304
ce qu'en eſcrit le Sereniſſime Infant Cardinal. 304

O

Ougney chaſteau cōſeruè par le Sieur de Vellefin. 166
Ouurages pour l'aſſeurance des portes iſſuës ſecrettes, & autres endroits de la ville. 103

P

Pain de munition diſtribué aux ſoldats d'vne liure & demie par iour, tout le temps du ſiege. 99
Parlement de Dijon enuoye des Deputés à celuy de Dole pour le maintiē de la Neutralité. 37. ce que propoſent & negocient les Conſeillers par eux enuoyés. 38. l'ombrage que l'on prend de leur negotiation. 38
la reſponſe qu'ils emportent. 40
Parlement de Dole Commis au gouuernement de la Franche-Comté auec l'Archeueſque. 12. conſent à vn conſeil de guerre reſtraint. 99
s'aſſemble neantmoins to° les iours pour pouruoir au gouuernemēt. 99
Payement de tous ouurages faits durant le ſiege & recompenſes ſelon le danger. 100
Peſmes pris par la Milleraye. 84
abandonné par les François ſur vne vaine terreur, & recouure ſans peine par ceux du Pays. 172
Peſte fait de grands rauages dans la ville. 268. 271. ſe coule parmy la ſoldadeſque & la bourgeoiſie. 269
meſme dedans l'hoſpital. 269
Philatre enſeigne du Regiment de Picardie tué. 139

P

Picard Enseigne du Capit. du Thauc blessé en vne sortie en meurt. 208

Pieté des assiegés pour se tenir à couuert contre les bombes & canonades. 147

Pieux herissés de pointes de fer dôt les contrescarpes sont reuestuës. 104

Pinssona Enseigne du Regimét d'Anguien tué en vne sortie. 207

Pionniers trauaillâs dans la ville mesprisent les canonades. 113

Plume d'Orsigny Lieutenant au Regiment de Picardie tué. 139

Plessis barbé Capitaine au Regiment de Picardie tué. 139

Police dans la ville tient les bourgeois & les soldats en alegresse. 101

Poitiers Colonnel d'Aual & Cheualier au Parlement. 67. ses qualités & Illustre Noblesse. 98. s'engage volontairement dans la ville pour assister l'Archeuesque son oncle. 98 est le premier du conseil de guerre. 98.

Pontaillier sur Saone au Duché choisy pour poste de l'armée du secours. 223. est occupé par les Allemands & Bourguignons qui le brûlét. 223

Ponts dressés sur le Doux par les assiegeans pour cómunication de leurs quartiers. 111

Portes d'Arans & de Besançon ouuertes iour & nuit durant le siege. 103

Poste à tenir par l'armée de Bourgongne à l'étrée de l'énemy au Pays. 70

Preuost Controleur des fortifications desastreusement tué en jettant vne bombe sur l'ennemy. 275

vertus & loüables qualités de ce

P

Controleur. 275

Prince de Cantecroy Colonnel d'vn Regiment d'infanterie. 68

Prince de Condé loüe la conduite des gouuerneurs de la Comté en la retraitte du Duc d'Orleans. 16 n'auoit point de part à la trahison projettée de Dole. 55. faisant ses aprests pour le siege de Dole, il dône de grandes asseurances du contraire. 56. ses inuentions pour oster aux Comtois l'aprehension de la guerre. 56. ses lettres sur ce suiet, qui descouurent qu'il a quelque arriere-pensée. 58. 59. ses prochains preparatifs pour assieger Dole. 59 enuoye vn trompette à Dole auec vn gentil-homme & lettres. 73 il conuie les Gouuerneurs de conferer auec luy. 82. 85. s'aduance cependant à demie lieuë auec son armée, & bloque la place. 83. fait publier vn Edit en son camp pour amuser & amorcer les Comtois. 86. se fasche de la responce hardie & genereuse que luy font les Gouuerneurs. 88. se loge alentour de Dole & y forme son siege. 88. il est d'vn naturel abhorrant la cruauté & le desordre. 181. il est contraint de dissimuler les violences de la soldadesque estrágere & heretique. 182 il sollicite par lettres le sieur de la Verne de rendre la place 199. 211. 259. escrit des nouuelles aux assiegés pour leur donner de la crainte & du desespoir. 214. s'esioüit démesurément que ses gés ont atteint le pied du bouleuard, & le vient

SS 2

P

baiser. 242. il surprend vne lettre des assiegés escrite en chiffre & la fait dechiffrer. 250. il fait contrefaire vne response, & inuite les assiegés à vne sortie pour les surprendre. 251. la ruse est descouuerte & mocquée par les assiegés. 251. 252. il s'impatiente de la longueur du siege, & pourquoy. 258. s'effroie d'vne prodigieuse tempeste. 267 il instruit les Deputés de Suysse pour faire des propositions d'accōmodement. 275
se resout de precipiter le jeu de sa grande mine, & pourquoy. 280
Prisonniers tous mis en liberté à condition de seruir à la deffense de la place. 99
Prisonniers de guerre ont esté en petit nombre pendant le siege, parce que les assiegés ne demādoient ny donnoient quartier. 233
Procession & vœu des Ecclesiastiques de Dole. 97
Procession des ieunes filles de la ville. 97.
Procureur general Brun auoit la surintendance des messagers, rescriptions, chiffres, & correspondances. 158. sa dexterité & vigilance en ce particulier. 158. son ardeur à combattre en vne sortie. 303
Prouisions de grains en magasins publics. 70. & autres greniers particuliers. prouision de farine. 72
Prouisiōs de guerre venuës de Suysse. 160. trauersées & retardées par les Ambassadeurs & partisans de France. 160

Q

Quartiers du camp assiegeant & ses logemens. 88

R

Ransau Colonnel François blessé d'vne mousquetade au visage par les assiegés. 142
Recompenses données aux vefues, enfans, & heritiers de ceux qui estoient tués. 100
Regiment du Sieur de la Verne leué en la Comté pour l'armée du Prince Thomas en Flandre. 30. est joint au Duc de Lorraine qui le laisse en Alsace à la garde de Pourentru. 30
Regiment de Conty & sa vaine boutade. 206
Regimens de Caualerie de Richelieu, & d'Infanterie de Nauarre font teste à ceux qui suiuent les assiegeans en leur retraitte. 296
Remparts de Dole & la bonté de leur massonnerie & structure. 115. 257
Renans noble & vertueux ieune hōme blessé à mort, & sa constance. 233
Renfort de nouuelles gens en l'armée des assiegeans. 274
Renouilliere Capitaine au Regiment de Picardie tué. 139
Reparties gētiles d'vn ieune tambour de la ville aux menaces du Prince de Condé. 243
Response des Gouuerneurs à l'inuitation d'entrer en conference auec le Prince de Condé. 87
Responses. Voyés, Lettres.
Retraitte des assiegeans à la faueur

R

des bois. 296
Retranchemens des assiegés derrier la tenaille. 229. retranchemens à la gorge & à l'espaule du bastion du viel chasteau. 229
Rigny chasteau François enclaué dans la Comté est vne espine au pied de Gray. 167. assiegé par d'Andelot Lieutenant au gouuernement de Gray. 167. Longueual Seigneur du lieu s'y deffend vaillamment. 167 se laisse en fin porter à composition par les larmes de sa femme. 169 ce chasteau est rendu au point que le secours qui luy auoit esté enuoié estoit tout voisin. 169
Roy Catholique témoigne en Espagne de grands contentemens de la deliurâce de Dole, & releue la fidelité & valeur des assiegés. 303
Roy tres-Chrestien promet de garder la Neutralité. 23. 25. escrit au Lieutenât de Ioussleau pour l'induire à escouter Coursan & autres qui le pensoient corrompre. 54

S

Saint Loup chasteau gardé par le Sieur de Crecy. 167
Saint Mauris Vicomte Maieur de la ville de Dole, son grâd courage, son zele, & son trauail infatigable. 286
Saint Mauris Sieur d'Augerans assiste le Procureur general, à l'enuoy, instruction, & conduite des messagers hors de la ville. 158
Saint Sacremét de Miracle protecteur de la ville de Dole, & la grande confiance qu'elle y prenoit. 152

S

est continuellement exposé en public & adoré pendant le siege. 153
Secheresse extreme durât tout le siege est fort fauorable aux assiegeâs. 250
Secours du Regiment de Cuirasses du Baron de Mercy Sergent de bataille. 218. de trois Regimés de Croates sous le General Forcas. 218
Secours de Dole vnanimement resolu par tous les Chefs de l'armée qui se soubsignent. 220. secours entier arriué d'Allemagne sous Lamboy Sergent de bataille. 272. secours s'aprochant signifié aux assiegés par trente volées de canons. 274
secours de gens & de munitions de guerre entrepris pour rauitailler Dole, & conduit par le Colonnel de Raincourt, ne reüssit pas. 224
Siege de Dole conclu par les François. 64. siege de Dole leué effectiuement. 295
Siege de Dole, & sa deliurance sont de grande consequence à la maison d'Austriche. 302
Soldadesque garde les portes de Dole & les dehors. 102
Soldats de Dole vont aux assauts sautans auec grande alegresse. 137
Soldats du camp qui se venoient rendre dans la ville comme estoient receus & veillés. 157
Sorties continuelles des assiegés pour retarder les aproches. 106
Sortie du Capitaine de Grandmont Vellecheureux sur le quartier de Lambert. 109. met le Regiment de Bourdonné en desordre. 109 qui est secouru par la caualerie de

S

Maroles. 109. grand meurtre des assiegeans en cette occasion. 110
Sortie sur le Regimét de Nanteüil. 112
Sortie du Regiment de Picardie & son succes. 120
Sortie sur ceux qui luy succederent à la garde des tranchées d'Arans le mesme iour. 120
Sortie genereuse de Pierre Mol Sergét de la Colonnelle de la Verne. 125 chasse ceux qui auoient gagné l'isle entre les deux ponts. 126
leur fait perdre l'espoir d'y retourner plus. 127
Sortie du Capitaine de Grandmont du costé d'Arans. 130
Sortie genereuse du Capit. de Grandmont sur le quartier de Lãbert. 184. s'aduance iusques au canon de l'ennemy. 185. s'en rend le maistre, & neantmoins ne le peut amener dãs la ville, & pourquoy. 186 grande perte des assiegeans par cette sortie. 189. cette sortie de Grãdmont blasmée & excusée. 189
Sortie du Capit. des-Gaudieres. 196 réuerse les trauaux de l'énemy. 197 autre sortie deux iours apres. 197
Sortie du Capitaine du Thauc & de l'Ayde de camp Cauchois sur le Regiment d'Anguien. 206 ils poursuiuét & battent l'ennemy, & mettent ce Regiment en fuitte. 207. il est secouru par celuy de Picardie. 207
Sortie furieuse du Capitaine Dusillet pour déloger l'ennemy du pied du Bouleuard. 231. il les chasse, rompt, brûle, & comble leurs galeries. 232

S

il y est blessé, dont il guerit bien tost, & y perd son sergent qui meurt sur la place. 232
Suysse messager enuoié des treize Cãtons. 235. est blessé au pied de la contrescarpe, par vne mousquetade du dedans causée par l'indiscretion des assiegeans. 236. ce messager est repeté par le Prince de Condé. 239 le messager atteste solemnellement qu'il a esté blessé par la faute des François. 240. il demande d'estre recõduit en son Pays par la Comté, ce que le Prince refuse. 240 ce que les Cõmis au gouuernement escriuent sur ce suiet. 241. il est en fin remis és mains du Prince qui l'enuoie à Auxóne où il meurt. 241
Suysses des treze Cantons enuoient des Deputés pour moienner vn accommodement entre les assiegeans & Dole. 276. ce que le Prince de Condé les instruit de proposer. 275 entrée d'aucuns d'eux dans la ville & cõm'ils sont receus. 276. ce que les Gouuerneurs leur respõdét. 277 ces deputés admirent l'alegresse & la resolutiõ de la ville. 277. ils iugét diuersemét de cette resolution. 278 aucuns d'eux donnent aduis du dernier dessein des assiegeans. 278

T

Tauannes Cheualier & Baron de Coupet courent iusqu'au portes de Gray sans effect. 111
Tempeste effroiable dans la ville & au camp. 263. renuerse le grand clo-

T

cher de Dole. 263. ses autres espouuentables rauages. 264. resolution des bourgeois en cette confusion. 265. prodigieux degast qu'elle fait au camp. 266. Le Prince de Condé s'en effroye. 267. discours qu'en fait la gazette de France. 268 difference des assiegeans & assiegés en cette occurrence. 268

Tenaille qui flanque vne face du bouleuard du viel chasteau furieusement battuë. 228

Tessonniere Lieutenant du Baron de Chailloure tué en vn assaut des dehors. 132

Tyailly Cheualier de Malte François prend le party du Duc de Lorraine. 43. il fait des leuées en la Comté qui sont dissipées par ordre des Gouuerneurs. 44. il tourne casaque & rentre au party de France. 44 il débauche le Sieur de Gasté. 44

Trauaux des assiegés pour fortifier les rempars & les parapets foibles. 115

Tresues pour retirer les morts. 140. 289. 211.

Trompette du Prince de Condé enuoyé à Dole auec la declaration du Roy de France. 73

V

Valay gentilhomme Bourguignon est pris prisonnier en sa maison. 159 coduit au camp des assiegeás y tóbe malade à l'extreme, & y meurt. 160 Guensfeld Colonnel Allemand en veut vendre le corps mort cóme vn homme viuant, & est mocqué. 161

V

Verdun ville de la Duché de Bourgongne prise par Forcas, & occupée par les troupes de Lamboy. 298. Duché de Bourgongne & la Bresse sont en grand effroy pour cette prise. 298 grands auantages qu'elle donnoit à l'armée qui l'auoit occupée. 299 Lamboy la quitte sans y estre forcé. 300.

Verne Maistre de camp d'vn Regimét de trois mille Bourguignons, & ses qualités & merites. 51. est introduit à Dole auec partie de son Regiment. 51. le commandement luy est dóné dans la ville pour l'absence du Marquis de Saint Martin Gouuerneur. 51

Vers Chronographiques sur la deliurance de Dole. 302

Villes du Pays s'obligent pour emprunter deniers à l'effect de deffendre la Prouince. 65

Villes du Pays sollicitent le secours de la ville de Dole & y contribuent volontairement. 215. 273.

Vin porté aux soldats pendant les assauts pour les rafraischir & encourager. 136

Vœu solemnel de la ville de Dole au commencement du siege. 94

Vœux & deuotions particulieres. 97

Vœu à l'Ange tutelaire de la ville contre la fureur des bombes. 146.

Fin de la Table.

Fautes qui sont échapées au cours de la plume & de l'impression

page 10. ligne 21. fut. *lisés.* fuſt. de meſme pag. 14. l. 9 : p. 24 l. 22 : p. 30. l. derniere : p. 32. l. 5 : p. 33. l. 9 : p. 34. l. 4. p. 39. l dern : & p. 58. l. 19.
pag. 27. lign. 14. de Hongrie, *lisés.* d'Hongrie.
p. 28. l. 19. & 20. les beſtiaux, *lisés* le beſtail. & ainſi en quelques autres endroits
p. 29. l. 10. à violence, *lisés.* à la violence.
p. 32. l. 12. voulut, *lisés.* vouluſt.
p. 35. penult. ſçeut, *lisés.* ſçeuſt. p. 45. l. 1. porta, *lisés.* portaſt.
p. 45. l. 10. & 11. forteſſes, *lisés.* forstereſſes.
p. 52. l. penult. prit, *lisés.* priſt.
p. 58. l. 17. introduiſit, *lisés.* introduiſiſt.
p. 71. l. 26. publique, *lisés* public. de meſme p. 90. l. 9. publiques, *lisés* publics & p. 101. l. 2 publique, *lisés.* public.
p. 77. l. 16. dreſſa, *lisés.* preſſa.
p. 87. l. 8. tenons, *lisés.* tenions.
p. 104. l. 23. munies, *lisés.* munis.
p. 105. l. 20. aubaudes, *lisés.* aubades.
p. 144. l. 18. defferentes, *lisés.* differentes.
p. 161. l. dern. entrpriſe, *lisés.* entrepriſe.
p. 163. l. 5. amené, *lisés.* amenés. p. 163. l. 26. Baulmont, *lisés.* Beaumont
p. 173. l. 10. acouſtumée, *lisés.* acouſtumé.
p. 19. l. dern. allerent, *lisés.* alla.
p. 201. l. 8. eut, *lisés.* euſt.
p. 226. l. 20. ſe ſe, *effacés* en l'vn.
p. 237. l. 4. eutiere, *lisés.* entiere.
p. 239. l. 5 confederées, *lisés.* confederés. p. 243. l. 2. ie ne me, *effacés* me.
p. 246. l. 1. auant le mot genereuſement, *adiouſtés* ſe preſenterent.
p. 274. l. 21. nous, *lisés.* ſous. p. 282. l. 23. laquelles, *lisés.* laquelle.

Le lecteur courtois supléera le reste, & l'excusera.

Acheué d'Imprimer le 4. Nouembre.
1637.

www.ingramcontent.com/pod-product-compliance
Lightning Source LLC
Chambersburg PA
CBHW060505170426
43199CB00011B/1329